高等职业教育汽车制造与装配技术专业规划教材

Qiche Zhizao Gongyi
汽车制造工艺

马志民　主编

人民交通出版社股份有限公司
China Communications Press Co.,Ltd.

内 容 提 要

本书为高等职业教育汽车制造与装配技术专业规划教材,由高等职业教育汽车制造与装配技术专业规划教材编委会组织编写,内容包括:汽车制造工艺概述、汽车制造工艺基础、机械加工工艺规程、汽车装配工艺、典型零件制造工艺、车身制造工艺、汽车总装技术、汽车制造系统自动化及先进制造工艺,共计八章。

本书可作为高等院校汽车制造、汽车制造与装配技术、车辆工程及相关专业的教材,也可作为汽车运用与维修、汽车生产管理等方面人才的参考书。

图书在版编目(CIP)数据

汽车制造工艺 / 马志民主编. —北京:人民交通出版社股份有限公司, 2016.3
高等职业教育汽车制造与装配技术专业规划教材
ISBN 978-7-114-12794-6

Ⅰ.①汽… Ⅱ.①马… Ⅲ.①汽车-生产工艺-高等职业教育-教材 Ⅳ.①U466

中国版本图书馆 CIP 数据核字(2016)第 024217 号

高等职业教育汽车制造与装配技术专业规划教材

书　　名:	汽车制造工艺
著 作 者:	马志民
责任编辑:	夏　犇　李　良
出版发行:	人民交通出版社股份有限公司
地　　址:	(100011)北京市朝阳区安定门外外馆斜街 3 号
网　　址:	http://www.ccpress.com.cn
销售电话:	(010)59757973
总 经 销:	人民交通出版社股份有限公司发行部
经　　销:	各地新华书店
印　　刷:	北京市密东印刷有限公司
开　　本:	787×1092　1/16
印　　张:	11.75
字　　数:	270 千
版　　次:	2016 年 3 月　第 1 版
印　　次:	2016 年 3 月　第 1 次印刷
书　　号:	ISBN 978-7-114-12794-6
定　　价:	28.00 元

(有印刷、装订质量问题的图书由本公司负责调换)

高等职业教育汽车制造与装配技术专业规划教材编委会

主 任 委 员：
　　赵　宇（长春汽车工业高等专科学校）

副主任委员：
　　宋金虎（山东交通职业学院）　　　　马志民（包头职业技术学院）
　　贾永峰（陕西交通职业技术学院）　　邰　茜（河南交通职业技术学院）

委　　员：
　　刘敬忠（浙江同济科技职业学院）　　卢洪德（山东交通职业学院）
　　郑　涛（长春汽车工业高等专科学校）　侯文志（山东交通职业学院）
　　王立超（长春汽车工业高等专科学校）　李敬辉（长春汽车工业高等专业学校）
　　李　莎（陕西交通职业技术学院）　　刘冬梅（陕西交通职业技术学院）
　　徐生明（四川交通职业技术学院）　　潘伟荣（广东交通职业技术学院）
　　谢慧超（湖南交通职业技术学院）　　官海兵（江西交通职业技术学院）
　　张树铃（内蒙古交通职业技术学院）　刘　佳（包头职业技术学院）
　　杜理平（浙江同济科技职业学院）　　崔广磊（包头职业技术学院）
　　林振华（浙江同济科技职业学院）　　张　昊（河南交通职业技术学院）
　　贾东明（河南交通职业技术学院）　　张杰飞（河南交通职业技术学院）
　　王　臣（包头职业技术学院）　　　　刘冰松（神龙汽车有限公司）
　　黄立群（东沃（杭州）卡车有限公司）

前言
PREFACE

21世纪以来，我国汽车制造工业已进入了蓬勃发展的时代。知识更新、科技创新无疑成为21世纪工业发展的主要特征。随着科学技术的发展，汽车制造工艺的发展和提高势在必行。

本书针对我国汽车工业的变革、社会化配套、新的生产模式，基于汽车整车与零部件制造工艺的特点，从实际需要出发，理论联系实际，力求跟踪汽车制造工艺技术的最新进展，力戒过时内容和与其他课程的重复。本书是校企共同开发的一部教材。

本教材共八章，分别讲述了汽车制造工艺概述、汽车制造工艺基础、机械加工工艺规程、汽车装配工艺、典型零件制造工艺、车身制造工艺、汽车总装技术和汽车制造自动化及先进制造工艺。在介绍汽车制造工艺基本理论时，力求做到既简明扼要、通俗易懂，又不失其系统和严谨；在介绍具体的工艺方法时，尽可能系统详尽，以便于学生了解汽车制造工艺的细节。本书以汽车整车制造为中心，重点介绍了汽车整车制造的冲压、焊装、涂装和总装四大工艺。对于汽车零部件的制造工艺，则采用以点带面的方式，介绍了具有代表性的典型零件加工工艺，如曲轴、连杆、齿轮、车轮的制造工艺，还详细介绍了现代化制造工艺和四大工艺的新发展新技术。

本教材由包头职业技术学院马志民任主编，侯文志、王臣、崔广磊、刘佳任副主编。奇瑞汽车股份有限公司王靖元和北奔重型汽车有限公司秦勇样参与本书编写。第一章和第七章由刘佳编写，第二章和第五章由崔广磊编写，第三章和第四章由王臣编写，第六章由马志民编写，第八章由侯文志编写。王靖元和秦勇样提供了大量生产一线的知识和内容，在理论联系实践方面提供了宝贵经验和建议，参与了第五~八章部分内容的编写。

由于编者水平有限，书中难免出现疏漏或不当之处，望读者批评指正。

编　者

2015年11月

目 录
CONTENTS

第一章　汽车制造工艺概述 ………………………………………………… 1
　第一节　汽车制造发展现状 ………………………………………………… 1
　第二节　汽车整体构成及制造过程 ………………………………………… 2
　训练与思考题 ………………………………………………………………… 4

第二章　汽车制造工艺基础 ………………………………………………… 5
　第一节　汽车制造方法与生产过程 ………………………………………… 5
　第二节　汽车零件尺寸及形状的获得方法 ………………………………… 12
　训练与思考题 ………………………………………………………………… 14

第三章　机械加工工艺规程 ………………………………………………… 15
　第一节　概述 ………………………………………………………………… 15
　第二节　工艺路线分析 ……………………………………………………… 20
　第三节　机械加工生产率和经济性 ………………………………………… 27
　第四节　机械加工工艺规程识读 …………………………………………… 28
　训练与思考题 ………………………………………………………………… 34

第四章　汽车装配工艺 ……………………………………………………… 35
　第一节　概述 ………………………………………………………………… 35
　第二节　汽车装配工艺过程和内容 ………………………………………… 40
　第三节　装配工艺规程 ……………………………………………………… 44
　第四节　常用汽车装配设备简介 …………………………………………… 47
　训练与思考题 ………………………………………………………………… 51

第五章　典型零件制造工艺 ………………………………………………… 52
　第一节　发动机曲轴机械加工工艺 ………………………………………… 52
　第二节　发动机连杆机械加工工艺 ………………………………………… 60
　第三节　齿轮制造工艺 ……………………………………………………… 65
　第四节　车轮制造工艺 ……………………………………………………… 70
　训练与思考题 ………………………………………………………………… 78

第六章　车身制造工艺 ……………………………………………………… 80
　第一节　汽车车身结构 ……………………………………………………… 80
　第二节　汽车车身材料 ……………………………………………………… 88
　第三节　汽车车身覆盖件冲压工艺 ………………………………………… 90

第四节	汽车车身装焊工艺	98
第五节	汽车车身涂装工艺	109
训练与思考题		122

第七章　汽车总装技术 124
第一节	总装工艺概论	124
第二节	汽车总装流程	126
第三节	汽车总装生产线	130
第四节	汽车总装设备	134
第五节	总装质量控制技术	142
训练与思考题		145

第八章　汽车制造系统自动化及先进制造工艺 146
第一节	汽车制造系统自动化的概念	146
第二节	冲压工艺的新发展	148
第三节	焊接工艺新技术	154
第四节	汽车涂装新技术	161
第五节	总装精益生产	167
第六节	汽车总装同步化物流	174
训练与思考题		177

参考文献 179

第一章 汽车制造工艺概述

第一节 汽车制造发展现状

一、我国汽车制造业发展现状

近年来,国内汽车市场实现平稳增长,节能与新能源汽车快速发展,汽车出口量高速提升,产业集中度进一步提高,汽车产业结构进一步优化。具体表现在以下几个方面:

(1) 2014 年汽车产销量双超 1900 万辆,创全球历史新纪录。据《行业快报》统计,2012 年全国汽车行业规模以上企业累计完成工业总产值为 5.29 万亿元,其中 17 家重点汽车企业(集团)完成 2.09 万亿元,创利税总额为 3916.85 亿元。

(2) 1.6L 及以下排量乘用车市场平稳发展。2012 年,1.6L 及以下排量乘用车的销售量为 1040.50 万辆,同比增长 5.7%。

(3) 产业集中度进一步提高。2012 年,国内五大汽车生产企业(集团)产销规模均已超过 100 万辆。其中上汽销量突破 400 万辆;东风、一汽、长安和北汽销量分别达到 307.85 万辆、264.95 万辆、195.64 万辆和 169.11 万辆。上述 5 家汽车生产企业(集团)的去年全年累计汽车销售量占汽车销售总量的 71.7%。

(4) 汽车出口市场快速发展。2012 年我国汽车整车累计出口 105.61 万辆,同比增长 29.7%。2014 年出口 94.37 万辆,同比下降 0.08%。

(5) 节能和新能源汽车产业发展政策体系进一步完善,新能源汽车产业技术创新工程正式启动。新能源汽车试点示范深入推进。2012 年被列入国家《节能和新能源汽车示范推广应用工程推荐车型目录》的 628 款车型共生产 2.48 万辆,其中乘用车 1.47 万辆,商务车上万辆,纯电动汽车 1.33 万辆,混合动力汽车 1.14 万辆。

2013 年 3 月 5 日,时任国务院总理温家宝在第十二届人民代表大会上做政府工作报告时说:我国城镇居民每百户拥有家用汽车 21.5 辆,比 2007 年增加 15.5 辆。同时,在过去五年我国汽车产销量从 930 多万辆增加至 1900 多万辆的过程中,人们已经认识到 PM2.5 污染物的大范围严重超标,开始高度重视环境污染物的总量控制和机动车污染防治。

当然,汽车制造业的发展也带来了人们消费水平的提高和广泛的就业。据 2010~2013 年的统计数据:中国汽车工业发展已经使汽车工业及相关产业数千万职工就业,占全国城镇就业人数的 12% 以上。

未来汽车产业的竞争将不仅局限于整车厂与整车厂之间的竞争,而是汽车零部件制造商与汽车零部件制造商之间、供应链与供应链之间的竞争。所有制造商都在以降低成本、提高效率、引进和加快培养人才等方式增强竞争力。

二、汽车制造技术发展历程

汽车的发展与汽车的设计、制造、运用和维修技术的发展密不可分。

从 19 世纪末至今,汽车工业的发展已有一百多年的历史。从欧洲国家"先声夺人",到美国"称霸世界",日本"后来居上",中国"悄悄崛起",构成了一部汽车竞争史。世界上各个国家在汽车上的竞争,主要是制造技术的竞争。先进的制造技术是提高汽车产品市场竞争力的基本保证。

汽车制造技术的发展,按制造的自动化程度可以分为四个阶段。

1. 刚性制造自动化

应用传统的机械设计与制造工艺方法,主要采用专用机床和组合机床、自动单机或自动化生产线进行大量生产。其特征是高生产率和刚性结构,很难实现生产产品的改变。引入的新技术包括继电器程序控制、组合机床等。本阶段以 1913 年福特汽车公司流水装配线的出现揭开序幕,到 20 世纪 40 年代已相当成熟。

2. 柔性制造自动化

1952 年美国麻省理工学院研制出第一台数控机床,揭开了柔性制造自动化的序幕。柔性制造自动化强调制造过程的柔性和高效率、高质量,适用于多品种、中小批量的生产。由于计算机技术的迅猛发展,本阶段在相对短的时间内经历了以下历程。

计算机数控加工:数控(NC)在 20 世纪 50 到 70 年代迅速发展并已成熟,但到了 70 到 80 年代,由于计算机技术的迅速发展,它迅速被计算机数控(CNC)所取代。这时所采用的典型加工设备包括数控机床、加工中心(MC)等。引入的新技术包括数控技术、计算机编程技术等。

柔性制造:20 世纪 80 年代以来柔性制造广泛应用于汽车零部件的制造。柔性制造涉及的主要技术和设备包括成组技术(GT)、分布式数控(DNC)系统、柔性制造单元(FMC)、柔性制造系统(FMS)、柔性加工线(FML)等。

3. 集成制造自动化

集成制造自动化是指计算机集成制造(CIM)和计算机集成制造系统(CIMS)。计算机集成制造系统可看做是制造自动化发展的一个新阶段,又可看做是包含制造自动化系统的一个更高层的系统。其特征是强调制造全过程的系统性和集成性,以解决现代企业生存与竞争的 TQCS(即产品上市时间 Time、质量 Quality、成本 Cost 和服务 Service)问题。计算机集成制造系统涉及的学科和技术非常广泛,包括现代制造技术、管理技术、计算机技术、信息技术、自动化技术和系统工程技术等。

4. 智能制造自动化

智能制造自动化是在 20 世纪末提出并开展研究的,是整个汽车制造业面向 21 世纪的发展方向。它包括制造智能化、制造敏捷化、制造网络化、制造全球化和制造绿色化。

第二节　汽车整体构成及制造过程

一、汽车整体构成

汽车是由成千上万个零件所构成的复杂的陆上交通工具。根据其动力装置和使用条件的不同,汽车在具体结构上有很大的差别,但其总体结构一般包括发动机、底盘、车身以及电气与电子设备四大部分。

1. 发动机

发动机是使输送进来的燃料燃烧而转化成动力的装置。现代汽车上常用的发动机是往复活塞式汽油或柴油内燃机。它一般包括曲柄连杆机构、配气机构、供给系统、冷却系统、润滑系统、点火系统和起动系统。

2. 底盘

底盘主要包括传动系统、行驶系统、转向系统和制动系统四大部分。

3. 车身

车身是驾驶员工作的场所,同时也是装载乘客和货物的部件。根据结构的不同,其大体上可分为承载式车身和非承载式车身。

4. 电气与电子设备

电气与电子设备主要包括电源组、发动机点火设备、发动机起动设备、排放控制系统、导航系统、音响系统、电子防抱死制动系统等。

二、汽车制造过程

汽车是机电产品,制造过程十分复杂。汽车的制造过程是指将原材料转变为汽车产品的整个生产过程。汽车的制造过程包括零件毛坯的制造、机械加工、热处理、冲压铆接、焊装、涂装、总装等。这些过程是汽车生产中的中心环节,除上述生产过程外,还包括保证生产过程能正常进行所必需的其他一些辅助生产过程,例如生产过程中的运输、储存、保管、投产前的技术准备、生产准备、产品的销售及售后服务等。

汽车的制造过程涉及多个行业,如机械制造行业、玻璃制造行业及橡胶塑料制品行业、电子电器行业、化学化工行业。在社会化生产中,一个汽车企业不可能承担全部汽车零部件的生产。汽车企业一般指完成汽车主要零件或部件生产,如发动机、变速器、驱动桥、转向机构、车架、车身等的主要零件制造和总成的装配,其余零部件或附件则由其他专业厂家协作生产。在汽车制造企业内部,按产品专门化和工艺专业化的原则,设置铸造、锻造、热处理、发动机、变速器或传动器、驱动桥、转向器等车间,它们专门制造不同车型的多种零件或总成,以利于保证制品的制造质量和降低制造成本。汽车行业是一个行业关联性强、技术密集和资金密集的产业,汽车行业的发展会带动其他行业的发展。汽车主要由零件、部件、分总成和总成等装配而成。汽车制造归属于大量生产类型,是一个社会化的生产模式,集汽车制造主体企业和广大地方配套企业合作完成。专业化企业(车间)按产品协议和工艺路线组织、协调生产,必须满足"质量、效率、成本、安全"的原则,最终保证按时、按质、按量供货,绝对不许耽误装车。

三、汽车制造体系的构成

在生产过程中,直接改变生产对象的形状、尺寸、表面之间的相对位置和性质等,使其成为成品或半成品的过程,称工艺过程。汽车制造的工艺过程包括毛坯(铸件、锻件)制造工艺过程、热处理工艺过程、机械加工工艺过程、装配工艺过程等。

将原材料通过铸造或锻造的方法制造成铸件或锻件,成为铸造或锻造工艺过程,通称为毛坯制造工艺过程。

在机床设备上利用切削刀具,将毛坯或工件加工成零件的过程,称为机械加工工艺过程。机械加工工艺过程主要是改变生产的形状和尺寸的过程。根据机械加工中有无切屑产生,又可分为切削加工和无屑加工两类。切削加工主要是利用切削刀具从产生对象(工件)上切除多余材料,如在汽车零件制造中常采用的车、钻、铰、铣、拉、镗、磨、研磨、抛光、超精加工,齿轮轮齿加工中的滚齿、插齿、剃齿,锥齿齿轮加工中的铣齿、拉齿等加工方法。无屑加工主要是使用滚挤压工具对生产对象施加压力,使其产生塑性变形而成型并使其表面强化的加工方法,如汽车零件制造中采用的热轧齿轮、冷轧和冷挤压齿轮、滚挤压轴类零件外圆和内孔等。

按规定的装配技术要求,将零件或总成(部件)进行配合和连接,使之成为半成品或成品的工艺过程,称为装配工艺过程。它是改变零件、装配单元(总成或部件)间相对位置的过程,分为总成或部件的装配(分装或部装)和汽车整车的总装配。汽车生产流程图如图1-1所示。

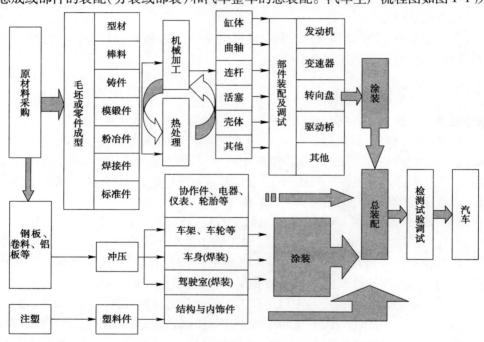

图1-1 典型汽车生产流程

训练与思考题

1. 综述汽车制造的方法与基本技术内容。
2. 何谓汽车生产过程?汽车生产过程由哪几部分组成?如果现在要您去考察一个汽车制造厂,您将如何安排考察路线?
3. 何谓汽车制造工艺过程?汽车制造工艺过程包含哪些子过程?从汽车生产组织需要来说明。
4. 汽车零件年生产纲领是如何计算的?如何划分汽车产品和零件的生产类型?

第二章 汽车制造工艺基础

第一节 汽车制造方法与生产过程

汽车是一个集机、电、光、液、气等综合学科应用的精密产品,结构紧凑复杂,要求舒适安全、操作便捷、美观大方;汽车生产规模大,产业关联度较高,年产量高,有些汽车主机厂一年产量为几十万辆甚至数百万辆,且一辆车有两万个左右的零件。由此可见:汽车的生产过程是一个社会化的生产过程,是由若干不同的专业化生产厂(车间)合作完成的。为了经济地、高质量地、高效率地提供汽车生产所需要的零、部件,这些专业化工厂(车间)按产品的协作原则组织生产、分工合作。如生产一台发动机,首先是铸造、锻造厂(车间)将各种特性不同的原材料加工制造成毛坯,然后经过机械加工、热处理厂(车间)制成合格的零件,再结合利用其他专业技术的产品,如火花塞(汽油机)、喷油泵(柴油机)等各种附件,在总装厂(车间)进行部件装配和总成装配,最后经过调整试验达到要求的性能指标,成为一台质量合格的发动机。一个完整的汽车生产过程,除了上述生产厂(车间)外,还应包括为生产准备和为生产服务的有关部门,如原材料及半成品供应、产品品质检测、工夹具和刀具制造、管理和准备、设备维护等部门。

下面首先介绍一下汽车制造工艺过程的基本知识。

(1)传统制造方法。

汽车制造就是对材料进行冷热加工、对零件进行成型与装配的生产过程。如图2-1所示轿车装配与调试现场情景。

图2-1 轿车装配与调试现场情景

金属热加工工艺包括铸造、锻压、焊接、热处理、表面改性和粉末冶金等。

金属冷加工工艺包括金属切削、板料冲压、特种加工与成型等。

非金属材料成型包括注塑与复合材料的成型和加工等。

(2)现代汽车制造技术。

现代汽车制造技术可以用一句话来概括:综合机械制造知识与技能,交叉光、电、声、信息、材料、管理等学科理论,融合社会科学、文化、艺术等,构建出现代汽车生产服务体系。

现代制造工程是汽车产业的支撑,是衡量一个国家科技发展水平的重要标志。汽车作为一种产品,集中体现一个国家制造工业的水平,也体现一个国家的机械工业、电子工业、化工工业、冶金工业的发展水平。我国正处于工业化经济发展的关键时期,只有跟上先进制造技术的世界潮流,才能加快我国的汽车产业的发展。关于现代制造技术的内容将在第八章详述。

一、汽车生产过程

一辆汽车的生产是由许多工厂联合完成的,这样做,有利于汽车零、部件的标准化和组织专业化生产,提高产品质量,降低生产成本。汽车生产的特点是产量大、品种多、质量高,生产组织涉及整个社会行业。

1. 汽车生产过程及其组成

(1)汽车生产过程。

汽车生产过程是指将原材料或半成品通过各种加工工艺过程制成汽车零件,并将零件装配成各种总成,最后通过总装配将总成组装和调整为整车的全过程。它包括:原材料的运输和保存、生产的准备工作、毛坯的制造、零件的加工及热处理、部件的装配和油漆、整车的装配和试验调整等。

(2)汽车生产过程的组成。

汽车生产过程由基本生产过程、辅助生产过程、生产服务过程及技术准备过程组成。

基本生产过程包括毛坯成型(铸造、锻造、冲压、焊装、粉末冶金)、零件机械加工、毛坯或半成品热处理、涂装、总成和整车装配等工艺过程,是产品整个生产过程的中心环节。

辅助生产过程包括动能供应、非标准设备及工装夹具准备等过程。

生产服务过程和技术准备过程包括运输、材料与配件采集、产品销售与服务等,形成了一个庞大的物流、信息流的协作网。

(3)汽车制造工艺过程。

在生产过程中,直接改变生产对象的形状、尺寸、相对位置和材料性能等,使之成为半成品或成品(汽车)的全过程即汽车制造工艺过程。汽车制造工艺过程包括毛坯成型、热处理、零件的机械加工及零部件与总成的装配等工艺过程。

2. 毛坯制造工艺过程

毛坯制造工艺过程是指通过铸造、锻造等方法将合金材料制成具有一定形状、尺寸和性能的铸件或锻件的过程。如图2-2所示生产过程中典型铸、锻件的毛坯形态。

铸造属于金属液态成型,其是将温度、成分合格的合金液浇注到与零件内外形状相适应的型腔中,待其冷却凝固(结晶)后得到铸件的生产方法。汽车曲轴、汽缸体、汽缸盖、变速器壳体和铝合金车轮、铝活塞等都是铸件。

锻造属于金属塑性成型,其是指合金材料受力产生不可恢复的塑性变形而形成所需形状、尺寸与高性能零件毛坯的加工方法。齿轮、连杆、十字轴和载货汽车前梁等都是模锻件。

汽车模锻件是通过锻模锻造得到的，即利用锻模对加热坯料施压受力而使之在模腔内依靠塑性变形而成型。

图 2-2 铸、锻件毛坯

冲压也属于金属塑性成型，其是把一定厚度的薄板在室温条件下受力分离，并通过弯曲、拉深、翻边、成型等变形工序而得到各式壳体与加强筋零件。汽车车身覆盖件和骨架零件大多由金属板料冲压成型。

金属焊接在汽车制造中应用很广，属于金属构件的连接成型技术。例如汽车车身主要通过焊接进行装配。

粉末冶金成型也属于毛坯或制品成型，其包括配料混粉、模压成型和高温烧结三大主要生产环节，属于粉末烧结成型技术。

塑料为高分子材料。塑料的成型与应用是汽车轻量化的重要途径。

在现代汽车制造中，通过精密铸造、精密锻造、精密冲裁、冷镦、冷挤、轧制等都可以直接成型零件制品，实现少、无切屑加工。同样也可以通过粉末冶金与注塑等方法直接得到零件制品而无须加工。

3. 零件机械加工工艺过程

零件机械加工工艺过程是指在机床设备上利用切削刀具或其他工具，将毛坯或型材、棒料通过切削加工成零件的工艺过程。

零件机械加工工艺过程是进一步改变毛坯形状和尺寸的过程，也是提高零件尺寸精度和表面质量的机械加工工艺过程。机械加工对象主要集中于汽车零件的型面加工。型面加工包括平面、旋转面、孔及诸如齿轮齿面轮廓、球面、沟槽等各种表面的加工。

在汽车零件制造中，常采用车、钻、刨、铣、拉、镗、铰、磨、超精加工和齿轮轮齿加工中的滚齿、插齿、剃齿、拉齿以及无切屑加工中的滚挤压、轧制、拉拔等方法进行机械加工。

4. 热处理工艺过程

热处理工艺过程是指用热处理方法（如退火、正火、淬火、回火、调质、表面热处理等），不改变零件形状，只改善毛坯或零件的使用性能和工艺性能，以挖掘材料性能潜力、提高产品质量、延长零件使用寿命的工艺过程。如汽车零件制造中的铸件、锻件等毛坯退火、正火、曲轴、齿轮等的调质和耐磨面的表面热处理等。调质即钢的淬火与高温回火。

5. 总成及整车产品装配工艺过程

总成及整车产品装配工艺过程是指将半成品或成品通过焊接、铆接和螺旋紧固等方式连接成合件、组件、部件、分总成或装配成总成直至整车的工艺过程。

装配只是改变零件、总成或部件间的相对位置，不改变其尺寸、形状与性能，如悬架、发动机、变速器等总成的装配和汽车整车的总装配等。由此，产品装配是对产品相对位置的固定与调整，故称为装配工艺过程。

在生产中，若生产对象不同，则其制造、加工或装配工艺过程也完全不同。

二、汽车生产工艺过程

1. 工艺过程的定义

工艺过程是生产过程最主要的组成部分。在生产过程中，直接改变原材料的尺寸、形状、相互位置和性质的过程称为工艺过程。根据涉及内容的不同，工艺过程又可细分为毛坯制造工艺过程、机械加工工艺过程、热处理工艺过程和装配工艺过程。本课程主要研究机械加工工艺过程的一些问题。

2. 工艺规程的定义

每个零件依次通过的全部加工内容称为工艺路线。为了将毛坯加工成符合要求的零件，必须制订零件的工艺路线。每个零件的工艺路线并不是唯一的，可根据优质、高产、低消耗的原则选择最优路线。文件形式的工艺路线就是工艺规程。

3. 机械加工工艺过程的组成

机械加工工艺过程主要分为工序、安装、工位、工步、走刀等工作内容。

（1）工序。

工序是工艺过程的基本组成单元，它是指一个（或一组）工人在一台设备上对一个或同时对几个零件所连续完成的那一部分加工过程。在生产过程中，区分一道工序的依据是分析零件加工进程中工作的场地或设备是否发生变更，加工过程是否连续。为什么要划分工序呢？其一，因为零件表面具有不同的形状、精度，因此，这些表面一般不可能在一台机床上全部加工完成。其二，划分工序可以提高生产效率，降低生产成本。

（2）安装。

同一道工序中，零件在加工位置上装夹一次所完成的那一部分工序，称为安装。一道工序中可以有一次或多次安装。在一道加工工序中，应尽量减少安装次数。这是因为安装次数增多，不仅影响生产效率，而且由于多次安装，安装位置改变，势必影响被加工部位间的精度。因此，在同一工序中，为了提高生产效率和零件位置精度，应尽量减少安装次数。

（3）工位。

采用转塔加工设备或转位工作台进行零件加工时，零件一次安装后，零件（或刀具）相对于机床有多个位置。零件在每个位置上完成的那一部分加工过程，称为一个工位。

如图2-3所示，在同一回转工作台上只完成一道工序，可分别在四个工位上实施装卸工件、钻孔、扩孔和铰孔加工。多工位零件加工方法减少了安装次数，提高了生产效率，特别适合于汽车零件的加工生产。

（4）工步。

零件在一次安装中，在加工表面、加工刀具、切削用量（转速及进给量）不变的情况下，所连续完成的那一部分工序内容称为工步。图2-4所示五个工步实施连续加工。

第二章 汽车制造工艺基础

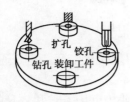
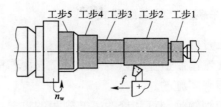

图2-3 回转工作台上四个工位　　　　图2-4 车削变速器第一轴阶梯外圆

在汽车零件的加工生产中,为了提高生产效率,常在一次安装的条件下,利用多个刀具同时加工多个待加工表面,作为一个工步,称为复合工步。如图2-5所示,在立轴转塔车床上用多把调整好的刀具,采用一个复合工步来完成钻孔及多个外圆和端面的加工。

（5）走刀。

零件一次安装后,在一个工步内,被加工表面余量较大时,需要进行多次切削。每进行一次切削,称为一次走刀。

如图2-6所示三通螺钉的零件结构图,通过表2-1的描述,可以方便地分清工序、安装、工位、工步、走刀之间的关系。

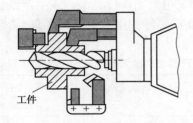
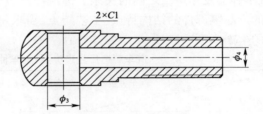

图2-5 在立轴转塔车床上加工　　　　图2-6 三通螺钉的零件结构图

三通螺钉加工工艺过程　　　　表2-1

工　序	安装次数(夹具)	工　步	工　位	走　刀
Ⅰ.车	1次(三爪自定心卡盘)	(1)车端面 (2)车外圆(ϕ_2) (3)车外圆(ϕ_1)	1	1
		(4)倒角($C1.5$)	1	1
		(5)车螺纹(M)	1	3
		(6)钻孔(ϕ_4) (7)切断	1	1
Ⅱ.车	1次(三爪自定心卡盘)	(1)车端面	1	1
		(2)车球体($S\phi$)	1	3
Ⅲ.铣	1次(组合夹具)	(1)铣扁	2	1
Ⅳ.钻	2次(V形块)	(1)钻孔(ϕ_3) (2)倒角($C1$) (3)倒角($C1$)	1	1

三、车辆生产的组织形式

1. 生产纲领

现代汽车制造业都以专业化分工与协作的方式组织规模化生产。它是通过生产纲领和生产类型来实施的。

生产纲领是制订和修改工艺规程的重要依据,是企业按市场需求和自身的生产能力,在一定计划期内(如一年)所应生产的产品产量和进度进行计划。

汽车零件的年生产纲领(N)一般按下式计算:

$$N = Q(1+a)(1+b) \tag{2-1}$$

式中:Q——同一产品年生产计划,辆;

N——1辆(台)汽车中的相同零件数,个;

a——备品率;

b——废品率。

将生产纲领所计划确定的零件数量,在一年里分批生产,每批生产的数量即为批量。一般分为大量生产、成批生产、单件生产三种生产类型。表2-2列举了我国汽车制造厂生产类型、汽车种类及年产量之间的关系。但应注意:汽车零件生产车间、协作厂或生产线由于所生产的产品零部件的结构特点、工艺特点、需求量以及零部件使用寿命长短不同,可能具有相异的生产类型。

汽车制造厂生产类型、汽车种类及产量之间的关系　　　表2-2

生产类型	汽车种类	轿车及1.5t以下轻型载货汽车(辆/年)	2~6t 载货汽车(辆/年)	8~15t 载货汽车(辆/年)
单件生产		10 以下	10 以下	10 以下
成批生产	小批	2000 以下	1000 以下	500 以下
	中批	2000~10000	1000~10000	500~5000
	大批	10000~50000	10000~30000	5000~10000
大量生产		50000 以上	30000 以上	10000 以上

2. 生产类型与生产方式

汽车产品的销售与工厂的生产能力,决定了工厂的生产纲领,生产纲领的制订,决定了产品的生产类型,即生产规模。根据企业(车间)专业化生产程度的分工和生产纲领中产品年产量的不同,汽车产品和零件的生产类型可以划分为大量生产、成批生产和单件生产。

(1) 大量生产。

大量生产指每年产品品种单一稳定,每个产品年产量大,一台机床设备可长期固定地重复进行某一个或某几个相似零件的某一道工序内容的加工。例如汽车、轴承、空调、彩电等的制造。

(2) 成批生产。

每年生产的汽车产品品种较多,每种产品产量较大,产品或零件呈周期性地成批投入生产。如某台机床或同一工作地点进行较多机械加工工序,乃至成批重复完成不同零件或同一零件相似工序的加工。这就是成批生产。成批生产又可分为大批生产、中批生产和小批生产。

大批生产和大量生产的工艺特征相似,小批生产和单件生产的工艺特征相似。因此,人们常常只称大批大量生产和单件小批生产。

一般情况下轿车制造多属于大量生产;中、轻型货车制造多属于大批生产;重型车、特种车制造多属于中批生产。

(3) 单件生产。

单件生产一般指每年生产的产品品种多而不确定,每个品种数量少而不定型,每台设备或工作地点只能单个生产不同的产品,很少重复,如重型机器制造、专用设备制造以及汽车制造厂中新产品试制等均属单件小批生产。产品维修企业更是如此。

3. 不同生产类型的工艺特征

生产类型的不同,生产组织、管理,生产车间的布置,毛坯的制作,设备、工装夹具、加工方法的选择以及对工人技术等级等各方面的要求均不同。制订工艺规程时,必须考虑与生产类型相适应,这样才能取得最大的经济效益。表 2-3 对不同汽车生产类型和工艺过程的特征进行了详细的比较和描述。

不同汽车生产类型和工艺过程的特征比较　　　　表 2-3

特征	项目	单件小批生产	成批生产	大批大量生产
产品特征	产量	少	一般	多
	产品品种	繁多	少量同类品种	基本单一品种
	生产重复性	经常变换,基本不重复	周期性变换、重复	基本固定不变、重复
	零件互换性	没有互换性,广泛采用钳工进行装配	大部分有互换性,同时保留试配	全部有互换性,某些精度高的配对件采用分组选择装配法
	毛坯制造及加工余量	铸件用木模手工制造,锻件用自由锻,毛坯精度低,加工余量大	部分铸件用金属模,部分锻件用模锻,毛坯精度一般,加工余量较小	金属模机器造型,锻件采用模锻及其他高生产率毛坯制造法,毛坯精度高,加工余量小
工艺装备特征	机床设备	通用机床、数控机床、加工中心	数控机床、加工中心、柔性制造单元,部分也采用通用机床、专用机床	专用生产线、自动化生产线、柔性制造生产线或数控机床
	夹具	极少采用夹具,偶尔采用组合夹具	广泛采用专用夹具	采用高生产率专用夹具
	刀具与量具	采用标准刀具和通用量具	采用标准刀具、量具,部分用专用刀具及量具	基本采用专用刀具、专用量具
工艺特征	加工方法	试切法、划线找正加工法	调整法为主,偶尔也采用试切法	调整法自动加工
	工艺规程	简单的工艺路线(流程)	有工艺规程,对一些主要或关键零件有详细的工艺规程	有详细的工艺规程
技术经济性比较	设备投资	少	一般	高
	生产效率	低	一般	高
	生产成本	高	一般	低
	对工人技术要求	熟练	一般熟练	操作工人技术水平要求低,调整工人要求技术水平高

第二节 汽车零件尺寸及形状的获得方法

一、工件尺寸的获得方法

要使工件加工后尺寸达到规定要求,可采用以下四种方法。

1. 试切法

在加工每个工件时,通过反复试切、测量、调试,从而确定刀具相对于工件的正确位置,保证获得规定尺寸。其特点是生产效率低、对工人技术要求高,仅适用于单件、小批量生产。

2. 调整法

在加工一批工件之前,先调整好刀具与工件在机床上的相对位置,并在加工中保持这个位置不变,从而保证获得规定尺寸。图 2-7 所示在生产中用调整法磨削摩托车齿轮轴端面 1 的示意图。为保证轴向尺寸 L,在加工一批工件之前,先确定好夹具体与磨床头架顶尖的相对位置。再调整好砂轮端面到夹具体端面 2 的距离 A,并在加工一批工件时保持距离 A 不变,而每个零件的轴向位置也都由夹具体端面 2 确定。

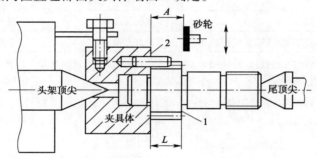

图 2-7 调整法磨端面

调整法加工的特点是生产效率高、尺寸稳定性好、对工人技术要求较低,适用于批量生产。

3. 定尺寸刀具法

定尺寸刀具法是利用刀具的相应尺寸来保证工件被加工部位尺寸的一种方法,它的特点是生产效率高。

4. 主动测量法

主动测量法是指在加工工件尺寸的同时,利用自动检测装置来测量和控制被加工表面尺寸的一种方法。主动测量法的加工精度高,主要用在自动生产线或精密机床上。

二、工件形状的获得方法

1. 轨迹法

依靠刀具运动轨迹来获得所需工件的形状。刀具运动轨迹取决于刀具和工件相对位置的切削成型运动,其形状精度取决于成型运动的精度。

机械加工中,普通车削、铣削、刨削、磨削等均属于轨迹法。

2. 仿形法

刀具按照仿形装置(样板或靠模)表面形状轨迹运动进给而获得工件形状的加工方法，称为仿形法(实属轨迹法)。

仿形车削、仿形铣削模具等均属于仿形加工。

其特点是：生产率较高；工件形状精度取决于仿形机构和机床主轴的精度；应用于大批量、形状较复杂的零件加工。

采用仿形机构加工凸轮轴上的凸轮比用数控机床加工的生产效率要高出很多。

3. 成型刀具法

成型刀具法是指使用成型刀具加工获得工件表面的方法。如车外螺纹、拉键槽、花键孔等，如图2-8所示。

4. 展成法

展成法又称范成法、包络法、滚切法，其是指在刀具与工件做相对运动中，刀刃包络出被加工表面形状的方法。如滚齿、插齿即属展成法加工。图2-9所示利用插齿刀具与被切齿轮坯的啮合运动切出齿形。

图2-8 齿轮铣刀

图2-9 插齿机上插齿

三、零件表面相互位置精度的获得方法

1. 一次装夹法

一次装夹法是指工件上几个加工表面(包括基准面)的位置精度能够在一次装夹中获得的方法。一次装夹加工出的各表面间的位置精度不受定位、夹紧的影响，只与机床精度相关，其位置精度能得以保证。

2. 多次装夹法

工件因受加工表面形状、位置和加工方法等的限制，不可能通过一次装夹就可加工出所有型面和尺寸，因而需要采用多次装夹才能完成零件的加工，此种加工方法称多次装夹法。

零件加工表面相互位置精度与诸多因素有关，如机床夹具精度、定位和夹紧方式及夹具本身精度等。采用夹具装夹加工所得到的位置精度相对较高，适用于汽车零件的大批量生产。

在加工过程中，同时获得的零件尺寸、形状和位置三方面的精度有一定的相依关系。一般来说，形状精度高于尺寸精度，位置精度大多高于相应的尺寸精度。也就是说，在尺寸精度得到保证时，形状精度和位置精度一般能够得到保证。

四、经济加工精度和表面粗糙度

1. 经济加工精度

经济加工精度指在正常生产条件下所能保证的公差等级和表面粗糙度。正常生产条件包括采用符合质量标准的设备和工艺装备、使用标准技术等级的工人和不延长加工时间等。

各种加工方法都对应一定经济加工精度和表面粗糙度范围。在选择表面加工方法时,应当满足与工件加工要求相适应的要求等。

2. 经济加工精度与表面粗糙度的关系

经济加工精度和表面粗糙度对应一定的公差等级和表面粗糙度等级范围。一般情况下,被加工表面尺寸公差值小,所对应的表面粗糙度值也一定小;但表面粗糙度值小,所对应的尺寸公差值不一定小。例如机床手柄表面、一些要求抗腐蚀或提高疲劳强度的零件表面的规定表面粗糙度值较小,但尺寸公差却可稍大一些。

训练与思考题

1. 以砂型铸造为例,说明其工艺过程是如何组成的。
2. 说明模型锻造工艺过程、生产条件和在汽车制造中的应用。模锻件有何优点?
3. 特种铸造包括哪些主要方法?说明各种铸件毛坯精化途径及其在汽车制造中的应用。
4. 什么叫工序?如何组织与安排机械加工工序?
5. 如何区分安装、工位、工步和走刀?
6. 什么是生产纲领?什么是生产类型?它们之间有什么联系?
7. 汽车产品的生产有几种方式?试进行比较。
8. 综述汽车零件机械加工尺寸和形状的获得方法。

第三章　机械加工工艺规程

机械加工工艺规程是指将汽车零件的机械加工工艺过程、操作要求和方法，用表格或文字的形式制订出用于组织生产、指导生产和制订生产计划的工艺文件。工艺规程的编制是工艺人员的核心工作。

第一节　概　　述

一、机械加工工艺规程的作用与分类

合理、科学的工艺规程是根据生产实践和科学实验，并结合具体生产条件制订出来的，同时通过生产实践、科学技术进步不断完善的。

1. 机械加工工艺规程的作用

（1）工艺规程是指导生产的主要技术文件。机械加工车间生产的计划与调度、工人的操作、零件的加工质量检验、加工成本的核算都是以工艺规程为依据的。处理生产中的问题和矛盾，也常以工艺规程作为共同依据。如处理质量事故必须按工艺规程来确定有关单位和人员的责任。

（2）工艺规程是生产准备工作的主要依据。按照工艺规程可以进行机床、刀具、夹具和量具的设计、制造或订货，原材料、半成品及外购件的供应，人员的配备等。

（3）工艺规程是新建或扩建工厂的依据。新建工厂或机械加工车间时，应根据工艺规程确定所需机床的种类和数量以及车间的布置，然后再由此确定车间的面积大小、动力和吊装设备配置以及所需工人的工种、技术等级、数量等。工艺规程对合理地达到生产能力、保证产品质量、保证车间投资效果以及对今后生产的发展有着很大的影响。

2. 机械加工工艺规程的分类

汽车生产中，由于生产类型不同，工艺文件的形式灵活多样，工艺规程的内容也不尽相同，总结起来，主要有以下四种工艺文件。

（1）工艺过程卡。

工艺过程卡又称工艺路线卡或工艺流程卡。其主要作用是以工序为单位，清晰地表明零件加工经过的车间（分厂）、工段、所用机床设备、工艺装备及时间定额等。在生产过程中，工艺过程卡的主要使用者是工厂的生产管理人员。其主要用于帮助生产调度，简洁迅速地掌握生产情况。表3-1即为工艺过程卡。

（2）工序卡。

工序卡是用于指导操作工人进行生产而为每道工序编制的工艺文件。在卡片上，一般附有工序简图。简图中以粗实线标明本工序要加工的部位，并按规定要求标注定位基准、尺寸、公差、表面粗糙度、形状与位置公差以及其他技术要求等。另外，工序卡还必须写明工步的顺序、使用设备、工艺装备、切削用量、时间定额等。表3-2 所示即为工序卡。

机械加工工艺过程卡 表3-1

		机械加工工艺过程卡片	产品型号		零(部)件图号			
			产品名称		零(部)件名称		共 页	第 页
材料牌号		毛坯种类		毛坯外形尺寸	每毛坯可制件数	每件台数	备注	
序号	工序名称	工序内容	车间	工段	设备	工艺装备	工时	
							准终	单件
					设计日期	审核日期	标准化日期	会签日期
标记	处数	更改文件号	签字	日期	标记	处数	更改文件号	签字	日期

机械加工工序卡 表3-2

		机械加工工序卡片		产品型号		零件图号			
				产品名称		零件名称		共 页	第 页
				车间	工序号	工序名称		材料牌号	
				毛坯种类	毛坯外形尺寸	每毛坯可制件数		每台件数	
				设备名称	设备型号	设备编号		同时加工件数	
				夹具编号		夹具名称		切削液	
				工位器具编号		工位器具名称		工序工时	
								准终	单件
描图	工步号	工步内容	工艺设备	主轴转速(r/min)	切削速度(mm/min)	进给量(mm/r)	背吃刀量(mm)	进给次数	工步工时(s)
									机动	辅助
描校										
底图号					设计(日期)	审核(日期)	标准化(日期)	会签(日期)		
装订号	标记	处数	更改文件号	签字	日期					

(3)检验卡。

为了保证所生产的零件是合格品,及时发现生产过程中的加工工序是否正常,需要为产品质量检验人员制订专门用于零件质量检验的卡片。在生产制造一个零件的工艺文件里,至少有一份检验卡;对于复杂和精度要求高的零件,有时按生产阶段或加工工序的要求有若干份检验卡;针对特殊工序还有专用的检验卡。检验卡内容包括检验内容、检验所用的夹具与量检具、每一批次零件抽检零件数等。表3-3所示为检验卡。

检 验 工 序 卡 表3-3

检验工序卡		产品型号		零(部)件图号		共 页
		产品名称		零(部)件名称		第 页
工序号	检验内容	百分比	加工序号	设备及检具	量具及标准号	量具名称
				编制(日期)	审核(日期)	会签(日期)
标记	处数	更改文件号	签字	日期		

(4)调整卡。

某些工序加工零件尺寸时,常需要对设备进行调整,以保证夹具相对于机床有正确的位置,保证刀具相对于被切削零件有正确的进给轨迹等。因此就需要对这些工序制订专门的技术文件,帮助和指导操作工人或专门的设备维护人员进行工作。当机床调整复杂(如对齿轮、凸轮等零件的加工)或加工过程复杂(如采用多工位加工中心加工零件时,刀具在机床上的排列和布置)时,需要制订调整卡。

二、制订工艺规程的原则与原始资料

1. 制订工艺规程的原则

制订工艺规程的基本原则是在一定的生产条件下,应保证加工质量和技术要求、保证生产效率、降低制造成本和保障生产安全。

制订工艺规程时,应切实注意以下问题。

(1)技术先进。在制订工艺规程时,需要及时了解国内外本行业工艺技术的发展水平,并通过必要的工艺试验积极采用科学合理的先进工艺和工艺装备。

(2)经济合理。在一定的生产条件下,应该提出几种能保证零件技术要求的工艺方案,然后通过核算和相互对比,选取经济上最为合理的方案,以保证产品的能源、原材料消耗及成本最低。

(3)劳动条件良好,安全可靠。在制订工艺规程时,要注意保证工人在操作时具有良好、安全的工作条件。在工艺方案制订上,要求结合企业未来发展与投资状况制订规划,尽可能采取机械化或自动化措施,将工人从繁重的体力劳动中解放出来,切实保障安全生产。

2. 制订工艺规程的原始资料

(1)产品的装配图及零件图。

(2)产品的验收质量标准。

(3) 产品的生产纲领及生产类型。

(4) 零件毛坯图及毛坯生产情况。机械加工工艺人员应研究毛坯图并了解毛坯的生产情况,如毛坯的加工余量、结构工艺性、铸件的分型面和浇冒口位置、锻件的模锻斜度和飞边位置等,以便正确选择零件加工时的装夹部位和装夹方法,合理确定工艺过程。

(5) 生产条件。应全面了解工厂设备的种类、规格和精度状况,工人的技术水平,现有的刀、辅、量、夹具规格以及非标装备的设计制造能力等。

(6) 各种相关手册、标准等技术资料。

(7) 国内外先进工艺及生产技术的发展与应用资料。

三、机械加工工艺规程的制订步骤

准确、科学、合理地制订加工工艺规程,一般经过以下步骤。

1. 分析产品装配图和零件图

制订加工工艺规程时,首先检验样图的完整性与正确性,检查是否有足够的视图、尺寸是否标注齐全、技术要求是否合理等。根据产品装配图和零件图熟悉产品的性能、用途、工作条件,明确各零件的相互装配位置及其作用,了解和研究各项技术条件制订的依据,找出其主要技术要求和关键技术问题等。

2. 审查零件结构工艺

工艺审查即零件的结构工艺性分析。分析零件的结构形状、尺寸大小、形状位置误差、表面粗糙度要求等,其目的是明确零件的主要工艺特点及主要加工方法。其目标是对所设计的零件,要求在满足使用功能的前提下,分析和研究产品制造的可行性和经济性。首先看零件标注尺寸是否合理和完整,设计基准是否与工艺基准相匹配,检查尺寸标注是否正确,要求尺寸规格尽量标准化。要求零件结构便于加工与度量,具有足够的刚度。如果在工艺审查中发现了问题,需要及时同产品设计部门联系,共同研究解决办法。

通过零件工艺分析,找出尺寸及其公差、形状与位置误差等设计不合理的要求,以及不合理的结构设计。在保证零件使用性能前提下,与产品设计人员一起研究,进行必要的修改。通过表面粗糙度分析,为满足某些特殊部位的表面粗糙度要求,决定是否采用研、珩等超精加工方法。

3. 毛坯的选用

零件毛坯的选材是由零件的使用性能和结构等因素决定的。毛坯制造的方式则决定于产品的生产纲领、零件材料、零件的结构形状等要求。零件材料选用应尽量立足国产,使用我国资源丰富的材料。同时,根据技术要求,分析热处理要求,以便在工序流程中合理安排对零件的热处理。如果材料选择不当,不仅使热处理工序安排不合理,增加零件的制造成本,而且可能使整个工艺规程的制订发生改变。

毛坯选择的合理性,在于保证零件的质量要求和尽可能节约材料、降低成本。实践证明,材料消耗、工序数量、加工时间等在很大程度上取决于所选的毛坯。在条件可能的情况下,应尽可能采用新技术、新工艺、新材料。汽车常用机械零件的毛坯来自于铸件、型材、模锻件、冲压件、焊接件以及粉末冶金、成型轧制件等。零件的材料和毛坯种类一般从零件图纸上可以得到明确信息,有的则随着零件材料的选定而确定,如选用铸铁、铸钢、铸铜、铝镁铸造合金等,此时毛坯必为铸件。在具体选择毛坯时,要遵从产品的生产纲领,特别是企业本身所具有的毛坯生产条件。在汽车零件生产社会化、专业化的今天,最好通过厂际协作,委托专业化的毛坯制造厂提供毛坯,这样才能达到保证毛坯质量、降低成本的目的。

4. 工艺路线的拟订

机械加工工艺路线是确定零件从毛坯制造到成品制成所经历工序的先后顺序,是机械加工工艺规程的核心,其主要内容包括确定工序集中与分散程度、选择定位基准、确定加工方法、划分加工阶段、安排加工顺序以及热处理、检验和其他工序。拟订工艺路线是制订工艺规程具有决定意义的步骤,好的工艺路线往往是在多个方案的比较选择中产生的。

5. 确定各工序加工余量、工序尺寸和公差

加工余量是指在零件的加工过程中,为了获得某一表面所要求的形状、尺寸和表面质量,必须从该零件的毛坯表面上切除多余的金属层厚度。正确确定加工余量,是制订工艺规程的主要任务之一。应确保最小加工余量能够将具有各种缺陷和误差的金属层去除掉,从而保证加工表面的加工精度和表面质量。如果加工余量过大,既费工又费时,还增加刀具损耗,浪费材料,甚至破坏需要保留的表面金属层。在生产实际中,加工余量的确定方法主要有分析计算法、经验估算法、查表修正法三种。其中,查表修正法本身就是在无数次科学实践基础上总结出来的,并经过无数次实践检验的先进的、科学的数据,使用时既方便又可靠,所以应用最广泛。

当零件的设计基准和工序基准重合时,计算每一工序的尺寸,可由最终尺寸逐步向前推算,便可以得到每一工序的工序尺寸,最终得到毛坯尺寸。当设计基准与工艺基准不重合时,每一工序的工序尺寸则必须通过工艺尺寸链的换算得到。工序尺寸的公差一般都按"入体原则"进行标注,毛坯尺寸则往往采用双向公差进行标注。

6. 确定各工序所用设备及其工艺装备

设备的选择应在满足零件加工工艺的需要和可靠地保证零件加工质量的前提下,与生产批量和生产节拍相适应。优先考虑采用标准化的工艺装备,并充分利用现有条件,以降低生产准备费用。对改装或重新设计的专用机床、专用或成组工艺装备,应在进行经济性分析和论证的基础上提出设计任务书。

7. 确定各工序的切削用量及时间定额

切削用量是制订工艺规程的基本参数,它包括背吃刀量、进给量和切削速度三个方面。从提高机械加工的生产效率出发,应采用尽可能大的切削用量。但在实际生产中,这个要求受到诸如刀具的寿命、机床设备的工作动力性能、零件毛坯的制造方法以及零件材料的切削性能等多方面因素的限制。因此确定切削用量时,应综合考虑多方面因素,在保证零件加工质量的前提下,以获得高生产率和低加工成本为原则。

时间定额是指生产企业根据自身的生产条件,对每一种零件生产的每一道工序都规定了所需耗费的时间。它是零件制造成本的重要组成部分,是企业进行经济核算、安排生产计划的重要依据,是添置生产设备、扩大生产规模、增减生产人员的重要依据。合理制订时间定额,不仅可以提高生产效率、产品质量,而且能够充分挖掘生产工人的积极性、创造性。在生产实际中,一般采取实测与计算相结合的方法来确定时间定额。

8. 确定各主要工序的技术检验要求及检验方法(略)

9. 填写工艺文件(略)

第二节 工艺路线分析

拟订机械加工工艺路线的第一步是选择被加工零件的定位基准。定位基准选择合理与否将直接影响零件加工质量。它对于在加工过程中保证零件表面之间相对位置精度是非常重要的。在零件加工的第一道工序中,只能使用毛坯的表面来定位,这种定位基准称为粗基准。在以后的每道加工工序中,均采用已经加工过的表面作为定位基准,这种定位基准称为精基准。由于粗基准和精基准的作用不同,所以在选择粗基准和精基准时所考虑问题的侧重点也不同。

一、粗基准的选择

选择粗基准时,所考虑的侧重点为如何保证各加工面有足够的加工余量,非加工表面的尺寸、位置误差如何能满足设计样图的要求,一般需遵循以下几个原则。

1. 选择主要非加工表面原则

为了提高非加工表面与加工表面的相对位置精度,应以主要非加工面作为粗基准,以如图 3-1 所示轴承密封端盖的加工为例,该密封端盖在装配使用时端部露于发动机外,不需加工,为了保证壁厚均匀,选择露于发动机外的非加工表面为粗基准。对于次要非加工面则不宜作粗基准,因为在毛坯制造时,应保证毛坯壁厚分布的均匀、质量的平衡以及尺寸、形状的对称性等。

2. 余量均匀分配原则

如果首先要求保证工件某重要表面加工余量均匀时,应选择该表面的毛坯面作为粗基准。如图 3-2a)所示,若加工时以非加工外圆表面 1 作粗基准定位,则加工后内孔外圆 1 同轴,可以保证零件壁厚均匀,但加工内孔 2 的余量不均匀,然而,如图 3-2b)所示,若加工时以零件毛坯孔 3 作粗基准定位,则加工内孔 2 与毛坯孔 3 同轴,可以保证加工余量均匀,但内孔 2 与非加工面外圆 1 不同轴,加工后壁厚会不均匀,出现上厚下薄。

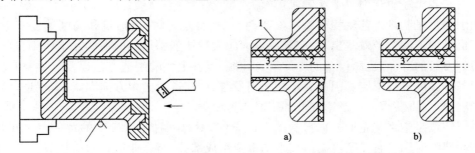

图 3-1 轴承密封端盖的加工　　　　图 3-2 不同粗基准选择的比较

选择主要非加工表面原则与余量均匀分配原则是选择粗基准最主要的原则。这两个原则有时会相互矛盾,需根据具体情况加以选择。

3. 不重复使用原则

同一尺寸方向上,粗基准一般只选择使用一次。因为粗基准本身是毛坯表面,精度和表面粗糙度均较差,若初次加工将其选为粗基准,则接下来安排加工则应选择已加工面为基准。如果再重复使用粗基准,就会造成两次加工出的表面之间存在较大的位置误差。

4. 便于装夹原则

要求选用的粗基准尽可能平整、光洁,且有足够大的尺寸,不允许有锻造飞边、冒口或其他缺陷,也不宜选用铸造分型面作粗基准。

二、精基准的选择原则

1. 基准重合原则

基准重合原则就是选择被加工表面的设计基准作为该加工表面的定位基准,这样可以避免由于基准不重合而引起的定位误差,提高加工精度。若是最后的一道加工工序,定位基准应与设计基准重合,若是中间加工工序,定位基准应与工序基准重合。

2. 基准统一原则

基准统一原则是指各工序中所用工序基准尽可能一致。如发动机进、排气凸轮轴及曲轴等类似的轴类零件加工时,采用两端中心孔作为定位基准;发动机缸体、缸盖等箱体零件加工时,采用一面两孔作为工序基准,完成尽可能多的加工工序。采用基准统一原则的意义在于,既可减少由于基准转换引起的误差,又可减少加工工艺过程中夹具设计、制造的种类、数量,有利于提高各加工表面间的位置精度,降低生产成本。

3. 互为基准原则

互为基准原则是指当对工件上两个相互位置精度要求很高的表面进行加工时,需要用两个表面相互作为基准,反复进行加工,以充分保证高的位置精度要求。如车床主轴的前锥孔与主轴支承轴颈间有严格的同轴度要求,加工时要先以支承轴颈外圆为定位基准来加工锥孔,然后再以锥孔作为定位基准来加工外圆,如此反复多次,最终达到加工要求,如图 3-3 所示。

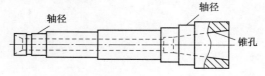

图 3-3 车床主轴

4. 自为基准原则

某些要求加工余量小而均匀的精加工工序,将选择加工表面自身作为定位基准,称为自为基准原则。由于这类加工的加工余量小而且均匀,所以常常选择加工表面自身作为定位基准。例如,利用浮动镗刀加工发动机汽缸套内孔,或利用珩磨工艺珩磨缸体上的汽缸内壁等。

5. 辅助基准

某些零件由于结构不规则,很难以零件自身表面作为定位基准,因此,常常在零件上专门设计制造出用作定位基准的部位作为定位基准。这些在零件上为了工艺需要而专门设计制造的定位面称为辅助基准。如图 3-4 所示某大型柴油机高压油泵柱塞,为了加工的需要,在柱塞的尾部设计增加一个小凸台,利用台阶和柱塞头部上的中心孔作为柱塞加工基准,待加工完毕后,再将小凸台切除掉,以满足设计样图的要求。

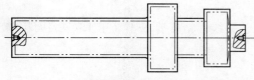

图 3-4 柴油机高压油泵柱塞加工的辅助基准

三、加工方法的选择

加工方法选择应综合考虑生产类型、生产条件、材料加工性能、加工表面类型、相关形状与尺寸、加工质量要求等诸多因素。对于汽车零件来讲，由于生产批量大、质量要求高，常采用自动流水线生产和社会配套加工，若对生产条件、材料与毛坯性能等控制严格，则更要全面分析和选择加工方法。根据零件上每个加工表面的技术要求，确定用什么方法加工及分几次加工。通常表面达到同样要求的加工方法可以有多种选择，在选择时可综合考虑下列几个方面。

(1) 根据加工表面的加工精度和表面粗糙度确定加工方法。所选的最终加工方法应能保证图纸提出的要求，采用经济精度能保证的加工方法，既保证质量又不使成本过高。

(2) 根据零件的结构、加工表面的特点及零件材料来选择加工方法。如箱体类零件的平面通常用铣削加工，而盘类零件的端面通常用车削加工；淬硬钢可采用磨削方法进行精加工，而有色金属一般采用金刚镗或精车方法进行精加工。

(3) 根据生产类型选择加工方法。对于大批量生产，可采用高效的专用设备，如某些零件平面和孔的加工可采用拉削加工代替铣削平面和镗孔。

(4) 考虑工厂现有设备和技术的发展。加工方法的选择需要既充分利用现有设备进行加工，同时又考虑到新技术、新工艺的应用。

四、典型表面的加工路线

1. 外圆表面加工路线

如图 3-5 所示外圆表面的典型加工路线以及路线中各工序所能达到的精度和表面粗糙度。其可概括成四条基本路线。

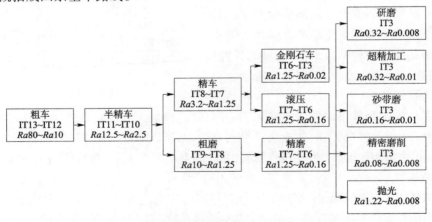

图 3-5　外圆表面的典型加工路线

(1) 粗车—半精车—精车。

对于一般常用材料，这是应用最广泛的一条工艺路线。精度要求不高于 IT7、表面粗糙度 $Ra \geqslant 0.8\mu m$ 的零件表面，均可采用此加工路线。

(2) 粗车—半精车—粗磨—精磨。

对于黑色金属材料，精度要求高和表面粗糙度值要求较小、零件需要淬硬时，其后续工序只能用磨削而采用的加工路线。

(3)粗车—半精车—精车—金刚石车。

对于有色金属,用磨削加工通常不易得到所要求的表面粗糙度,因为有色金属比较软,容易堵塞磨粒间的空隙,故最终工序多用精车和金刚石车。

(4)粗车—半精车—粗磨—精磨—光整加工。

对于黑色金属材料的淬硬零件,其精度要求较高且表面粗糙度值要求很小,故常用此加工路线。

2. 圆孔的加工路线

典型圆孔的加工路线框图如图3-6所示,其可归纳为如下四条基本的加工路线。

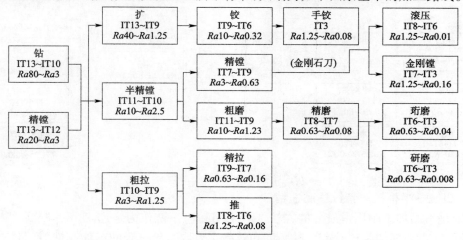

图3-6　圆孔的典型加工路线

(1)钻(或粗镗)—粗拉—精拉(或推)。

该路线多用于大批量生产中加工盘套类零件的圆孔、单键孔和花键孔。加工出的孔的尺寸精度可达IT7,且加工质量稳定,生产效率高。当工件上无铸出或锻出的毛坯孔时,第一道工序安排钻孔;若有毛坯孔,则安排粗镗孔;如毛坯孔的精度好,可直接拉孔。

(2)钻(或粗镗)—扩—铰—手铰。

该路线主要用于直径 $D\leqslant 50mm$ 的中、小孔加工,是一条应用最为广泛的加工路线,在各种生产类型中都有应用。加工后孔的尺寸精度通常达IT8~IT6,表面粗糙度 $Ra3.2$ ~ $Ra0.8$。若尺寸、形状精度和表面粗糙度要求还要高,可在铰后安排一次手铰。由于铰削加工对孔位置误差的纠正能力差,因此孔的位置精度主要由钻—扩来保证。位置精度要求高的孔不宜采用此加工方案。

(3)钻(或粗镗)—半精镗—精镗—滚压(或金刚镗)。

这是一条应用非常广泛的加工路线,在各种生产类型中都有应用。其主要用于加工未经淬火的黑色金属及有色金属等材料的高精度孔和孔系(IT7~IT5,$Ra1.25$ ~ $Ra0.16$)。与钻—扩—铰加工路线不同的是所能加工的孔径范围大,一般孔径 $D\geqslant 18mm$ 即可采用装夹式镗刀镗孔;加工出孔的位置精度高,如金刚镗多轴镗孔,孔距公差可控制在±(0.005~0.01) mm,常用于加工位置精度要求高的孔或孔系,如连杆大小头孔和发动机缸体孔系等。

(4) 钻(或粗镗)—半精镗—粗磨—精磨—研磨(或珩磨)。

这条工艺路线常用于黑色金属特别是淬硬零件的高精度的孔加工。其中研磨孔的原理和工艺与前述外圆研磨相同,只是此时研具是圆棒。如发动机缸体活塞孔就是采用这条工艺路线。

3. 平面加工路线

如图 3-7 所示常见平面加工路线框图,其可概括为五条基本工艺路线。

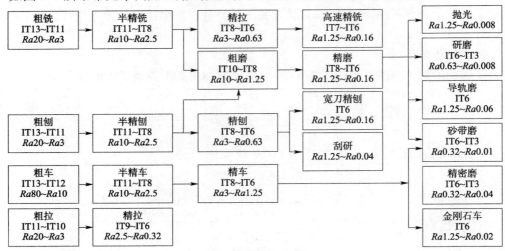

图 3-7 平面的典型加工路线

(1) 粗铣—半精铣—精铣—高速精铣。

铣削是平面加工中用得最多的方法。若采用高速精铣作为终加工,不但可获得较高精度,而且可获得较高的生产效率。其精度和效率主要取决于铣床的精度和铣刀的材料、结构和精度以及工艺系统的刚度。其在大规模生产应用较多,如发动机缸体平面加工。

(2) 粗刨—半精刨—精刨—宽刀精刨(或刮研)。

此工艺路线以刨削加工为主,通常刨削的生产率较铣削低,但机床运动精度易于保证,刨刀的刃磨和调整也较方便,故在单件小批生产中应用较多。宽刀精刨可达到较高的精度和较低的表面粗糙度值,在大平面精加工中用以代替刮研。刮研是获得精密平面的传统加工方法,由于其生产率低、劳动强度大,已逐渐被其他机械加工方法代替,但在单件小批生产中仍普遍采用。

(3) 粗铣(或粗刨)—半精铣(或半精刨)—粗磨—精磨—研磨、导轨磨、砂带磨或抛光。

此工艺路线主要用于淬硬表面或高精度表面的加工,淬火工序可安排在半精铣(或半精刨)之后。

(4) 粗拉—精拉。

这是条适合于大批量生产的加工路线,主要特点是生产率高,特别是对台阶面或有沟槽的表面,优点更为突出。如发动机缸体的底平面、曲轴轴承座的半圆孔及分界面,都是一次拉削完成的。由于拉削设备和拉刀价格昂贵,因此只有在大批量生产中使用才经济。

(5) 粗车—半精车—精车—金刚石车。

此加工路线主要用于有色金属零件的平面加工,如轴类零件的端面。如果是黑色金属,则在精车以后安排精磨、砂带磨等工序。

五、加工顺序的安排

加工顺序就是指工序的先后排列顺序或一道工序中各加工面的排列顺序,通常按下列原则排列。

1. 机械加工工序的安排

(1)为了给后续的工序提供合适的定位基准,往往在加工过程的开始,首先加工出精基准。例如,轴类零件(发动机曲轴、进排气凸轮轴等)加工工序的前两道工序中就是以轴的外径为粗基准,铣端面和打中心孔,确定零件在以后加工中定位用的精基准。

(2)首先安排加工表面的粗加工,然后安排半精加工,最后安排精加工、光整加工。一般精度要求高的表面安排在加工过程的最后,避免受其他表面加工的影响。

(3)根据零件功能和技术要求,一般将零件加工表面区分为主要表面和次要表面,并将主要表面的加工顺序安排为重点,将次要表面加工穿插于主要表面的加工工序中间,这样有主有次、相得益彰。

(4)先面后孔。对于支架、底座支承、箱体、连杆类零件,先加工平面,后加工孔,这样可借助平面接触面积较大、平整、安装定位可靠的特点,以平面作为精基准加工孔等尺寸,从而确保平面与孔的位置精度。

(5)对于单件、小批量生产的零件,当工厂(车间)的设备按机床功能归类布置时,为了避免零件的往返搬运费时、碰伤、碰坏的可能,应考虑加工工序集中安排。

2. 热处理工序的安排

汽车零件机械加工过程中,合理穿插退火、正火、淬火或调质与表面热处理等热处理工序是十分重要的技术环节。

(1)为了改善切削性能面进行的热处理工序,如正火、调质、退火等应安排在切削加工之前。

(2)为了消除内应力而进行的热处理工序应安排在粗加工之后、精加工之前进行。

(3)为了得到所要求的物理机械性能,如渗碳、渗氮、淬火等热处理工序,一般应安排在粗加工或半精加工之后、精加工之前进行。

(4)对于整体淬火的零件,则应在淬火之前,将所有用金属切削刀具加工的表面都加工完,表面经过淬火后,一般只能进行磨削加工。

(5)为了得到表面耐磨、耐腐蚀或美观等所进行的热处理工序,如镀铬、阳极氧化、镀锌、发蓝等,一般都放在最后工序。

3. 辅助工序的安排

辅助工序一般包括去毛刺、倒棱、清洗、探伤、校直、防锈、退磁和检验等。其中检验工序是主要的辅助工序,它对保障产品质量有着极其重要的作用。

检验工序的安排原则:

(1)安排在关键工序或较长工序前后。

(2)安排在零件换车间加工前后,特别是在热处理工序前后一般都要进行形状、尺寸和表面硬度、甚至是X光透视或金相组织的检查。

(3)在粗加工后、精加工前安排中间检查。

(4)零件全部加工完毕时安排最终检测等。

六、加工阶段的划分

1. 加工阶段划分的原则

大多数零件，一般都不能在一个工序内完成所有尺寸的加工，而整个加工过程所经历的工序较多，一些精度要求较高的零件加工更是如此。如何安排整个加工过程，在实际生产中，已总结出一系列的指导性原则。

(1) 粗加工阶段。

该阶段的主要任务是除去大部分多余的金属层，使半成品零件从形状和尺寸上尽量接近成品的形状和设计样图的尺寸要求，以提高零件生产率。

(2) 半精加工阶段。

该阶段主要为精加工做准备，以及使零件满足设计样图中的部分精度要求。

(3) 精加工阶段。

该阶段主要保证零件加工后，各主要表面达到产品设计样图规定的精度要求，最终获得零件设计图所需要的表面质量、设计尺寸和规定的技术要求。

(4) 光整加工阶段。

对于精度要求特别高、表面粗糙度特别小的表面，通过光整加工进一步提高精度，改善表面质量。

2. 加工阶段划分的意义

(1) 保证加工质量。

工件粗加工时，由于加工余量大，因此加工时背吃刀量和进给量都大，产生的切削力及切削热量也大，从而引起工艺系统受力变形、热变形，所以从加工的方式可以看出，粗加工不可能得到高的精度和小的表面粗糙度，必须要有后续的、更高级的加工手段，逐步改变切削用量，减少加工误差，最终满足零件的设计要求。存在残余应力的毛坯，粗加工后，内应力重新分布，从而造成新的变形。同时其划分了加工阶段，毛坯粗加工后，增加人工时效处理，从而避免由于内应力引起的变形对精加工的影响。如果零件表面粗、精加工没有按阶段而交替进行，零件极可能由于粗加工的作用，导致已完成加工并达到产品设计样图要求的零件表面精度的破坏。

(2) 合理使用机床设备。

加工过程按阶段划分后，可合理使用设备，充分发挥粗、精加工设备的各自特点，使设备得到合理的使用。这样既可使粗加工机床的效率得到充分发挥，又可让精加工机床在较小的切削力作用下工作，从而有利于长期保持设备的精度。

(3) 方便安排热处理工序和及时发现毛坯缺陷。

在加工过程中，如果零件需要热处理，则加工过程至少需要划分为两个阶段。因为精密零件粗加工后，一般应安排一次去应力时效处理，以减少内应力对精加工的影响。此外，零件表面强化处理(如淬火、渗氮等)一般安排在半精加工之后，这样不但可以消除表面强化处理引起的变形，而且可满足零件表面强化的技术要求。零件的加工分阶段后，毛坯表面先进行粗加工，可及早发现零件内部缺陷(如疏松、缩孔等)，及时采取措施，避免造成更多的人力、物力、能源浪费。

加工过程阶段的划分不是绝对的，主要需要考虑工件在加工过程中的变形对精度的影响程度来决定。例如，对某些单件或小批量重型零件加工，零件的运输、装夹费力、费时，则常常在一台机床上全部完成该零件某些表面的粗、精加工。只有这样,才能叫合理、科学地利用了加工阶段划分原则,而非机械地按上述原则划分零件加工阶段。

七、工序的分散与集中

选定了一个零件的加工工艺方案,并划分了加工阶段之后,在一定条件下,可以根据零件加工的工艺特点和生产加工过程组织方式,使零件加工工序的数目不同。这种不同,正是应用工序分散与工序集中两种不同的原则对工序进行不同的组合来实现的。

所谓工序分散,就是将零件的加工分散在较多的工序内完成。其工艺特点为:每道工序所包含的加工内容较少,工序数目较多,工艺路线长;每道工序的工装夹具比较简单,调整、维护方便,生产准备工作量少;涉及的设备数量、种类较多,操作人员需求量大,生产占用面积广。

所谓工序集中,就是将零件的加工集中在少数几道工序里完成。其工艺特点为:每道工序所包含的加工内容较多,工序数目少,工艺路线短;减少了装夹次数,一次装夹即可完成多个表面的加工,全面提高了零件生产加工的劳动生产率;减少了工序间的运输,减少了生产设备数量,有利于使用高生产率的先进技术和专用设备,从而减少了生产工人的数量和生产占用的面积。但工序集中使设备、工艺装备更加复杂,投资可能更大。

由上述分析可以看出,工序集中的优点正是工序分散的缺点;反之,工序分散的优点正是工序集中的缺点。拟订工艺规程时,应根据零件的生产量、零件的结构特点、技术要求、现有机床设备等生产条件予以综合考虑。从现代生产的发展趋势来看,更强调工序集中。如小批量生产时,为简化生产管理工作,让普通通用设备能尽可能多地完成加工内容,减少工序数目。多品种、中小批量生产时,更多采用数控机床、加工中心等高效自动化设备,从而使一台生产设备也尽可能多地完成加工内容,从而达到工序集中的目的。但是,对一些精度要求高,且形状复杂的零件来说,应根据零件结构特点,对加工工序合理分散,以便使用通用设备和结构简单的工装夹具组成流水生产线,生产出高质量的产品。

第三节　机械加工生产率和经济性

一、生产率

生产率是衡量生产效率的一个综合性指标,其表示在单位时间内生产出合格产品的数量或在单位时间内为社会创造财富的价值。

不断提高劳动生产率是降低成本、增加积累和扩大再生产的主要途径,但需注意生产率与产品质量、加工成本之间的关系。首先,任何提高劳动生产率的措施必须以保证产品质量为前提,否则毫无意义。其次,提高劳动生产率时应该具有成本核算观点。在工艺过程中,若不恰当地采用自动化程度过高、复杂而又昂贵的设备,则生产率虽有提高,但由于设备折旧费太大,结果加工成本却高出很多。

二、提高生产率的措施

1. 缩短基本时间

提高切削速度、进给量和背吃刀量都可以缩短基本时间。减少切削行程长度也可以缩减基本时间,如采用排刀装置,用几把车刀同时加工同一个表面。用几把刀具或复合刀具对同一个工件的几个不同表面或同一表面同时进行加工,或把原来单独的几个工步集中为一个复合工步,各个工步的基本时间就可以全部或部分相重合,从而减少工序的基本时间。还可采用多件加工,既减少了刀具切入和切出的时间,也减少了分摊到每一个工件上的辅助时间。

2. 缩短辅助时间

采用快速动作夹具和自动上、下料装置等都可以有效缩短装卸工件所占用的辅助时间。采用转位夹具或转位工作台,在利用机床加工的时间内装、卸工件,即将装、卸工件的辅助时间与基本时间重合。

3. 缩短技术性服务时间

缩短技术性服务时间主要是指耗费在更换刀具、修磨砂轮、调整刀具位置的时间。通常可以采用快速换刀、快速对刀、机夹式不刃磨刀具等措施来减少技术性服务时间。

4. 缩短准备结束时间

采用成组技术,把结构形状、技术条件和工艺过程都比较接近的工件归为一类而制订出典型的工艺规程并为之选择、设计好一套工具和夹具,可以缩短准备结束时间。这样,在更换下一批同类工件时就不必更换工具和夹具或经过少许调整就能投入生产。

第四节 机械加工工艺规程识读

如图3-8所示某型汽车上一齿轮零件图,其机械加工工艺规程见表3-4~表3-8。

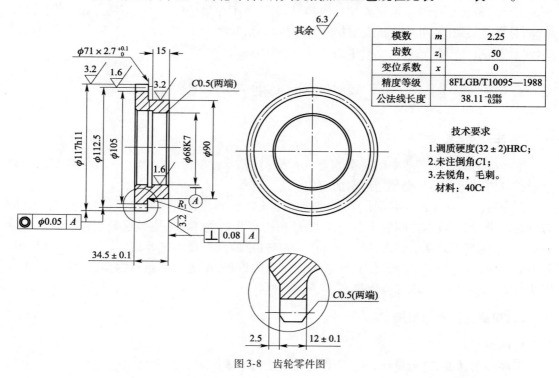

图3-8 齿轮零件图

表 3-4

机械加工工序卡 (一)

产品型号	JM03A		零件图号			20030101		共5页	第1页
产品名称			零件名称			齿轮			材料牌号 40Cr

	车间	工序号	工序名称		每台件数 2
	3	01	粗车		
	毛坯种类 模锻件	毛坯外形尺寸	每毛坯可制件数 1		同时加工件数 1
	设备名称 卧式车床	设备型号 C620-1	设备编号 WC10		切削液
	夹具编号 SID—001		夹具名称 三爪自定心卡盘		工序工时 准终 单件
	工位器具编号		工位器具名称		

机械加工工序卡片

其余 6.3/

φ118.5₋₀.₅⁰
φ105₋₀.₄⁰
φ65⁺⁰·¹⁹₀
45°
2.5₋₀.₀₅⁰
3.2
⊥ 0.08 A

工步号	工步内容	工艺设备	主轴转速 (r/min)	切削速度 (mm/min)	进给量 (mm/r)	背吃刀量 (mm)	进给次数	工步工时(s)	
								机动	辅助
1	车端面,保持尺寸 2.5₋₀.₀₅⁰	刀具:(1) YT5 90°偏刀 (2) YT5 镗刀 量具:(1) 游标卡尺 (2) 内径百分表	30	10.2	手动	1.7	1		
2	车外圆 φ105₋₀.₄⁰,倒角 45°		120	41.4	0.65	1.75	1	20	
3	车外圆 φ118.5₋₀.₅₄⁰		120	45.6	0.65	1.25	1	18	
4	镗孔 φ65⁺⁰·¹⁹₀		370.2	75.6	0.2	1.25	1	35	

	设计 (日期)	审核 (日期)	标准化 (日期)	会签 (日期)
标记	处数	更改文件号	签字	日期

描图

描校

底图号

装订号

· 29 ·

表3-5 机械加工工序卡(二)

产品型号	JM03A	车间	3	零件图号	20030101		齿轮	共5页	材料牌号	40Cr	第2页
产品名称		毛坯种类	模锻件	工序号	02	工序名称	粗车	每毛坯可制件数	1	每台件数	2
		设备名称	卧式车床	设备型号	C620-1	设备编号	WC13	同时加工件数	1		
		夹具编号	SZD-002			夹具名称	三爪自定心卡盘	切削液			
		工位器具编号				工位器具名称		工序工时 准终			

其余 3.2

φ91.5₋₀.₅₄⁰ , 34.5⁺⁰·⁰⁵₋₀.₀₅ , 20⁺⁰·⁰⁵₀

工步号	工步内容	工艺设备	主轴转速 (r/min)	切削速度 (mm/min)	进给量 (mm/r)	背吃刀量 (mm)	进给次数	工步工时(s) 机动	辅助
1	车端面,保持尺寸34.5±0.05	刀具:YT5 90°偏刀 量具:游标卡尺	120	35.4	0.52	2.0	1	22	
2	车外圆 φ91.5₋₀.₅₄⁰		120	35.4	0.65	1.25	1	17	
3	车端面2,保持尺寸 20⁺⁰·⁰⁵₀		120	45.6	0.52	1.7	1	18	

	设计 (日期)	审核 (日期)	标准化 (日期)	会签 (日期)

标记	处数	更改文件号	签字	日期

描图
描校
底图号
装订号

机械加工工序卡（三）

表3-6

产品型号	JM03A		零件图号			20030101		共5页	第3页
产品名称			零件名称			齿轮			
	车间	工序号	工序名称			材料牌号			
机械加工工序卡片	3	03	半精车			40Cr			
	毛坯种类	毛坯外形尺寸	每毛坯可制件数			每台件数			
	模锻件		1			2			
	设备名称	设备型号	设备编号			同时加工件数			
	卧式车床	C620—1	WC15			1			
	夹具编号		夹具名称			切削液			
	SZD—005		三爪自定心卡盘						
	工位器编号		工位器具名称			工序工时			
						准终		单件	
工步号	工步内容	工艺设备	主轴转速 (r/min)	切削速度 (mm/min)	进给量 (mm/r)	背吃刀量 (mm)	进给次数	工步工时 (s)	
								机动	辅助
1	半精车外圆，保持 $\phi117_{-0.22}^{0}$	刀具：(1) YT15 90°偏刀	380	139.8	0.3	0.75	1	9	
2	镗孔 $\phi67_{0}^{+0.074}$	(2) 倒角刀	380	139.8	0.1	1	1	32	
3	倒角 C0.5	(3) YT15 镗刀	380		手动		1		
		量具：(1) 游标卡尺							
		(2) 外径千分尺							
		(3) 内径百分表							
			设计 （日期）	审核 （日期）	标准化 （日期）		会签 （日期）		
描图									
描校									
底图号									
装订号	标记	处数	更改文件号	签字	日期				

表 3-7 机械加工工序卡(四)

产品型号	JM03A		零件图号	20030101		齿轮		共 5 页	第 4 页
产品名称			零件名称						
	车间	工序号	工序名称	材料牌号					
	3	04	精镗	40Cr					
	毛坯种类	毛坯外形尺寸	每毛坯可制件数	每台件数					
	模锻件		1	2					
	设备名称	设备型号	设备编号	同时加工件数					
	卧式车床	C616A	WC-111						
	夹具编号	夹具名称		切削液					
	SZD-007	三爪自定心卡盘							
	工位器具编号	工位器具名称		工序工时					
				准终	单件				

工步号	工步内容	工艺设备	主轴转速 (r/min)	切削速度 (mm/min)	进给量 (mm/r)	背吃刀量 (mm)	进给次数	工步工时(s)	
								机动	辅助
1	半精车外圆 $\phi 90_{-0.54}^{0}$	刀具:(1) YT5 90°偏刀	1400	298.8	0.04	0.5	1	44	
2	精镗孔 $\phi 68_{-0.021}^{+0.009}$	(2) YT30 精镗刀	40	8.4	手动		1		
3	镗槽 $\phi 71 \times 2.7_{0}^{+0.1}$	(3) 高速钢切槽刀	40	8.4	手动				
4	倒角 C0.5	量具:(1) 圆柱塞规 (2) 千分尺							

	设计	审核	标准化	会签
	(日期)	(日期)	(日期)	(日期)

标记	处数	更改文件号	签字	日期

机械加工工序卡片

表 3-8

机械加工工序卡(五)

机械加工工序卡片		产品型号	JM03A		零件图号	20030101			共5页	第5页
		产品名称			零件名称	齿轮				
				车间	工序号	工序名称		材料牌号		
				3	05	滚齿		40Cr		
				毛坯种类	毛坯外形尺寸	每毛坯可制件数		每台件数		
				模锻件		1		2		
				设备名称	设备型号	设备编号		同时加工件数		
				滚齿机	Y3150	GZ005		1		
				夹具编号	夹具名称			切削液		
				SZD-007	三爪自定心卡盘					
		模数	2.25	工位器具编号	工位器具名称			工序工时		
		齿数	50					准终	单件	
		精度等级	8FL GB/T 10095-1988							
		变位系数	0							
		公法线长度及公差	$38.11_{-0.289}^{-0.086}$							
工艺设备				主轴转速 (r/min)	切削速度 (m/min)	进给量 (mm/r)	背吃刀量 (mm)	进给次数	工步工时(s)	
刀具:齿轮滚刀 m=2.25									机动	辅助
量具:公法线百分尺										
工步号	工步内容									
1	按设计图样要求滚齿			135	27	0.83		1	1191	
				设计 (日期)	审核 (日期)	标准化 (日期)		会签 (日期)		
描图										
描校										
底图号										
装订号										
	标记	处数	更改文件号	签字	日期					

训练与思考题

1. 何谓机械加工工艺规程？作用有哪些？它表现出哪几种技术文件的形式？
2. 制订机械加工工艺规程的原则有哪些？
3. 何谓粗基准？其选择原则是什么？
4. 何谓精基准？其选择原则是什么？
5. 简要说明划分加工阶段的原则和意义。
6. 选择零件机械加工方法应考虑哪些问题？
7. 如何安排零件的机械加工顺序？
8. 何谓工序集中？何谓工序分散？影响工序集中、工序分散的主要因素有哪些？
9. 如何提高机械加工的生产效率？

第四章　汽车装配工艺

汽车装配是汽车制造工艺过程的最终环节,汽车的质量由装配来保证。因此,装配质量对汽车的使用性能和使用寿命影响很大。如果装配不当,即使所有的零件都合格,也难以获得符合质量要求的产品;反之,如果零件的加工质量不是很好,则可以通过采用适当的装配方法使产品合格。

本章主要介绍汽车装配的概念及装配工艺过程,分析保证装配精度的装配方法及制订装配工艺规程的有关问题。

第一节　概　　述

一、汽车装配的概念

汽车装配是将各种零件、合件、部件或分总成和总成,按规定技术条件和装配精度要求连接组合成完整产品的生产过程。装配中的连接方式有可拆卸活动连接、不可拆卸活动连接、可拆卸固定连接和不可拆卸固定连接等。

零件与零件的组合过程称为组装,其成品为组件;零件与组件的组合过程称为部装,其成品为部件;而零件、组件和部件的组合过程称为总装,其成品为机器或产品。

汽车装配的特点是零件种类多、数量大,作业内容极其复杂。装配零部件除发动机、传动系、车身、悬架、车轮、转向系、制动系和空调系等之外,还有大量内外饰件、电器、线束、软管、硬管、玻璃和各类油液等。

二、装配精度

装配精度是指产品装配后的实际几何参数、功能与理想几何参数、功能要求的符合程度。

1. 装配精度的意义

正确规定机器和部件的装配精度是产品设计的重要环节之一,它不仅关系到产品质量,也影响到产品制造的经济性。装配精度是合理选择装配方法、制订装配工艺规程及确定零件尺寸公差与技术条件的主要依据。

2. 装配精度的内容

(1) 相互位置精度。

相互位置精度指产品中相关零部件间的位置尺寸精度和几何位置精度。位置尺寸精度指相关零部件间的距离尺寸精度,如汽车发动机缸体各汽缸中心距的尺寸精度等。零部件间的几何位置精度指相关零件之间的同轴度、平行度、垂直度及各种跳动等的精度要求,如汽车发动机缸体各汽缸轴线与曲轴主轴承座孔轴线的垂直度等。

（2）相对运动精度。

相对运动精度指具有相对运动的零部件间在运动方向和运动速度上的允许偏差。它包括运动方向上的精度和运动速度上的精度。运动方向上的精度指零部件间相对运动的直线度、平行度和垂直度等，如发动机活塞与曲轴连杆轴颈的运动垂直度等。运动速度上的精度指内传动链的传动精度，即内传动链首、末两端件的实际运动速度关系与理论值的符合程度。

（3）相互配合精度。

相互配合精度指零部件间的相互配合精度，包括配合表面的配合精度和接触精度。其中，零部件间的配合精度是指配合面间达到规定间隙或过盈要求的程度。它关系到配合性质和配合质量。相互配合精度由涉及公差和配合的国家标准确定，例如轴和孔的配合间隙或配合过盈的变化范围等。零部件间的接触精度指两个相互接触、相互配合的表面接触点数和接触点分布情况与规定值的符号程度。装配接触精度影响到接触刚度和配合质量，例如曲轴轴瓦与轴颈的接触面、锥体配合面和齿轮啮合等。

三、装配工作的主要内容

1. 清洗

进行装配的零件必须先进行清洗，除去在制造、储存和运输过程中所黏附的切屑、油脂和灰尘等，部件或总成在运转磨合后也要清洗。清洗对于保证和提高装配质量、延长产品的使用寿命有着重要意义。保证清洗的质量，主要靠合理选用清洗液、清洗方法及工艺参数。零件在清洗后，应具有一定的防锈能力。

2. 平衡

旋转体的平衡是装配过程中一项重要工作。特别是对于转速高、运转平稳性要求高的机器，对其零部件的平衡要求更为严格，平衡工作也更为重要。旋转体的平衡方法有静平衡和动平衡两种方法。对于盘状旋转体零件，如带轮、飞轮等，一般只进行静平衡；对于长度大的零件，如曲轴、传动轴等，必须进行动平衡。旋转体内的不平衡质量可用加工去除法进行平衡，如钻、铣、磨、锉、刮等；也可用加配质量法进行平衡，如螺纹连接、铆接、补焊、胶接、喷涂等。

3. 过盈连接

对于过盈连接件，在装配前应保持配合表面的清洁。常用的过盈连接装配方法有压入法和热胀（或冷缩）法。压入法是在常温下将工件以一定压力压入进行装配，会把配合表面微观不平度挤平，影响过盈量。压入法适用于过盈量不大和精度要求不高的情况。重要的、精密的机械以及过盈量较大的连接处，常用热胀（或冷缩）法，即采用加热孔零件或冷却轴零件的办法，使得过盈量缩小或达到有间隙后进行装配。

4. 扭矩的基础知识

所谓螺纹连接，是采用紧固件连接两个或多个部件，在连接过程中，通过施加预紧力使紧固件转动，最终紧固件拉伸变形后将连接部位压在一起，形成夹紧力而达到部位连接的目的。螺纹连接后的主要受力分析如图 4-1 所示。

第四章 汽车装配工艺

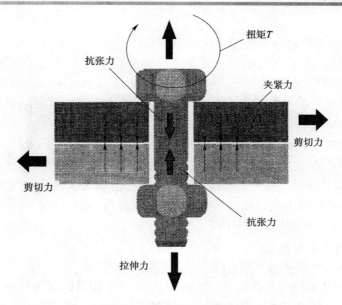

图4-1 螺纹链接受力分解图

螺纹连接中对组装效果有直接影响的是夹紧力,装配效果是否可靠直接由夹紧力决定,然而夹紧力不容易直接测量,也无法直接控制,通常采用控制与夹紧力相关的参数打到控制夹紧力的目的。

在汽车总装中,普遍采取扭矩控制阀来控制夹紧力。扭矩是作用在紧固件上的切向力矩,它等于施加在紧固件上的力和力臂(即力到转动中心的距离)的乘积。即:

$$T = F \times L \tag{4-1}$$

式中:T——扭矩,N·m;
F——切向力,N;
L——力臂,m。

扭矩控制法就是在扭紧紧固件达到固定扭矩时扭紧过程停止。其优点在于拧紧工具价格便宜,操作方便。但是拧紧质量受螺栓摩擦系素的影响大。螺栓摩擦系数低时,螺栓将拧至其塑性变形区甚至会将其拧断。为了安全起见扭矩控制法设计的预紧力只在螺栓屈服强度的50%~70%,因此螺栓利用率不高。

通过扭矩控制法紧固的扭矩检测是比较方便和容易的。可采取动态检测和静态检测两种方式。动态扭矩可在螺纹连接的同时用在线式扭矩传感器测量。静态扭矩可在安装后使用表盘式或数显式扭力扳手检测;精度要求高一些的检测,需要动态的检测仪。然而在线检测和线下检测的数据不是完全相同。线下检测只能检测扭矩是否太低,同时受静态摩擦力影响,而手动扳手的误差还比较大。

在拧紧螺栓时,采用扭矩控制法,螺栓旋转得越多,得到的扭矩越大,但是在扭紧过程中90%的扭矩会被摩擦力矩消耗,只有约10%的扭矩最终转化为夹紧力。如果扭矩过小会导致夹紧力不足而产生螺栓掉落的问题,如果扭矩过大会导致螺栓过度伸长而拉裂。因此合理选择扭矩范围是采用扭矩控制阀的关键,一定要确保施加的扭矩达到最小需要的扭矩,一定要确保夹紧力要大于外部载荷。

5. 螺纹连接

螺钉、螺栓依靠螺纹连接是机械装配的基本方法。螺纹连接约占汽车装配作业工作量的30%左右,个别部位的螺纹连接还需要采用手动扳手,较普遍的是采用风动扳手或电动扳手以及电动螺丝刀进行操作。对螺纹连接的要求有以下几个方面。

(1)螺栓杆部不产生弯曲变形,螺栓头部、螺母底面与被连接件接触良好。

(2)被连接件应均匀受压,互相紧密贴合,连接牢固。

(3)根据被连接件形状、螺栓的分布情况,按一定顺序逐次(一般为2~3次)拧紧螺母。螺纹连接的质量,除受有关零件的加工精度影响外,还与装配技术有很大关系。如拧紧的次序不对、施力不均,会使零件产生变形,降低装配精度,造成漏油、漏气、漏水等。运动部件上的螺纹连接,若拧紧力矩达不到规定数值,将会出现松动,影响装配质量,严重时会造成事故。因此,对于重要的螺纹连接,必须规定拧紧力的大小。

6. 螺纹连接的基本知识

(1)螺纹连接的紧固理论。

螺纹连接中最基本的部件就是螺纹紧固件,紧固件是作紧固连接用的一类机械零件,在汽车装配甚至机械行业中应用极为广泛。螺纹紧固件类型很多,常见的有螺栓、双头螺柱、螺钉、螺母和弹垫等多种类型。汽车装配中,用得比较多的就是螺栓和螺母结合。

螺纹连接的关键在于防松,防松根本在于防止螺旋副的相对转动。通常螺栓螺母采用相同的材料,或螺栓使用强度较大一点的材料。另外,使用不同强度的材料拧紧,也有防止咬死的效果。防松的具体方法,按其工作原理分为摩擦防松、机械防松等。

一般说,摩擦防松简单、方便,但没有机械防松可靠。对于重要的连接,特别是在机器内部不易检查的连接,应采用机械防松。如汽车制动器、变速器上就大量采用机械防松方式。

(2)螺纹紧固件规格。

螺纹紧固件由于品种规格繁多,性能用途各异,而对标准化、系列化、通用化的要求程度极高。因此,螺纹紧固件有一系列通用化的标准和规范,一个紧固件可以从其标记就了解到其具体规格。

一个完整的紧固件的完整标记形式如图4-2所示。

图4-2 紧固件标记规则

1-紧固件名称;2-紧固件标准编号;3-紧固件类型;4-紧固件规格、精度;5-紧固件类型与尺寸的其他要求;6-紧固件性能等级或材料和热处理;7-表面处理

在实际标记中,紧固件的标记可按下列简化原则进行简化:

①紧固件名称和标准编号中的年代号允许省略;

②当紧固件产品标准中只规定一种类型、精度、性能等级或材料、热处理以及表面处理时,允许省略;

③与产品标准规定两种以上类型、精度、性能等级或材料、热处理以及表面处理时,可规定省略其中的一种。

另外,螺纹紧固件本身有一些专用性能规范和标准,其中用得较多的主要有以下几个:

①螺纹牙型:同一公称直径按螺距大小分为粗牙和细牙。细牙螺纹的牙型与粗牙相似,

但螺距小,升角小,自锁件较好,强度高,因牙细不耐磨,容易滑扣。

②螺纹代号:粗牙普通螺纹用字母"M"及公称直径表示,如 M24 表示公称直径为 24mm 的粗牙普通螺纹;细牙普通螺纹用字母"M"及"公称直径×螺距"表示,如 M24×1.5 表示公称直径为 24mm、螺距为 1.5mm 的细牙普通螺纹,螺纹为左旋时,在螺纹代号之后加"左"字,如 M24×1.5 左,表示公称度径为 24mm、螺距为 1.5mm、方向为左旋的细牙普通螺纹。

③螺栓性能等级:螺栓性能等级标号由两部分数字组成,分别表示螺栓材料的公称抗拉强度值和屈强比值。例如,性能等级 8.8 级的螺栓,其含义是:螺栓材质公称抗拉强度达 800MPa 级;螺栓材质的屈强比值为 0.8;螺栓材质的公称屈服强度达 $800 \times 0.8 = 640$(MPa)。

螺栓性能等级的含义是国际通用的标准,相同性能等级的螺栓,不管其材料和产地是否有区别,其性能是相同的,设计上只选用性能等级即可,在汽车总装中应用得较多的是 8.8 级和 10.9 级螺栓。

以一个紧固件的实际标记为例:

螺栓 GB5782-86M12×80-8.8~Zn·D,表示螺纹规格 $d=12$,公称长度 $L=80$mm,性能等级为 8.8 级,镀锌纯化,A 级的六角头螺栓。

在上述标记中,GB5782 是紧固件规格;86 是紧固件标准编号;M 是紧固件形式,表示粗牙普通螺纹;12×80 是紧固件规格、尺寸,表示螺纹规格 $d=12$,公称长度 $L=80$mm;8.8 是性能等级;Zn·D 是表面处理,表示镀锌纯化。

7. 紧固件的装配规范及注意事项

(1)力矩判断。

特殊紧固件的螺纹装配,应执行工艺卡上的力矩要求自检,一般还需要涂上颜色标记。普通紧固件的螺纹装配,一般用感觉判断拧紧程度,判定方法如下:

①有弹簧垫圈的部位,依靠观察弹簧垫圈的开口是否完全压平判断拧紧程度,垫圈开口压平表明已拧紧,无须再拧,以免影响拆换;

②无弹簧垫圈,或虽有弹簧垫圈但观察困难的部位,依靠手感判断拧紧程度,用被检件相适应的标准开口扳手,以拧紧的方式进行检验,若扳手不转动或转动不超过半圈者判为已拧紧;若扳手转动超过半圈者判为未拧紧,尚须拧紧。

(2)拧紧方法。

①螺母必须垂直于螺丝的轴线进行旋合,切勿倾斜;

②在旋紧过程中,施力必须均匀,用力不可超过安全扭力值;

③在高温状态下使用时必须冷却,且使用时不要快速旋转,以免温度急速上升导致锁死;

④同一零部件或总成的螺栓、螺母紧固时,应按规定交叉均匀拧紧。如前后桥骑马螺栓、轮胎螺母等,应对角交叉均匀拧紧。

(3)弹簧垫圈、平垫圈的装配要求。

①若工艺卡上无特别说明,弹簧垫圈下面一般不加装平垫圈,也不允许在同一处装两只或多只弹簧垫圈;

②槽形螺母下不应装弹簧垫圈;

③腰形孔处装配,一般应加平垫圈;

④在拧紧螺栓、螺钉或螺母时,如果弹簧垫圈已变形或折断,必须更换;如果拆换或返修时,弹簧垫圈已被压平或失效,也必须更换。

(4)减少摩擦系数。

螺纹上必须保持清洁,使用前适当添加润滑剂(如40#机油、黄油)。

(5)其他几种紧固方式。

①方向性管接头拧紧:有方向要求的管接头应先拧紧,然后再拧至所需方向,绝不允许拧松退至所需方向。

②槽形螺母:紧固时,如已拧至规定力矩值,其切槽正好对准螺栓的开口销孔,则穿开口销;如切槽尚未对准销孔,应拧紧使切槽完全对准销孔,绝不允许拧松退回使之对准。

③开口销:安装时,应分开折弯开口销尾端。

④装在槽形螺母上的开口销:长尾应弯到螺栓的尾,短尾应弯到螺母上,装在平头销或其他杆件上的开口销,尾端应沿零件圆周分开折弯,并紧贴在零件上。

⑤双螺母:有软垫时,需用双螺母并紧。

8. 校正

校正是指各零部件本身或相互之间位置的找正及调整工作,这也是装配时常常要做的工作。

除上述装配工作的基本内容外,部件或总成乃至整个产品装配中和装配后的检验、试运转、涂装、包装等也属于装配工作,在编制装配工艺时,应充分考虑予以安排。

第二节 汽车装配工艺过程和内容

汽车装配是将各种汽车零部件按一定的技术要求,通过各种手段进行组合、调试,最后成为性能合格的汽车的过程。汽车装配的工艺过程大致可以分为装配、调整、路试、装箱、重修、入库等环节。

(1)装配。

按一定的技术要求,将各种汽车零件、部件进行组合。同时,对于需润滑的部位加注润滑剂,对冷却系加注冷却液,基本达到组合后的汽车可以行驶的过程。

(2)调整。

通过调整,消除装配中暴露的质量问题,使整机、整车处于最佳工作状态。

(3)路试。

调整合格的汽车要经过3~5km的路面行驶试验,完成在实际运行情况下的各种试验以充分暴露质量问题,以便及时消除。

(4)装箱。

经过路试合格的汽车装配车箱,完成汽车的最终装配。

(5)重修。

如在调整和路试中暴露出的质量问题,不能在其各自的生产节奏时间内消除,则要进行重修。所谓重修,不是采用特殊工艺对有质量问题的零件或部件进行修复,一般都是更换新的零件或部件。

(6)入库。

经以上各环节并经最终鉴定合格的汽车,入库待发。

一、汽车装配的一般技术要求

(1)完整性。所有零部件和总成必须全部装上,不得有漏装现象。

(2)完好性。所装零部件和总成不得有凹痕、弯曲、变形、机械损伤及生锈现象。

(3)紧固性。凡螺栓、螺母、螺钉等连接件,必须达到规定的力矩要求,不允许有松动或过紧现象。

(4)牢靠性。凡螺栓、螺母、螺钉等连接件,必须装好,不允许产生松脱现象。

(5)润滑性。凡润滑部位必须加注定量的润滑油或润滑脂。

(6)密封性。气路、油路接头不允许有漏气、漏油现象,补气气路接头必须涂胶密封。

(7)统一性。各种变型车按生产计划进行配套生产,不允许有误装、错装现象。

二、汽车装配的组织形式

对于整车和可以单独组织装配的大型总成(例如发动机),其装配生产组织可以分为固定式装配和流水式装配两大类。

1. 固定式装配

固定式装配是指将装配对象的基础件安放在固定工位上,工人将零件和总成按次序逐一定点安装,最后经调整检测而形成成品的装配方式。

2. 流水式装配

流水式装配是成品随输送装置在多工位生产线上按装配顺序由一个工位向另一个工位移动,在每个工位按工艺规程完成一定的装配工序后,最后通过调整检测而完成整个产品的装配形式。汽车流水式装配的特点是,将整车各个零部件上线和装配动作划分为一道道工序,每个工位完成若干个工序内容,一般不允许中间制品停滞,每个工人只需熟悉某一个或某几个工序即可上线操作。各工位配以必要的设备和工具,从而可以大幅度地提高劳动生产率且保证质量。根据产品及其生产批量不同,产品在生产线上的移动可以是自由的,也可以是强制的。

(1)自由流水方式。

自由流水方式是指产品的工序间移动没有严格的时间要求,生产的节拍不在单一产品上体现,使生产具有一定的柔韧性。这种方式主要用于小型部件或总成装配,适用于多品种批量生产。

(2)强制流水方式。

强制流水方式是指产品的工序间移动以某种形式的机械化输送装置来实现,有严格的节拍要求,工人必须在规定的节拍时间内完成规定的全部装配工序。这种方式适用于大批量生产,在现代汽车装配生产中应用最广。

强制流水方式分为间歇式移动和连续式移动两种。在间歇式移动中,工人在装配线停止时间内装配;连续式移动中,工人跟随装配线在移动中进行装配。待本工位装配完毕时再返回初始位置开始下辆车的同工序内容的装配作业。

三、汽车装配的方法

汽车制造中常用的保证装配精度的装配方法有互换装配法、选择装配法、调整装配法和修配装配法。

1. 互换装配法

互换装配法是在装配时,各配合零件不经选择、调整或修理即可达到装配精度的方法。互换装配法的实质就是通过控制零件的加工误差来保证装配精度。大批量生产中都采用互换装配法。

采用互换装配法时,产品装配精度主要取决于零件的加工精度。其特点是装配时不经任何调整和修配,就可达到装配精度要求。如汽车在使用中某一个零件磨损,再买一个新的同类零件换用上去即可正常使用。其实质是通过控制零件的加工误差来保证产品的装配精度。按其互换程度不同,互换装配法又分为完全互换法和不完全互换法。

(1) 完全互换法。

完全互换法是指一批零件或部件在装配时不需分组、挑选、调整和修配,直接按装配关系连接就可以达到装配精度要求的装配方法。

完全互换装配法具有以下特点:装配质量稳定可靠,有利于产品的维护和零部件的更换;装配工作简单,易于实现装配机械化和自动化,生产率高;易于组织流水线装配、零部件制造协作和专业化生产;当零件的技术要求高时,零件尺寸公差要求较严格,加工相对较困难,会使零件制造成本增加。

完全互换装配法主要适用于组成环较少或组成环较多但装配精度要求较低的各种生产类型。

(2) 不完全互换法(大数互换装配法)。

不完全互换法是指一批零件在装配时,绝大部分零件无须挑选或修配,装配后即能达到装配精度要求的装配方法,故又称为大数互换装配法。

正常情况下,零件加工尺寸成为极限尺寸的可能性较小,而在装配时,各零部件的误差遇到同时为最大或最小的概率更小。不完全互换法的互换程度要偏低一些,采用不完全互换装配法有利于零件的经济加工,使绝大多数产品能够保证装配精度。

2. 选择装配法

选择装配法是在成批或大量生产中,将产品配合副经过选择进行装配,以达到装配精度的方法。在成批或大量生产条件下,若组成零件数不多而装配精度很高时,如果采用完全互换法,会使零件的公差值过小,这样不仅会造成加工困难,甚至会超过加工的现实可能性。在这种情况下,就不能只依靠零件的加工精度来保证装配精度。这时可以采用选择装配法,将配合副中各零件的公差放大,然后通过选择合适的零件进行装配,以保证规定的装配精度。

选择装配法按其形式不同可分为三种:直接选配法、分组装配法和复合选配法。

(1) 直接选配法。

直接选配法即在装配时,由装配工人直接从待装配的零件中选择合适的零件进行装配,以满足装配精度的方法。这种装配方法的优点是简单。但装配质量在很大程度上取决于装配工人的技术水平,而且工时分配也不稳定,不适用于生产节拍要求严格的流水装配线。

(2)分组装配法。

分组装配法是在成批或大量生产中,将产品各配合副的零件按实测尺寸分组,装配时按组进行互换装配以达到装配精度的方法。对于装配精度要求很高的情况,各组成零件的加工精度也很高使得加工很不经济或很困难,甚至无法满足加工要求。

分组装配法的优点是:降低了零件加工精度的要求,仍能获得很高的装配精度,同组内的零件具有完全互换的优点。缺点是:增加了零件的测量、分组工作,增加了零件存储量,并使零件的储存、运输工作复杂化。

分组装配法只适用于大批大量生产中,组成件数目少而装配精度要求高的场合。柴油机中的柱塞偶件、针阀偶件、出油阀偶件等精密偶件都采用分组装配法,大量生产的滚动轴承也采用此种装配法。

(3)复合选配法。

该种方法是上述两种方法的复合,即先把零件测量分组,装配时再在对应组零件中直接选择装配。复合选配法吸取了前述两种装配法的优点,既能较快地选择合适的零件进行装配,又能达到理想的装配质量。发动机汽缸孔与活塞的装配大都采用这种装配方法。

3. 调整装配法

调整装配法是用改变可调整零件的相对位置或选用合适的调整件来达到装配精度的方法。根据调整件的不同,调整装配法又分为可动调整装配法和固定调整装配法。对于组成件数比较多,而装配精度要求又高的场合,宜采用调整装配法。

调整装配法的优点是:能得很高的装配精度;在采用可动调整时,可达到理想的精度,而且可以随时调整由于磨损、热变形或弹性变形等原因所引起的误差;零件可按加工经济精度确定公差。

调整装配法的缺点是:应用可动调整装配法时,往往要增大机构体积,当机构复杂时,计算烦琐,不易准确装配;应用固定调整装配法时,调整件需要准备多档不同的规格,增加了零件的数量,增加了制造费用;调整工作繁杂、费工费时,装配精度在一定程度上依赖工人的技术水平。

(1)可动调整装配法。

可动调整装配法是用改变预先选定的可调整零件(一般为螺钉、螺母等)在产品中的相对位置来达到装配精度的要求。如图 4-3 所示,内燃机的气门间隙就是通过调整螺钉来保证要求的。

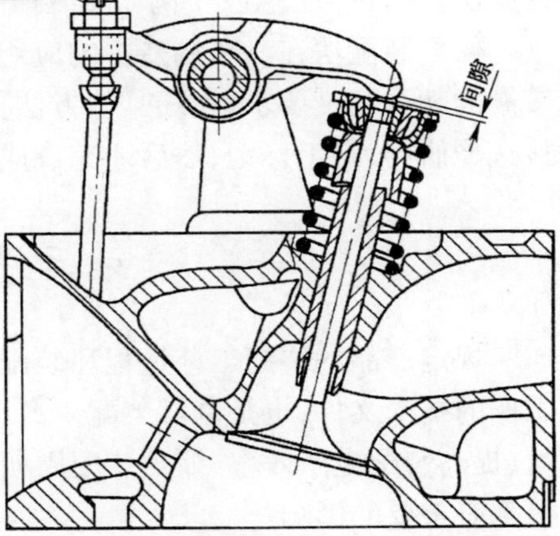

(2)固定调整装配法。

图 4-3 内燃机气门装配间隙可动调整装配

固定调整装配法需预先设置几档定尺寸调整件,装配时根据需要选择相应尺寸的调整件装入,以达到所要求的装配精度。汽车主减速器中主动锥齿轮轴承预紧度的调整就是通过选用不同厚度的调整垫片来保证要求的。调整装配法虽然多用了一个调整件,因而增加了部分调整工作量和一些机械加工量,但就保证整个汽车生产的装配质量来说,却是非常重要的,所以在汽车装配中被广泛采用。

4. 修配装配法

修配装配法是指在装配时修去指定零件上预留的修配量以达到装配精度的方法。各装配件按各自正常生产条件下的经济加工精度制造,装配时,修去指定零件上预留修配量或就地配制,从而保证装配精度。

修配装配法和调整装配法在原则上是相似的,都是通过调整件来补偿累积误差,仅仅是具体方法不同。

修配装配法一般适用于产量小的场合,如单件小批生产或产品的试制。当装配件数量不多但装配精度要求很高,或装配件数量多而装配精度要求也很高,采用修配装配法。

实际生产中,修配的方式较多,常见的有以下三种。

(1) 单件修配法。

在多环装配尺寸链中,选定某一固定的零件做修配件,装配时用去除金属层的方法改变其尺寸,以满足装配精度的要求。这种修配方法生产中应用最广。

(2) 合并加工修配法。

将两个或更多的零件合并在一起再进行加工修配,合并后的尺寸可看作为一个组成环,这样就减少了装配尺寸链中组成环的环数,并可以相应减少修配的劳动量。合并加工修配法由于零件合并后再加工和装配,需对号入座,因而给组织装配生产带来很多不便。这种方法多用于单件小批生产。

(3) 自身加工修配法。

如卧轴矩台平面磨床的工作台面与其进给方向不平行时,可用平面磨床自身的砂轮磨削工作台。这种用机床自身加工自身零件的方式来保证本体装配精度的方法称为自身加工修配法。这种方法主要用于机床制造,能保证较高的位置精度。

修配装配法在汽车制造中的应用如汽车、拖拉机中主减速器的主、从动锥齿轮,因其有较高的啮合精度要求,在用其他方法保证轴向位置精度之前,应先把主、从动锥齿轮进行直接选配研磨,打上标记,然后才完成成对装配。

第三节 装配工艺规程

规定产品的装配工艺过程和装配方法的工艺文件,称为装配工艺规程。它是指导装配工作的技术文件,也是制订装配生产计划和技术准备的依据。装配工艺规程对保证装配质量、提高装配生产效率、缩短装配周期、降低工人的劳动强度、缩小装配占地面积和降低成本等都有重要的影响。

一、制订装配工艺规程的基本原则

制订装配工艺规程的基本原则:保证产品的装配质量要求;装配劳动量尽量小;钳工装配工作尽量少;装配周期尽量短,保证对装配的生产率要求;占用的生产面积尽量小。

在装配工艺规程制订中,必须采取各种技术措施和组织措施,即合理地确定装配工艺规程各项内容,以实现上述各项基本原则。

二、装配工艺规程的内容及制订的依据

1. 装配工艺规程的内容
(1)产品装配的工艺过程,包括装配工艺系统图、装配方法和工艺规程卡片。
(2)装配的组织形式。
(3)装配设备和工夹具。
(4)各个装配工序的技术条件和检查方法。
(5)制品的运输方法和运输工具。

2. 制订装配工艺规程的依据所需的原始资料
(1)产品装配图及重要件的零件图。
(2)产品的技术条件。
(3)生产纲领。

由产品特征及生产纲领决定装配的生产类型,不同生产类型的装配工作具有不同的工艺特点,如表4-1所示。

各种生产类型装配工作的工艺特征　　　　　　　　　　表4-1

特征 项目	生产类型		
	单件小批生产	中批生产	大批大量生产
产品变换	产品经常变换,生产周期一般较长	几种产品分期交替投产,或同时投产	产品固定,长期重复生产,生产周期较短
装配方法	以修配法及调整法为主,完全互换法占一定的比例	主要采用完全互换法,也采用其他方法,以便节省加工费用	按完全互换法装配,允许少量调整及分组互换装配
工艺过程	工艺过程的划分较粗,工序内容可适当调整	工艺过程的划分要与批量大小相适应	工艺过程的划分很细,各工序尽量均衡
设备、工装	一般为通用设备及工、夹、量具	通用设备及工、夹、量具较多,但也采用一定数量专用的设备及工、夹、量具	采用专用、高效设备及工艺装备,易于实现机械化、自动化
生产组织形式	多用固定式装配	根据批量不同,采用固定式装配或流水装配	流水装配线,还可采用自动装配机或自动装配线
手工操作	手工操作的比重很大,要求工人技术水平高	手工操作占一定的比重,对工人技术水平要求较高	手工操作比重较小,对工人技术水平要求较低
举例	重型机床、重型汽车、汽轮机、大型内燃机等	机床、机车、车辆、中小型锅炉、矿山采掘机械、某些汽车、拖拉机等	汽车、拖拉机、内燃机、滚动轴承、手表、缝纫机、自行车、电气开关等

三、制订装配工艺规程的步骤

(1)分析产品的技术要求、尺寸链及结构工艺性。
(2)装配工艺过程的确定。
(3)装配组织形式的确定。

(4)编写装配工艺文件。

四、装配工艺过程

1. 划分装配单元

将产品划分为可进行独立装配的单元是制订装配工艺规程中最重要的一个步骤,这对于大批量生产结构复杂的机器装配尤为重要。只有划分好装配单元,才能合理地安排装配顺序和划分装配工序,以便组织装配工作的平行、流水作业。

产品或机器是由零件、合件、组件、部件等独立装配单元经过总装而成。零件是组成机器的基本单元。零件一般都预先装配成合件、组件和部件后才安装到机器上,直接进入机器的零件并不多。合件是由若干零件永久连接(铆或焊)而成或连接后再经加工而成,如装配式齿轮、发动机连杆小头孔压入衬套后再经精镗孔。组件是指一个或几个合件与零件的组合,没有显著完整的作用,如主轴箱中轴与其上的齿轮、套、垫片、键和轴承的组合件即为组件。部件是若干组件、合件及零件的组合体,并具有一定完整的功用,如柴油机上的喷油泵、喷油器、增压器、调速器等。汽车则是由上述各种具有完整、独立功能的装配单元结合而成的整体。

2. 选择装配基准

无论哪一级的装配单元都要选定某一零件或比它低一级的装配单元作为装配基准件。装配基准件通常应是产品的基体或主干零部件。基准件应有较大的体积和质量,有足够的支承面,以满足陆续装入零部件时的作业要求和稳定性要求。例如,发动机缸体是发动机缸体组件的装配基准;汽车车架分总成是非承载式车身汽车的装配基准。基准件补充加工量应最少,尽可能不再有后续加工工序。另外,基准件的选择应有利于装配过程的检测,有利于工序间的传递运输和翻身、转位等作业。

3. 确定装配顺序,绘制装配系统图

在划分装配单元、确定装配基准零件后,即可安排装配顺序。往往需要通过尺寸链分析才能合理确定装配顺序,并以装配系统图的形式表示出来。对于结构比较简单、组成的零部件少的产品,可以只绘制产品装配系统图;对于结构复杂,组成的零部件很多的产品,除绘制产品装配系统图外,还要绘制各装配单元的装配系统图。

装配系统图绘法为:首先画一条较粗的横线,横线右端箭头指向表示装配单元(或产品)的长方格,横线左端为基准件的长方格。再按装配顺序,从左向右依次将装入基准件的零件、合件、组件和部件引入。表示零件的长方格画在横线上方;表示合件、组件和部件的长方格画在横线下方。每一长方格内,上方注明装配单元名称,左下方填写装配单元的编号,右下方填写装配单元的件数。具体绘制系统图如图4-4所示。

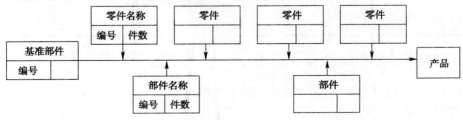

图4-4 产品装配系统图

在装配单元系统图上加注所需的工艺说明,如焊接、配钻、配刮、冷压、热压和检验等,这样就形成了一份较详细的装配工艺系统图。

装配工艺系统图比较清楚而全面地描述了装配单元划分、装配顺序和装配工艺方法。它是装配工艺规程制订中主要的文件之一,也是划分装配工序的依据。

4. 划分装配工序

在装配顺序确定后,就可将装配工艺过程划分为若干工序。其主要工作为如下六个方面。

(1)确定工序集中与分散的程度。

(2)划分装配工序,确定各工序的内容。

(3)制订工序的操作规范,如过盈配合所需的压力、变温装配的温度值、紧固螺栓连接的预紧力矩以及装配环境要求等。

(4)选择设备和工艺装备。若需要专用设备和工艺装备,则应提出设计任务书。

(5)制订各工序装配质量要求及检测项目。

(6)确定工时定额,并协调各工序内容。在大批大量生产时,要平衡工序的节拍,均衡生产,实现流水装配。

5. 确定装配顺序应注意的事项

(1)预处理工序在前。装配前先安排零件的预处理工序,如零件的倒角、去毛刺与飞边、清洗、防锈、防腐处理、涂装、干燥等。

(2)先下后上。首先进行基础零部件的装配,使机器在装配过程中重心处于最稳定状态。

(3)先内后外。先装配机器内部的零部件,使先装部分不成为后续装配作业的障碍。

(4)先难后易。在开始装配时,基准件上有较开阔的安装、调整、检测空间,有利于零部件的装配。

(5)先进行能破坏后续工序装配质量的工序。有些装配工序需施加较大装配力或高温,这样容易破坏以后装配工作的质量。如冲击性质装配作业、压力装配作业、加热装配、补充加工工序等,应尽量安排在装配初期进行,以保证整台机器的装配质量。

(6)及时安排检验工序。在完成对机器装配质量有较大影响的工序后,必须及时安排检验工序,检验合格后方可进行后续装配工序,以保证装配精度和装配效率。

(7)集中安排使用相同设备、工艺装备以及具有共同特殊环境的工序,这样可以减少装配设备和工艺装备的重复使用次数,以及产品在装配地的迂回次数。

(8)处于基准件同一方位的装配工序应尽可能集中连续安排,以防止基准件的转位和翻身。

(9)电线、油(气)管路的安装应与相应工序同时进行,以防止零部件的反复拆装。

(10)易燃、易爆、易碎、有毒物质或零部件的安装,尽可能放在最后,以减少安全防护工作量,保证装配工作顺利完成。

第四节 常用汽车装配设备简介

为了获得高性能、高质量的汽车产品,对于总装车间的生产设备与装备,必须具有非常高的可靠性、先进性和生产效率,要求其基本无故障运转,并保证先进装配工艺的实施。生产设备性能高,不仅直接影响到汽车性能的提高,而且还意味着高效的生产能力和自动化程度的发挥。

汽车装配的技术装备主要包括:输送设备、大总成上线设备、油液加注设备、出厂检测设备和专用装配设备等。

输送设备用于总装配线、各总成分装线以及大总成上线的输送。

大总成上线设备指发动机前桥、后桥等总成在分装、组装后运送至总装配线,并在相应工位完成上线所采用的输送与吊装设备。

油液加注设备包括燃油、润滑油、清洁剂、冷却液、制动液和空调制冷剂等各种加注设备。

出厂检测设备包括前束试验台、侧滑试验台、转向试验台、四轮定位仪、前照灯检测仪、制动检测台、车速试验台、排气分析仪和故障诊断仪等。

专用装配设备包括车号打号机、螺纹紧固设备、车轮装配专用设备、自动涂胶机和液压桥装运小车等。

一、整车装配常用设备

1. 底盘翻转器

载货汽车的装配普遍采用先将车架反放在装配线上、再翻转的工艺方案。车架的翻转由底盘翻转器来完成。图4-5为底盘翻转器的结构示意图。

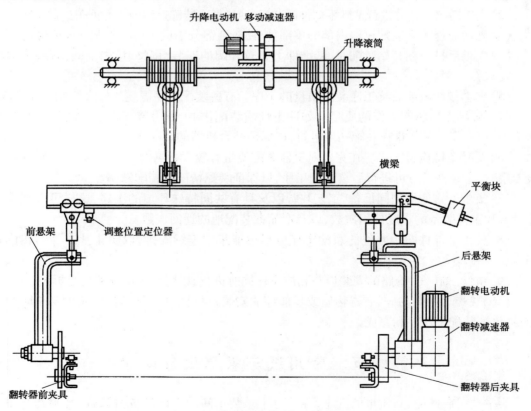

图4-5 底盘翻转器结构示意图

底盘翻转器由升降机构和可以旋转的前悬架和后悬架组成。前、后悬架间的距离通过调节前悬架的前后位置获得,以便适应不同车架长度的需要。翻转器可以沿装配链方向前后移动,以便在翻转过程中不影响汽车底盘在装配链上的均匀摆放。

2. 智能标记机

智能标记机用于打印整车 VIN 号。VIN 号是车辆的身份证明,每台车辆都有一一对应的 VIN 号。

3. 玻璃打胶机器人

玻璃打胶机器人用于整车前、后风窗玻璃自动涂胶。机器人系统采用人工上、下料和玻璃预处理技术;系统自动完成前、后风窗玻璃输送、定位夹紧、识别玻璃型号并依次对前、后风窗玻璃自动涂胶和翻转等工作以及模拟人工安装前、后风窗玻璃的工作方式。

4. 油液加注设备

汽车装配中的油液加注设备主要有助力转向液、真空加注机、发动机冷却液、真空加注机和洗涤液加注机等。

助力转向液真空加注机包括抽真空系统、加注系统、补液系统、压缩空气系统、夹注枪控制系统和其他辅助部分。工作过程为:第一次抽真空→稳压检测→二次抽真空→压力加注助力转向液→回吸→完成加注。

发动机冷却液真空加注机用于加注发动机系统冷却液。该设备包括抽真空系统、加注系统、补液系统、压缩空气系统、加注枪、控制系统和其他辅助部分。

洗涤液加注机主要用于汽车风窗玻璃洗涤液加注。

润滑油加油器用于汽车总装配时向发动机、变速器、后桥和转向器等加注定量润滑油。图 4-6 为气动定量加油装置。通过调压阀改变压缩空气压力,达到调节润滑油的流速的目的。通过可调限位块,可改变气缸工作行程,获得不同的加油量。

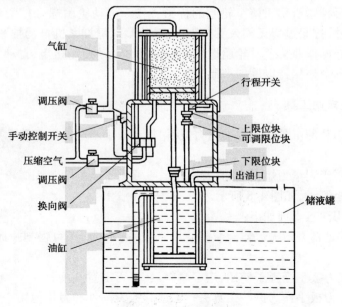

图 4-6 润滑油定量加油器

各种油液加注设备使用时的注意事项：

（1）检查油管、气管有无渗漏，如有则加固。

（2）检查气路各表压力参数值是否在正常范围内，如不正常，则调至正常。

（3）检查按钮开关、指示灯有无破损，检查加注枪外观状态，检查移动管路的牢固和可靠性，检查储液罐有无足够液体等。

（4）加注过程中严禁按下停止按钮。如加注过程中报警，则可按手动按钮再打回自动重新加注。

5. 总装配输送链

总装配输送链是由高出地面的桥式链和与地面持平的板式链等组成，如图4-7所示。桥式链与板式链由一台调速电动机驱动，输送链的速度由减速器确定，以便根据需要获得不同的速度。

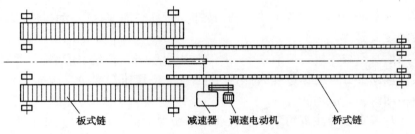

图4-7 总装配输送链示意图

6. 轮胎装配的常用设备

轮胎充气机、轮胎拆装机、动平衡机轮胎充气机、轮胎拆装机、动平衡机分别用于轮胎的分装和充气，并在完成分装后测试轮胎动平衡。

7. 电动轮胎螺母拧紧机

电动轮胎螺母拧紧机用于整车轮胎的拧紧工作。电动轮胎螺母拧紧机工作过程如下：设备采用人工上件，拧紧过程无须人工控制，电动轮胎螺母拧紧机自动拧紧轮胎螺母。作业完毕后自动退回起始作业位置。轮胎螺母拧紧机能够自动控制扭矩，自动实施角度监控，且最终扭矩能够得到合格保持以确保产品质量。

二、整车装配常用工具

整车装配常用装配工具主要包括扭力扳手、气动扳手和电动扳手等。

1. 扭力扳手

扭力扳手是用于测量力矩大小的一种量具，主要用于装配中紧固螺栓、螺母和工程品质保证中的拧紧力矩测量，如图4-8所示。

扭力扳手使用注意事项如下：

（1）扭力扳手是精密机械仪器。装配使用时应小心谨慎，不可强制施加作用力而导致内部机构失灵。

（2）不能把扭力扳手当锤子使用，应轻拿轻放，不可随意乱丢。

（3）不能把扭力扳手作为拆装工具去拧紧或拧松紧固件和另作他用。

（4）不能超量程工作。当达到设定值和听到咔嚓声后应停止加力。

(5)定时对扭力扳手进行校检。

2. 气动扳手

气动扳手用于拧紧螺栓、螺母等紧固件。压缩空气通过下气管接头进入把手,经换向阀决定转动方向后,进入发动机室,推动室内叶片旋转产生动力,并通过冲击装置来提高紧固件的拧紧力矩。气动扳手分为气动冲击扳手和定扭矩气动扳手,如图4-9所示。

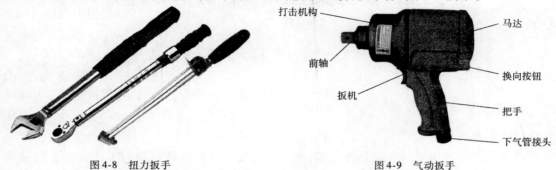

图4-8 扭力扳手　　　　　　图4-9 气动扳手

气动扳手的使用注意事项与维护如下:
(1)轻拿轻放,用完后放在规定位置。
(2)根据螺纹直径的不同,合理选择气动工具型号。
(3)不能长时间打空转,否则会加大叶片与机体的磨损,降低使用寿命。
(4)使用前在气动工具的气管接头处加几滴润滑油,然后空转一下。

3. 电动扳手

定值式电动扳手为电动扳手的一种,其结合了气动扳手和扭力扳手的用途,并通过蓄电池提供动力,使用方便,但价格比较昂贵。

训练与思考题

1. 什么是汽车装配?与其他机器装配相比有何特点?
2. 说明装配精度的内涵与意义。
3. 何谓流水式装配?
4. 汽车总装配中的常用装配方法主要有哪几种?简要说明各种方法的应用场合。
5. 汽车总装配的一般技术要求有哪些?
6. 什么是装配工艺规程?制订装配工艺规程的基本原则有哪些?
7. 简要说明确定装配顺序应注意的事项。

第五章 典型零件制造工艺

第一节 发动机曲轴机械加工工艺

一、发动机曲轴概述

1. 曲轴的结构特点

曲轴是将直线运动转变成旋转运动,或将旋转运动变成直线运动的零件。它是汽车发动机中最重要的零件之一,承受很大的疲劳载荷和巨大的磨损,一旦发生故障,对发动机有致命的破坏作用。曲轴的结构与一般轴不同,它由主轴颈、连杆轴颈、主轴颈与连杆轴颈之间的曲柄组成,其结构细长多曲拐、刚性差、要求精度高,因而安排曲轴加工过程应考虑到这些特点,如图5-1所示。

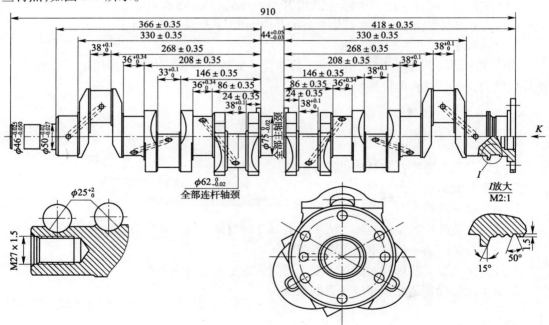

图5-1 六缸汽车发动机曲轴结构

2. 曲轴的技术要求

(1)轴颈长度公差等级为IT10～IT9。轴颈的形状公差,如圆度、圆柱度控制在尺寸公差一半之内。

(2)主轴颈、连杆轴颈本身的精度,即直径尺寸公差等级通常为IT7～IT6;主轴颈的宽度

极限偏差为 +0.05 ~ -0.15mm;曲拐半径极限偏差为 ±0.05mm;曲轴的轴向尺寸极限偏差为 ±(0.15~0.50)mm。

(3)位置精度。主轴颈与连杆轴颈的平行度:一般为 100mm 之内不大于 0.02mm;曲轴各主轴颈的同轴度:小型高速发动机曲轴为 0.025mm,中大型低速发动机曲轴为 0.03 ~ 0.08mm;各连杆轴颈的位置度:不超过 ±30′。

(4)曲轴的连杆轴颈和主轴颈的表面粗糙度为 $Ra0.2~0.4\mu m$;曲轴的连杆轴颈、主轴颈、曲柄连接处圆角的表面粗糙度为 $Ra0.4\mu m$。

除上述技术要求外,还有热处理、动平衡、表面强化、油道孔的清洁度、曲轴裂纹、曲轴旋转方向等规定和要求。

二、曲轴工艺特征

1. 曲轴材料和毛坯

(1)曲轴材料。

根据曲轴在发动机运行过程中承受弯曲、扭转、剪切、拉压等交变应力的实际工作情况,要求其具有较高的抗拉强度、疲劳强度、表面硬度、耐磨性及高淬透性;芯部要具有一定的韧度;高温下能保持良好的蠕变强度。

曲轴毛坯的成型方法主要有铸造和模锻两种。

铸造曲轴通常选用球墨铸铁 QT600-2 为材质。这是一种高强度球墨铸铁,并具有一定的塑性,其内部晶体组织是珠光体基体(≥75% ~80%)和球状石墨,其铸造性能好,具有较小的缺口敏感性及较好的减振性及耐磨性。若在球墨铸铁中加入微量铜等合金元素,能够起到细化组织、稳定珠光体和提高基体强度的作用,可使曲轴直接进行机械加工,省去了毛坯正火或退火的热处理工序。球墨铸铁曲轴应用广泛,能满足一般功率发动机的工作要求。

模锻一般选用精锻中碳钢或中碳合金钢 45、40MnB、40Cr、45Mn2 等为材料。模锻毛坯的金属纤维分布合理,有利于提高曲轴强度。这类曲轴一般在锻造后需要采用调质(或正火)热处理来进一步提高力学性能并改善其表面加工性能。

近年来,在大功率发动机制造中较广泛地采用一种新钢种进行模锻,即微合金非调质钢。它可以通过在钢中添加微量 V、Nb、Ti 等元素来细化晶粒,提高钢的强度,从而直接省去了调质(或正火)热处理工序而简化了制造工艺,节时、节能,并能改善切削加工性能、提高刀具寿命、降低加工成本。微合金非调质钢相对于调质碳钢可以降低 7% ~11% 的成本,相对于调质合金钢可降低 11% ~19% 的成本。

国外汽车发动机应用微合金非调质钢锻造曲轴已十分广泛。目前国内已经国产化的典型非调质微合金钢主要有 49MnVS3、48MnV、50MnV 等,但其加工工艺性比较差,且材料价格相对较高。

(2)曲轴毛坯。

曲轴的毛坯根据批量大小、尺寸、结构及材料品种来决定。批量较大的小型曲轴,采用模锻;单件小批的中大型曲轴,采用自由锻造;球墨铸铁材料则采用铸造毛坯。

2. 曲轴结构工艺特点

由于曲轴中连杆轴颈和主轴颈不在同一根轴线上,所以,曲轴的形状比较复杂。曲轴的长径比($L/d=11$)比较大,又具有若干个偏心连杆轴颈,所以,曲轴的结构刚度较差。

因此其也决定了曲轴的机械加工工艺,内容一般均包括定位基准的加工,粗、精车和粗磨各主轴颈及其他外圆;车连杆轴颈;钻油孔;精磨各主轴颈及其他外圆;磨连杆轴颈;大、小头及键槽加工;轴颈表面处理;动平衡;超精加工各轴颈。

三、曲轴工艺分析

1. 曲轴加工基准的选择

在曲轴加工中,需要选择径向基准、轴向基准及圆周方向上的角向基准,如图5-2所示。

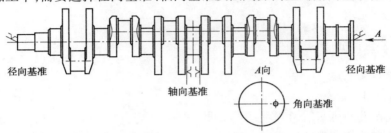

图5-2 曲轴基准示意图

(1)径向基准。

加工中选择毛坯两端主轴颈作为粗基准铣两端面并钻两端中心孔,再以两端中心孔作径向定位基准。该基准也是曲轴的设计基准。曲轴加工中所有主轴颈及其他同轴线轴颈的粗、半精、精加工都以两端中心孔定位。加工连杆轴颈时一般采用两个主轴颈外圆表面作定位基准,以提高支承刚性。

(2)轴向基准。

选择第4主轴颈的两侧端面作为曲轴轴向的设计基准和安装基准。加工连杆轴颈时选用该轴颈的推力轴肩端面作轴向定位基准。曲轴本身不需要精确的轴向定位,在磨削加工工序中采用中心孔作轴向基准,用定宽砂轮磨削加工轴颈侧端面,轴向尺寸精度取决于磨削前的加工精度和磨削中的自动测量系统。

(3)角向基准。

角向定位拟采用在曲柄臂上铣定位面和在凸缘盘端面钻定位工艺孔的方法来实现。曲柄臂上工艺定位面的周向定位精度低,只用于粗加工工序;凸缘盘上的工艺孔定位精度高,可用于磨削、动平衡和抛光等精加工工序。

2. 加工阶段的划分

曲轴的主要加工部位是主轴颈和连杆轴颈,次要加工部位是油孔、凸缘、曲柄、螺孔、键槽等;曲轴加工中除包括机械加工之外,还有轴颈表面中频淬火、探伤、动平衡等,在加工过程中还要安排校直、检验、清洗等工序。

曲轴的机械加工工艺过程大致可分为:加工定位基准面;粗加工主轴颈和连杆轴颈;加工润滑油道等次要表面;主轴颈和连杆轴颈中频表面淬火;精加工主轴颈和连杆轴颈;加工键槽和轴承孔等;动平衡;光整加工主轴颈和连杆轴颈。

曲轴的主轴颈和连杆轴颈的技术要求都很严格。各轴颈表面加工一般安排为:粗车→

精车→粗磨→精磨→超精加工。

粗加工时,一般都以中间主轴颈为辅助定位基准,且都是先粗加工和半精加工中间主轴颈,然后再加工其他主轴颈。

连杆轴颈的粗、精加工一般统一以曲轴两端主轴颈定位。连杆轴颈的粗、精加工都安排在主轴颈加工之后进行。

四、曲轴主要表面的加工

1. 曲轴中心孔的加工

铣端面钻中心孔是曲轴加工的第一道工序。中心孔是后续加工工序的主要定位基准,它的精度将对后续工序特别是对动平衡产生很大的影响。此外,工序的变动和各加工表面余量分布对动平衡的影响更大。

曲轴有几何轴线和质量轴线两个轴线。如在普通的铣端面、钻中心孔机床上,以曲轴两端主轴颈外圆定位,则所钻出的中心孔是几何中心孔,所形成的轴线就是曲轴的几何轴线。由于曲轴常用几何中心孔定位加工,而几何轴线又往往偏离质量轴线,所以在曲轴加工工艺过程中必须安排曲轴动平衡工序。

小批量生产中,曲轴的中心孔一般在普通车床上加工。在大批量生产中,曲轴几何中心孔的加工一般在专用的铣端面打中心孔机床上进行。质量中心孔一般在质量中心钻床上加工。

2. 曲轴的加工

对于占工时较多的曲轴主轴颈和连杆轴颈外圆的粗加工和半精加工,其加工方法主要是车削、内铣、外铣和车拉加工。但由于车削连杆轴颈外圆时,必须以连杆轴颈外圆轴线为旋转中心,工件旋转时会产生离心惯性力,且转速越高,惯性力越大,目前单一的车削加工一般都是在远低于最佳切削速度的状态下进行,效率较低。

曲轴铣削加工分为内铣加工和外铣加工。外铣加工对加工刀具精度要求较高,且设备投资过大,生产成本较高。

为了提高加工效率和降低生产成本,目前主要采用内铣和车拉加工方式加工曲轴。

3. 曲轴的车削加工

(1) 主轴颈车削。

大批量生产时,通常在多刀半自动车床上采用成型车刀车削曲轴主轴颈。为了提高主轴颈的相对位置精度,一般采用两次车削工艺。第二次精车主要是为了保证轴颈宽度和轴颈相对位置。

(2) 连杆轴颈车削。

小批量生产时,连杆轴颈的粗加工在普通车床上进行,且以连杆轴颈的中心线为回转中心线进行车削。加工时,需在夹具上安装平衡块,以平衡曲轴的质量。当无法依靠加平衡块来解决平衡问题时,则常采用专用机床让曲轴不动,而由刀架旋转进行加工。

在大批量生产中,常采用两端传动的车床来顺次加工位于同一轴线上的连杆轴颈。安装曲轴时应使待加工的连杆轴颈和车床主轴的回转轴线重合。夹具可使曲轴主轴颈的轴线相对于机床主轴的回转轴线偏移一个曲柄半径的距离。这种方法加工连杆轴颈的优点是可以在改装过的普通车床上进行；缺点是无法同时加工多个连杆轴颈，生产率低。在成批生产的工厂里常采用这种加工方法。

4. 曲轴的铣削加工

曲轴主轴颈和连杆轴颈的铣削分外铣与内铣两种。铣削所用的刀盘和刀片精度要求很高。铣削与车削相同，也存在温升引起的曲轴变形问题，应尽量加强冷却。

铣削连杆轴颈的加工过程如下。

外铣：以曲轴两端主轴颈径向定位，用推力轴面周向定位。高速旋转的铣刀径向进给到连杆轴颈规定的直径尺寸后，曲轴低速绕主轴颈轴线旋转一周，铣刀跟踪曲轴连杆轴颈铣削，即可完成连杆轴颈的加工。外铣加工如图 5-3 所示。

图 5-3　连杆轴颈外铣加工

内铣：连杆轴颈内铣有曲轴旋转和曲轴不旋转两种。曲轴旋转时，定位夹紧与外铣大致相同。高速旋转的内铣刀径向进给到连杆轴颈规定的尺寸后，曲轴低速绕主轴颈轴线旋转一周，铣刀跟踪连杆轴颈做切向进给运动，以完成一个连杆轴颈的加工。内铣加工如图 5-4 所示。工件不旋转时，内铣加工所用的铣刀不仅绕自己的轴线自转，还绕连杆轴颈公转一周。

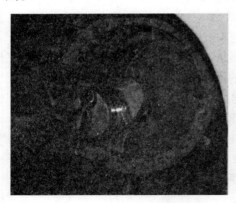

图 5-4　连杆轴颈内铣加工

5. 曲轴的车拉加工

车拉加工是近些年发展起来的新型加工工艺，目前已在发动机曲轴加工中得到应用。车拉加工实际上是车削和拉削加工的结合，其可在一次装夹中完成轴颈、圆角、辐板侧面的加工，加工精度高，可直接省去精车、粗磨工序。在车拉加工中，除了工件做旋转运动以外，刀具也做进给运动，以实现车拉切削加工。

根据刀具的运动形式，车拉加工可分为直线式车拉和旋转式车拉两类。

（1）直线式车拉。

直线式车拉是在加工过程中，车拉刀具沿曲轴轴颈切线方向做直线运动，曲轴旋转，进给量由相邻两个车拉刀之间的高度差，即刀具升程来确定。车拉刀具与平面拉刀相似，其工作原理如图 5-5 所示。

(2) 旋转式车拉。

旋转式车拉中，工件旋转，刀具也同时旋转并有时兼做径向进给运动。

根据刀齿径向切入进给方式的不同，旋转式车拉又分为螺线形刀具车拉和圆柱形刀具车拉两种，其工作原理如图5-6所示。

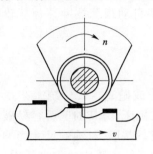

图5-5 直线式车拉原理

a) 螺线形刀具车拉　　b) 圆柱形刀具车拉

图5-6 旋转式车拉原理

采用螺线形刀具时，工件与刀具轴线之间的距离保持不变，刀具的径向切入进给是靠刀具上刀齿的高度各不相同形成阶梯式齿升来实现的。采用圆柱形刀具时，刀具一边做旋转运动，一边通过径向运动实现进给与让刀。

曲轴车拉加工的特点主要包括如下方面。

① 生产效率高，机床利用率高。在车拉加工中，每个刀片切削刃仅切削工件一次，总的切削余量被分配给了多个依次进入的刀刃切除。其切削力小，热负荷小，加工平稳性好，提高了刀具寿命，并减少了换刀时间。车拉加工实现了曲轴轴颈的高效、快速加工，适用于大批量生产。

② 加工精度高。车拉加工相对于单纯曲轴车或曲轴铣，特别是针对加工连杆颈及其两侧面来讲，由于工件质量偏心，传统加工方法受到转速限制，故加工表面质量不可能太高。同时，即使是较低转速，质量偏心所产生的离心惯性力依然会使机床主轴和工件系统受到冲击，也会造成工件表面加工质量的下降和设备主轴支承轴承寿命的降低。因此必须通过工件系统合理的随机平衡控制来减小离心惯性力的冲击，以提高加工精度，实现替代曲轴粗磨工序的创新。

③ 自动化水平高。目前车拉机床加工刀盘以及刀具的调整、清洗都已经有整套专用设备提供市场需要。

6. 曲轴的磨削加工

目前，曲轴采用多种磨削方式来加工，主要包括单序加工和组合加工。

采用单序加工方式加工，其磨削效率高，磨削后轴颈的跳动量容易控制，砂轮一次修整完毕后能保证各轴颈尺寸的一致性。其缺点是柔性差，只能加工单系列产品。图5-7所示曲轴连杆轴颈磨削加工图。

采用多砂轮组合磨削能够适应曲轴加工的

图5-7 曲轴连杆轴颈磨削加工

需求。例如,对于曲轴前端和后端,可以采用宽砂轮实施组合磨削;磨削四拐曲轴主轴颈可以采用五砂轮组合;磨削四拐曲轴连杆轴颈可以采用双砂轮磨削加工。

推广应用数控技术是实现曲轴精加工的必经之路。由于机床数控技术的发展,人们在曲轴主轴颈和连杆轴颈的精加工(保证曲轴加工质量的关键工序)中广泛采用了带砂轮自动平衡,砂轮自动修整、自动测量、自动补偿技术和中心架自动跟踪技术,因此,较好地解决了加工中的曲轴磨削变形等问题。

7. 曲轴的超精加工

(1)轴颈抛光加工。

曲轴的主轴颈、连杆轴颈及推力轴面都要求超精加工或抛光。其传统工艺是采用靠模油石超精加工机床,但其加工后容易破坏轴颈几何形状而形成马鞍形,对轴颈尺寸影响较大。砂轮抛光是曲轴超精加工中的先进技术,其所采用砂轮的砂带是防潮静电植砂,能够保证砂粒尖锋朝外,如图5-8所示。为了实施对圆角和轴肩进行抛光,要求砂带两侧开槽而与加工面贴合。这种两侧开槽砂带可同时抛光主轴颈、连杆轴颈、圆角、轴肩和推力轴面。

图5-8 曲轴砂带抛光

这里需要进一步说明,如果曲轴油孔口带有毛刺,则会刮伤轴瓦,出现早期拉毛现象;如果油孔口有尖角,则会在曲轴运转时产生应力集中而形成裂纹,影响发动机使用寿命。特别值得注意的是,如果主油道口与斜油道口交接处过渡不圆整,表面粗糙度低,则更容易形成应力集中。因此,要求必须对曲轴进行抛光处理。

(2)曲轴滚磨光整加工。

曲轴滚磨光整加工也属于超精加工。滚磨光整加工原理是基于游离磨料在力和相对运动的作用下,对工件轴颈表面形成一定的撞击、滚压、滑擦和刻划的微量磨削和滚压作用,其主要用以改善工件表面物理力学性能,提高表面加工质量。曲轴经滚磨光整后,表面粗糙度可达$Ra0.05\mu m$,清洁度可达8mg以内,工件表面显微硬度可提高12%~5%,且因光整加工的加工余量小,光整前、后零件的尺寸变化均可控制在微米级范围内,一般可保持在0.001~0.005mm。

滚磨光整加工的运动状况如下:曲轴通过滚磨设备的传动和夹紧装置可做正、反两向的回转运动。运动中由电动机减速器带动偏心圆盘做主回转运动,通过连杆带动装有加工介质(磨料和加工液)的料箱做往复直线运动。于是,磨料与曲轴表面形成一定的相对运动。考虑到磨料具有一定的质量,在加工过程中的任一瞬间,游离磨料对工件表面都会产生一定的撞击、滚压、滑擦和刻划的微量磨削作用,从而实现了曲轴表面的光整加工。

8. 曲轴油孔的加工

曲轴油孔的加工是曲轴尤其是锻钢曲轴加工中的一个难题。其主要原因为:

(1)曲轴油孔直径小,一般只有5~8mm。

(2)从主轴颈到连杆颈都是倾斜贯通,属典型细长孔。

(3)在曲面上加工,加工工艺性差。

当前,加工油孔的先进工艺是采用枪钻工艺,枪钻也叫深孔钻。枪钻不但可以用来加工深孔(径长比可达1∶250),也可用以加工浅孔(径长比1∶1)。枪钻由钻柄、钻杆和钻头三部分焊接而成。钻柄用于装夹刀具;钻杆用于连接刀头,其常采用韧性较好的材料制成;钻头是切削部分,刀尖是偏心的,采用硬质合金制造。在曲轴油孔加工中,枪钻可以将钻孔、镗孔、铰孔一次完成,一次走刀便可以加工出高精度的油孔,如图5-9所示。

曲轴油孔钻所使用的是专用钻床,要求保证油孔角度和孔的进出口位置。油道作用是在轴颈与轴瓦相对运动时提供润滑油。如果油孔口偏移,则进入轴瓦油道的润滑油减少,造成发动机整体燃油的经济效能下降,有可能造成早期磨损,甚至出现轴瓦抱死等严重事故。因此,在曲轴油孔加工时首先要保证直油道与斜油道交接口足够大,其次要保证直油道在轴颈方向不偏移。加工时,要求经常对油孔钻头进行检查。钻头进入到与直油孔口交接处需要减慢进刀速度,以避免钻头折断。

五、曲轴动平衡

曲轴在发动机中高速旋转时,不仅要求曲轴静平衡,而且要求动平衡。所谓静平衡就是当质量系统旋转时其离心力的合力等于零,即系统的质心(重心)位于旋转轴线上。但当旋转质量不在同一平面时,静平衡不足以保证运转平稳。只有当系统旋转时的旋转惯性力合力$\sum F$及合力矩Mr均为0时才处于完全平衡,这样的平衡被称为动平衡。曲轴的不平衡现象是以主轴颈轴线为中心的质量分布不对称而引起的惯性力所致。内燃机旋转质量系统必须保证动平衡,否则将引起很大振动。曲轴由于旋转质量系统不平衡所产生的振动与其转速W的平方成正比。振动会导致轴承承受的负载加大、消耗功率增加并加剧磨损,降低轴承寿命;振动会增加发动机工作时的噪声,导致零件从总成上松动并产生疲劳失效等。因此,曲轴平衡精度的高低对发动机的振动、运行平稳性及寿命都有很大影响。对高速旋转的零件进行动平衡的目的就是要消除或减小振动。

实质上,当曲轴处于质量不平衡状态时,其质量轴线与旋转轴线不重合,而动平衡工序的目的就是要在质量不平衡的曲轴上,通过平衡工序自动去除材料或重新分配质量使其达到平衡状态,如图5-10所示。

图5-9 曲轴油孔的加工

图5-10 曲轴动平衡检测

六、曲轴滚压强化

曲轴圆角滚压是现代曲轴加工的一种新工艺,如图 5-11 所示。由于曲轴承受的交变载荷在曲轴的各个部位均产生弯曲、扭转等复杂的交变应力,极易造成疲劳断裂,尤其在主轴颈与连杆轴颈和连杆臂的过渡处最为突出。为了减少应力集中、提高疲劳强度,除了在结构上把过渡处设计为过渡圆角外,同时在工艺实施上对曲轴过渡圆角进行滚压强化,这样可以有效地提高曲轴的抗疲劳强度。

所谓圆角滚压技术,就是利用滚轮的压力作用,在曲轴主轴颈和连杆轴颈过渡圆角处形成一条滚压塑性变形带,如图 5-12 所示。

图 5-11　曲轴圆角滚压加工

图 5-12　圆角滚压后的曲轴轴颈圆角形态

曲轴圆角滚压可一次性地对所有圆角区域进行滚压,且可以控制主轴颈与连杆轴颈圆角不同的滚压用压力,即使在同一连杆轴颈圆角的不同方向上,其滚压用压力也可不同,可经济而合理地得到最佳的滚压效果,从而能够最大限度地提高曲轴的抗疲劳强度。

第二节　发动机连杆机械加工工艺

一、发动机连杆概述

1. 连杆的工况

连杆是汽车发动机中的主要传力部件之一,其小头经活塞销与活塞连接,大头与曲轴连杆轴颈连接。汽缸燃烧室中受压缩的油气混合气体经点火燃烧后急剧膨胀,以很大的压力压向活塞顶面,连杆则将活塞所受的力传给曲轴,推动曲轴旋转。

连杆由大头、小头和杆身等部分组成。大头为分开式结构,连杆体与连杆盖用螺栓连接。大头孔和小头孔内分别安装轴瓦和衬套。为了减轻质量且使连杆具有足够的强度和刚度,连杆杆身的截面多为工字形,其外表面不进行机械加工。

2. 连杆的结构分析

连杆部件由连杆体、连杆盖和螺栓、螺母等组成。连杆结构如图 5-13 所示。

在发动机工作过程中,连杆承受膨胀气体交变压力和惯性力的作用。因此,除需要足够的强度和刚度外,还应尽量减小连杆自身质量,以减小惯性力。连杆杆身的横截面为工字形,从大头到小头尺寸逐渐变小。

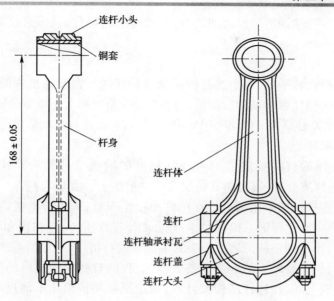

图 5-13 汽车发动机连杆总成

为了减少活塞销和连杆小头孔的磨损及磨损后便于修理,在连杆小头孔中压入青铜衬套。大头孔内装有轴瓦,以减小连杆大头孔和曲轴连杆轴颈之间的摩擦。按照轴瓦的种类,一般有直接在大头孔内浇铸抗磨合金的连杆、大头孔内装有刚性厚壁轴瓦的连杆和大头孔内装有薄壁双金属轴瓦的连杆。前两种连杆,连杆体和连杆盖之间用一组垫片来补偿抗磨合金的磨损;后一种连杆不用垫片,这种薄壁双金属轴瓦可以互换,故应用最广。为保证发动机运转均衡,同一发动机中各连杆的质量不能相差太大。因此,在连杆部件的大、小头端设置了去不平衡质量的凸块,以便在称重后切除不平衡质量。连杆大、小头两端面对称分布在连杆中截面的两侧。考虑到装夹、安放、搬运等要求,连杆大、小头的厚度应相等。

连杆小头顶端设有油孔。发动机工作时,曲轴的高速旋转带动缸体下部的润滑油飞溅到小头顶端的油孔内,以润滑连杆小头铜衬套与活塞销之间的摆动运动副。

3. 连杆的技术要求

连杆上需进行机械加工的主要表面为大、小头孔及其两端面,连杆体与连杆盖的结合面及连杆螺栓定位孔等。连杆总成的技术要求如下。

(1)连杆大、小头孔。

连杆小头孔的尺寸公差不低于 IT7,表面粗糙度 Ra 值不大于 $0.80\mu m$,圆柱度公差等级不低于 7 级。小头衬套孔的尺寸公差不低于 IT6,表面粗糙度 Ra 值不大于 $0.40\mu m$,圆柱度公差等级不低于 6 级。

连杆大头孔的尺寸公差与所用轴瓦的种类有关。当直接浇铸巴氏合金时,大头底孔为 IT9;当采用厚壁轴瓦时,大头底孔为 IT8;当采用薄壁轴瓦时,大头底孔为 IT6。表面粗糙度 Ra 值不大于 $0.80\mu m$,圆柱度公差等级不低于 6 级。

(2)连杆端面。

连杆大头两端面对连杆大头孔轴线的垂直度公差不应低于 8 级。两端面表面粗糙度 Ra 值不大于 $1.25\mu m$。连杆大头孔两端面对大头孔中心线的垂直度误差过大,将加剧连杆大头两端面与曲轴连杆轴颈两端面之间的磨损,甚至引起烧伤,其垂直度要求为 ±(0.06 ~ 0.1)mm/100mm。

(3)连杆质量。

为了保证发动机运转平稳,对于连杆的质量及装在同一台发动机中的连杆质量差都有要求。有些对运转平稳性要求高的发动机,对连杆小头质量和大头质量分别给以规定。发动机连杆大小头质量允差分别为 ±(1.5~10)g 和 ±(3~20)g,连杆总成质量允差为 ±(3~5)g。

4. 连杆材料与毛坯

汽车发动机连杆的材料一般采用 45 钢(精选碳的质量分数为 0.42% ~ 0.47%)或 40Cr、35CrMo,并经调质处理,以提高其强度及抗冲击能力。我国有些工厂也有用球墨铸铁制造连杆的。钢制连杆一般采用锻造。在单件小批生产时,采用自由锻造或用简单的胎模锻;在大批大量生产中采用模锻。模锻时,一般分两个工序进行,即初锻和终锻,通常在切边后进行热校正。中、小型的连杆,其大、小头的端面常进行精压,以提高毛坯精度。

模锻生产率高,但需要较大的锻造设备。因此,我国有些生产连杆的工厂,采用了连杆辊锻工艺。采用辊锻毛坯,在连杆结构设计时,锻造圆角和拔模角不能过小,要尽量避免截面突然变化,否则在锻造时不易充满成型。

锻坯形式有两种:连杆体与连杆盖合在一起的整体锻件和连杆体、连杆盖分开的分开锻件。整体锻件较分开锻件减少了毛坯制造的劳动量,并节约金属材料。整体锻造的毛坯需要在以后的机械加工过程中将其分开。为保证切开后粗镗孔余量的均匀,通常将大头孔锻成椭圆形。分开锻造的连杆盖,金属纤维是连续的,在强度方面优于整体锻造的连杆盖。整体锻造的连杆,虽然增加了切开连杆盖的工序,减少了毛坯制造的劳动量,但降低了材料的损耗,又可使与连杆体的端面同时加工,减少了工序数目,所以采用整体锻造的毛坯较多。

二、连杆机械加工工艺

连杆的工艺特点是:外形较复杂,不易定位;大、小头是由细长的杆身连接,刚度差,容易变形;尺寸公差、形状和位置公差要求很严,表面粗糙度值小。这给连杆机械加工带来了许多困难。定位基准的正确选择对保证加工精度是很重要的。如为保证大头孔与端面垂直,加工大、小头孔时,应以一端面为定位基准。为区分作为定位基准的端面,通常在非定位一端的杆身和连杆盖上各锻造出一凸点(小凸台)。为保证两孔位置公差要求,加工其中一孔时,常以另一孔作为定位基准,即互为定位基准。连杆加工中,大多数工序是以大、小头端面,大头孔或小头孔,以及零件图中规定的工艺凸台为精基准的。

1. 定位基准的选择

在连杆机械加工过程设计时,首先要选择好定位基准。定位基准包括粗基准和精基准。

(1)粗基准选择。

在钻小头孔时,为了保证连杆小头孔壁厚均匀,宜选小头孔不加工的外圆和端面作粗基准,如图 5-14 所示。加工连杆端面时应以另一端面为粗基准,如图 5-15 所示。

(2)精基准选择。

在整个加工过程中应尽量保持基准统一,以免由于更换基准面而产生定位误差。

大部分工序中都选用无凸起标记一侧的端面及经过钻削和拉削的小头孔作为定位精基

准,同时选择连杆大头经过拉削的一个侧面作为辅助基准。

在大、小头精加工时,除端面、侧面外,遵守大、小头互为基准原则。

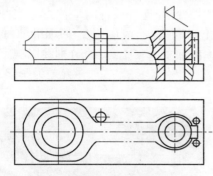

图5-14 钻连杆小头孔的粗基准

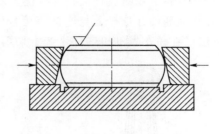

图5-15 铣连杆端面的粗基准

2. 连杆主要表面的加工方法

连杆的两端面是连杆加工过程中主要的定位基准面,而且在许多工序中反复使用,所以应先加工它,并随着工艺过程的进行要逐渐精化,以提高其定位精度。大批大量生产中,连杆两端面多采用磨削和拉削加工,成批生产多采用铣削加工。

连杆大、小头孔的加工是连杆加工中的关键工序,尤其大头孔的加工是连杆各部位加工中要求最高的部位,直接影响连杆成品的质量。一般先加工小头孔,后加工大头孔,合装后,再同时精加工大、小头孔,最后光整加工大、小头孔。小头孔直径小,锻坯上有时不预锻出孔,所以小头孔首道工序为钻削加工。加工方案多为:钻→扩→镗,如图5-16所示。

无论采用整体锻造还是分开锻造,大头孔都会预锻出孔,因此大头孔首道工序都是粗镗(或扩)。大头孔的加工方案多为粗镗(或扩)→半精镗→精镗。

在大、小头孔的加工中,镗孔是保证精度的主要方法。因为镗孔能够修正毛坯和上道工序造成的孔的歪斜,易于保证孔与其他孔或平面的位置精度。虽然镗杆尺寸受孔径大小的限制,但连杆的孔径一般不会太小,且孔深与孔径比皆在1左右,这个范围的镗孔工艺性最好,镗杆悬臂短,刚性也好。

大、小头孔的精镗一般都在专用的双轴镗床同时进行,多采用双面、双轴金刚镗床,有利于提高加工精度和生产率。大、小头孔的光整加工是保证孔的形状精度和表面粗糙度不可缺少的加工工序。一般有以下三种方案:珩磨、金刚镗以及脉冲式滚压。

连杆加工多属大批量生产。连杆形状复杂、刚

图5-16 连杆大、小头孔的加工

性差,因此工艺路线多为工序分散,大部分工序采用高生产率的组合机床和专用机床,并且广泛使用气动、液动夹具,以提高生产率,满足大批量生产的需要。

3. 整体精锻连杆盖、体的激光涨断(撑断)新工艺

连杆盖、连杆体整体精锻,待半精加工后,采用连杆盖与连杆体涨断的方法,已在汽车发动机连杆生产中广泛采用,这样产生的接合断面凹凸不平,连杆盖与连杆体再组装时的装配位置具有唯一性。因此,连杆盖与连杆体之间只需用螺栓连接,即可保证相互之间的位置精

度。这样既简化了连杆的加工工艺,保证了连杆盖与连杆体的装配精度,又由于连杆盖与连杆体之间没有去掉金属,金属纤维是连续的,从而保证了连杆的强度。为了保证将涨断而控制在一定范围内,涨断时连杆盖与连杆体不发生塑性变形,连杆设计时应注意适当减小接合面面积,并在涨断前在连杆盖与连杆体接合处拉出引断槽,形成应力集中,如图 5-17 所示。此加工方法已在轿车发动机连杆生产中采用,是连杆加工的新工艺,如图 5-18 所示。

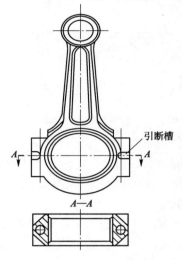 

图 5-17 采用涨断工艺的连杆结构图　　图 5-18 采用涨断工艺的连杆正在进行激光切槽

三、连杆辅助工序

1. 热处理

对连杆而言,热处理目的是:消除内应力;改善金属组织和加工性能。一般连杆毛坯在锻出后都要进行调质处理,即淬火和高温回火。其目的是得到细密均匀的回火索氏体组织和软化空冷以后的锻件表面硬度,以改善金属组织,提高其综合力学性能和机械加工性能,并消除锻件内应力。

2. 中间检验与终检

检验工序是保证产品质量、防止不合格品出现的重要措施。

连杆在每道工序中均安排有操作者自检项目,并根据需要规定了不同的检验频次,且对一些关键工序和重要参数配有高精度的检测仪器。除此之外,在终加工后还应进行终检。终检重要参数主要包括大孔直径、圆柱度,衬套孔直径、圆柱度,两孔中心距,两孔平行度、扭曲度,大孔对端面的垂直度等。

3. 清洗

清洗的目的是清除附在工件表面上的切屑和污物,使工件洁净。如果缺少工件清洗工序,则难以保证加工质量,使得检验无法可靠和准确。

连杆在生产线上安排有三道清洗工序。

(1)连杆体和连杆盖组合之前进行的清洗,以保证连杆体和连杆盖的装配精度。

(2)综合检测之前要进行清洗,以保证检验精度。

(3) 入库前要进行清洗,以保证在装配生产线上的装配精度。

4. 去毛刺

在许多加工工序之后,工件均会产生毛刺,如大端孔半圆粗镗、磨对合面、钻油孔等工序后,毛刺就异常明显。这些毛刺若不及时去除,则会影响后续工序的定位精度,并影响加工质量和刀具的使用寿命。连杆体和连杆盖分开面上的毛刺还会影响连杆体和连杆盖的装配精度。成品连杆上的毛刺若带到装配线上,会对整机的装配精度和清洁度产生不可估量的影响。生产线上除需要工序操作者自行去除毛刺外,还要有专门的去毛刺工序。有的汽车厂还购置了口腔医用砂轮机来打磨毛刺;这类设备操作灵活,打磨效果良好。

5. 喷丸处理

由于经锻造而成的连杆毛坯和经过热处理的产品,其表面上都有氧化皮,因此,必须在模锻毛坯和热处理工序之后安排表面喷丸处理,以去除毛坯表面的氧化皮,并使毛坯表面生成一层硬化层,提高材料的疲劳强度。

6. 探伤检查

探伤是为了检查锻件内部微观裂痕和热处理裂纹的一道工序,一般安排在表面喷丸后。如使用磁力探伤,则在探伤后跟随进行退磁工序,否则连杆零件中会因存在剩磁而影响连杆的正常使用性能。

7. 打字

连杆生产线上安排有两道工序对连杆进行打字,其内容各不相同。

第一道打字工序是在连杆体、连杆盖切开之前,在连杆体和连杆盖上打有内容相同的字,目的是防止在连杆体、连杆盖分开后与不同工件相互混淆。

第二道打字工序是在连杆称重后在连杆上打字,此时的打字内容包括连杆分组的质量组号,以便避免装配线上不同组连杆的混淆。

8. 称重与去重

连杆生产线的终端安排有连杆的称重工序。连杆的质量及大、小头质量的分配,直接影响到曲轴、连杆、活塞系统的运动平衡、整机的平衡及柴油机的噪声、振动与寿命,所以必须严格地将每组连杆总质量及大、小头质量分配控制在一定范围内。

第三节 齿轮制造工艺

一、齿轮结构特点

1. 齿轮的分类

汽车的齿轮,按照结构的工艺特点可分为五类,如图5-19所示。

(1) 单联齿轮,孔的长径比 $L/D > 1$。

(2) 多联齿轮,孔的长径比 $L/D > 1$。

(3) 盘形齿轮,具有轮毂,孔的长径比 $L/D < 1$。

(4) 齿圈,没有轮毂,孔的长径比 $L/D < 1$。

(5) 轴齿轮。单联齿轮与多联齿轮也称筒形齿轮,内孔为光孔、键槽孔或花键孔。盘形齿轮和齿圈的内孔一般为光孔或键槽孔。

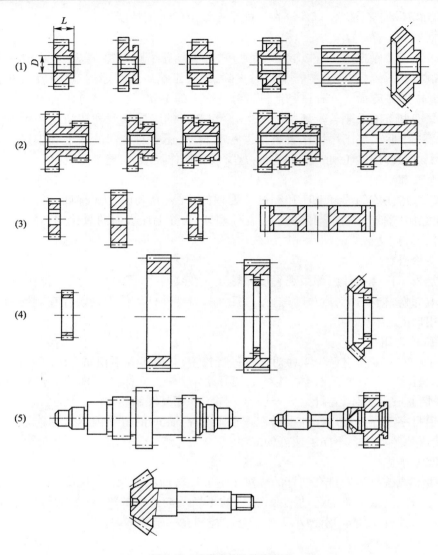

图 5-19　汽车齿轮的结构类型

2. 齿轮加工的技术要求

（1）齿轮精度和齿面粗糙度。

货车及越野车的变速器、分动箱、取力器等齿轮精度为 7~9 级，表面粗糙度为 $Ra3.2$；轿车、微型车齿轮精度为 6~8 级，表面粗糙度为 $Ra1.6$。汽车驱动桥主动圆柱齿轮的精度不低于 8 级，从动圆柱齿轮的精度不低于 9 级。

（2）齿轮孔或轴径尺寸公差和表面粗糙度。

齿轮孔或轴齿轮轴颈是加工、测量和装配时的基面，它们对齿轮的加工精度有很大影响，所以要有较高的加工精度和较小的表面粗糙度。对于 6 级精度的齿轮，它的内孔为 IT6，轴颈为 IT5；对 7 级精度的齿轮，内孔为 IT7，轴颈为 IT6。对基准孔和轴颈的尺寸公差和形状公差应遵守包容原则，表面粗糙度为 $Ra0.40$ ~ $Ra0.80$。

(3)端面跳动。

端面圆跳动量视齿轮精度和分度圆直径不同而异,对于 6~7 级精度齿轮,规定为 0.011~0.022mm。基准端面的表面粗糙度为 $Ra0.40 \sim Ra0.80$;非定位和非工作端面表面粗糙度为 $Ra6.3 \sim Ra25$。

(4)齿轮外圆尺寸公差。

当齿轮外圆不作为加工、测量的基准时,其尺寸公差一般为 IT11。当它作为定位、测量的基准时,其尺寸公差要求较严,一般为 IT8。

(5)齿轮的热处理要求。

对常用的低碳合金钢,渗碳层深度一般取决于齿轮模数的大小。如中等模数 $m_n > 3 \sim 5$ mm 的齿轮,渗碳层深度为 0.9~1.3 mm,齿面淬火硬度 56~64HRC,芯部硬度 32~45 HRC。对中碳钢或中碳合金钢,经表面淬火后,齿面硬度不低于 53 HRC。

二、齿轮材料和毛坯

1. 材料选择

汽车传动齿轮齿面硬度要求较高,芯部要求有良好韧度。汽车第一速及倒挡齿轮锻件如图 5-20 所示。

传力齿轮常用材料有 20GrMnTi、20GrNiMO、20MnVB、40Gr、40MnB 和 45 等钢种。

非传力齿轮可用非淬火钢、铸铁、夹布胶木、尼龙和工程塑料等制造。

2. 毛坯选择

在中、小批生产中,齿轮毛坯可以在空气锤上用胎模锻造。产量大时,齿轮毛坯一般均采用模锻。当孔径大于 25mm,长度不大于孔径的 2 倍时,内孔亦可锻出(在卧式锻造机上,还可以锻出孔的长径比大于 5 的深孔)。汽车齿轮毛坯一般采用模锻件。模锻后,内部纤维对称于轴线,可提高材料强度,如图 5-21 所示。

采用精锻等工艺制造齿坯,可实现少、无切削加工。

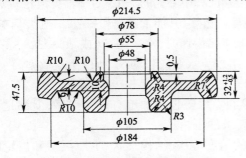
图 5-20 汽车第一速及倒挡齿轮锻件

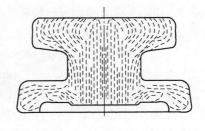
图 5-21 模锻齿轮坯料纤维分布

三、齿轮机械加工工艺

1. 基准的选择

(1)加工带孔齿轮的齿面(长径比 $L/D > 1$)。

对于长径比 $L/D > 1$ 的单联或多联齿轮,加工时以孔作为主要定位基准。为了消除孔和芯轴间的间隙影响,精车齿坯时,常采用过盈心轴或小锥度心轴,如图 5-22 所示。

预加工齿面时,可采用能够自动定心的可胀心轴或可分组的小间隙心轴装夹。

(2) 长径比 $L/D > 1$ 的齿圈或盘形齿轮。

如图 5-23 所示,先以端面为主要定位基准加工内孔和端面,并在一次装夹中完成,以保证其垂直度,再以加工后的内孔和端面作为组合定位基准加工外圆和另一端面。加工齿面时应采用内孔及端面定位。

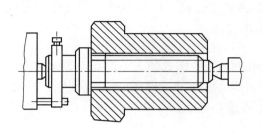

图 5-22 用过盈心轴精车齿坯(以孔作为主要定位基准)

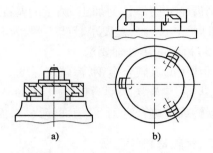

图 5-23 加工齿圈或盘形齿轮($L/D>1$)的定位基准

(3) 加工轴齿轮或齿轮轴。

当加工轴的外圆表面、外螺纹、圆柱齿轮齿面和花键时,选择轴两端的中心孔作为定位基准,把工件安装在机床的前、后(或上、下)两顶尖之间进行加工。

如以工件两端中心孔定位不方便或安装刚度不足,则常用磨削过的两轴颈定位,要求装夹在精密的弹性夹头中进行加工。

2. 齿轮主要表面的加工

因汽车齿轮属于大批、大量生产,其加工应该粗、精分开。工序路线安排为:齿坯加工→齿形加工→齿面热处理→热处理后的精加工。

(1) 齿坯加工。

齿坯加工的主要内容包括:齿坯的孔加工、端面和中心孔的加工(对于轴类齿轮)以及齿圈外圆和端面的加工;对于轴类齿轮和套筒类齿轮的齿坯,其加工过程和一般轴、套类基本相同。

在成批大量生产中,加工中等尺寸的盘形齿轮齿坯时,常采用车(或钻)→拉→多刀车削工艺方案。由于这种工艺方案采用高效机床组成流水线或自动线,所以生产效率高。

(2) 齿形加工。

齿圈上的齿形加工是整个齿轮加工的核心。尽管齿轮加工有许多工序,但都是为齿形加工服务的,其目的在于最终获得符合精度要求的齿轮。

齿形加工方案的选择,主要取决于齿轮的精度等级、结构形状、生产类型和齿轮的热处理方法及生产工厂的现有条件。对于不同精度的齿轮,常用的齿形加工方案如下。

① 8 级精度以下的齿轮:调质齿轮用滚齿或插齿就能满足要求。对于淬硬齿轮,可采用滚(插)齿→剃齿或冷挤→齿端加工→淬火→校正孔的加工方案。根据不同的热处理方式,在淬火前齿形加工精度应提高一级以上。

② 6~7 级精度齿轮:对于淬硬齿面的齿轮可采用滚(插)齿→齿端加工→表面淬火→校正基准→磨齿(蜗杆砂轮磨齿),该方案加工精度稳定;也可采用滚(插)、剃齿或冷挤→表面淬火→校正基准→内啮合珩齿的加工方案,这种方案加工精度稳定,生产率高。

③5 级以上精度的齿轮:一般采用粗滚齿→精滚齿→表面淬火→校正基准→粗磨齿→精磨齿的加工方案。大批大量生产时也可采用粗磨齿→精磨齿→表面淬火→校正基准→磨削外珩的加工方案。这种加工方案加工的齿轮精度可稳定在 5 级以上,且齿面加工质量好,噪声极低,是品质极高的齿轮。磨齿是目前齿形加工中精度最高、表面粗糙度值最小的加工方法,最高精度可达 3~4 级。

(3)齿面热处理与热处理后的精加工。

齿轮齿面主要采用中频或高频感应加热局部淬火后再低温回火,且通常在轮齿粗加工之后、精磨之前进行。

因齿轮热处理会产生变形,故在精磨前须对定位基准和装配基准(内孔、基准端面、轴齿轮的中心孔、轴颈等)进行修整。

弧齿锥齿轮齿面的最后加工,先采用主、从动锥齿轮在研齿机上成对地进行对研,然后打上记号,装配时进行成对装配。目前弧齿锥齿轮轮齿齿面热处理后的精加工已开始使用数控(CNC)磨齿机进行磨齿。

3. 典型汽车齿轮的机械加工工艺过程举例

汽车变速器第一速及倒车齿轮零件结构如图 5-24 所示,其加工工艺过程见表 5-1。

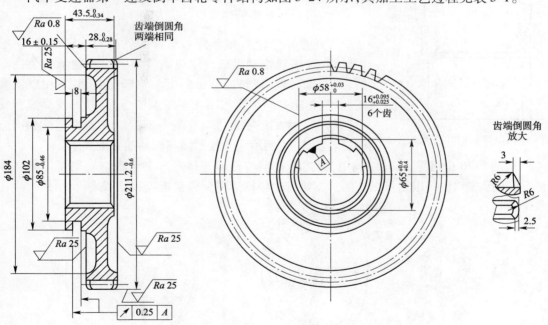

图 5-24 汽车变速器第一速及倒车齿轮零件结构

汽车变速器第一速及倒车齿轮加工工艺过程 表 5-1

工序号	工序内容	设备	工序号	工序内容	设备
1	粗车小端外圆、端面、倒角	车床	4	拉花键孔	拉床
2	粗车大端外圆、端面、内孔	车床	4J	中间检验	
2J	中间检验		5	精车两端面及外圆	多刀半自动车床
3	半精车大端面、内孔	车床	5J	中间检验	

续上表

工序号	工序内容	设备	工序号	工序内容	设备
6	滚齿	滚齿机	11J	中间检验	
7	清洗	清洗机	12	热处理	
8	倒齿端圆角	齿轮倒角机	13	磨内孔	内圆磨床
9	剃齿或冷挤齿	剃齿机或挤齿机	14	珩磨齿	蜗杆式珩齿机
10	修花键槽宽	压床	15	清洗	清洗机
11	清洗	清洗机	15J	最终检验	

第四节 车轮制造工艺

汽车车轮是汽车重要的承载件与保安件,它与轮胎组成车轮总成。其既要承受整车载荷(自重与负载)在各种地面环境条件中高速运行,又要保持足够的强度和可靠的使用寿命,以保证汽车行驶的安全。

一、汽车车轮结构概况

车轮是介于轮胎和车桥之间承受负荷的旋转组件,一般由轮毂、轮辐和轮辋组成。轮毂通过圆锥滚子轴承套装在车桥(或半轴套管)或转向节轴颈上。轮辋也叫钢圈,用以安装轮胎,与轮胎共同承受作用在车轮上的负荷,并散发高速行驶时轮胎上产生的热量及保证车轮具有合适在断面宽度和横向刚度。图5-25所示为车轮断面与轮胎的装配关系。

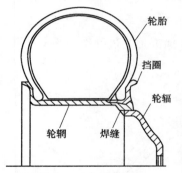

图5-25 轮胎的装配关系

从图5-26中可见,车轮结构中,轮辐将轮辋与轮毂连接起来。轮辋与轮辐可以是整体的(不可拆式),也可以是可拆式的。车轮按轮辐构造可分为辐板式和辐条式两种。

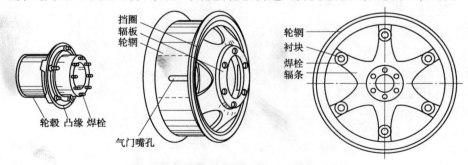

图5-26 车轮的基本结构

二、汽车车轮按材质分类

汽车车轮材料一般采用两种,即由钢板或铝合金制造,两者占95%的市场份额。

1. 型钢(钢制)车轮

图5-27所示商务车所用的一种型钢(钢制)车轮。型钢车轮在汽车车轮使用中曾长期

占据主导地位。型钢车轮成本低,安全性比铝合金车轮更具优势,故大部分载重汽车仍然使用型钢车轮。但自20世纪80年代起,型钢车轮市场份额逐步减小,并逐渐被铝合金所替代。型钢车轮份额快速下跌的原因有多方面的因素,首先,钢板加工成型性能和制造工艺难以做到铝合金车轮那样的结构和外形多样化,且外观吸引力也是主要的原因之一。同时,型钢车轮质量大,制造和使用上所消耗的能量比铝制车轮大得多。

2. 铝合金车轮

铝合金车轮在轿车上使用率已高达90%以上。图5-28所示铝合金车轮示例。

图5-27 型钢(钢制)车轮

图5-28 铝合金车轮

铝合金车轮与钢制车轮相比,具有美观、舒适、节能和质量小等优点。铝合金车轮本体质量小,抓地性好,具有更精确的转向能力,提高了动作灵敏性和转弯性能;再者,其惯性小,改善了加速性和制动性;同时,铝合金车轮具有良好的导热性,提高了制动系统散热性能,能够大幅度降低由高温导致的制动失灵。

除上所述,铝合金车轮具有耐腐蚀、成型性好、减振性与平衡性好、材料利用率高等多方面的优势,符合现代汽车安全、节能、环保三大主题的要求,这对降低汽车自重、减少油耗、减轻环境污染和改善操作性能具有现实意义。因此,铝合金车轮已成为当今汽车车轮首选。

3. 镁合金车轮

镁在实用金属中密度最小,能减轻整车质量、减少油耗,其比强度高于铝合金和钢,刚度接近铝合金和钢,能够承受一定的负荷。

应用镁合金制造车轮,具有良好的铸造性能和尺寸稳定性,易加工,废品率低,能够降低生产成本。

镁合金车轮在使用中具有良好的振动阻尼系数,减振量大于铝合金,用作轮圈可以减少振动、提高汽车的安全性和舒适性。用镁合金制造车轮是高档汽车车轮发展的趋势,如图5-29所示。

4. 复合材料车轮(塑料或碳纤维复合)

复合材料车轮一般用于赛车,其质量更小,强度高,但价格昂贵,如图5-30所示。

5. 钢铝组合车轮

钢铝组合车轮中,轮辋为普通钢制轮辋,轮辐为铸造的铝合金轮辐,两者是经过机械加工,借助嵌件与钢的轮辋装焊而成的。它集中了钢制车轮与铝合金车轮的优点,并以其较低的价格占领了市场的一席之地。

图 5-29 镁合金车轮　　　　　图 5-30 碳纤维复合车轮

三、型钢车轮结构与选材

型钢车轮主要有两种结构形式：一种是由型钢轮辋制造的车轮，主要用于商务车；另一种是由钢板直接滚压成型，多用于轿车、面包车等乘用车的车轮。

1. 型钢车轮的结构

目前国内外汽车车轮大量采用两件式和三件式的车轮结构，如图 5-31 所示。其中车轮轮辋、挡圈、锁圈的生产均直接采用钢厂轧制的专用异型材料，而轮辐则用厚钢板冲压成型。

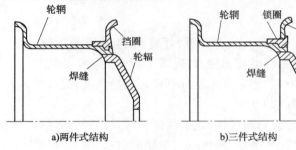

图 5-31 型钢车轮的结构形式

2. 滚型车轮的结构

轮辋用钢板经滚压加工成型的车轮称为滚型车轮，如图 5-32 所示。

图 5-32 钢制滚型车轮

为适应装配子午线无内胎轮胎和提高乘用的舒适性，对滚型车轮的制造精度，如径向、侧向跳动、安装面的平面度以及气密性等，均提出了比型钢车轮更为严格的要求。

3. 型钢车轮的选材要求

型钢车轮的车轮结构与使用性能要求高，制造中材料形变复杂，又要适应于大批量流水生产,工艺性能要求较为严格。因此,对型钢车轮的材料提出了如下要求。

(1) 足够的强度和抗疲劳寿命。

(2) 满足汽车轻量化发展的需要。由此,在保证足够的强度和抗疲劳寿命的前提下,用于车轮制造的专用异型钢材与滚压钢板的力学性能指标应当尽可能提高。

(3) 具有良好的工艺性和可加工性,即足够的延伸率、小的变形抗力和优异的焊接性能。同时异型钢材应有较高的内在与外观质量。

目前钢制车轮材料主要有:12Lw、15Lw、16Mn、Q235 等。

四、型钢车轮的制造工艺

型钢车轮的轮辋、挡圈是异形断面,均采用由钢厂直接供应的型材进行弯曲成形;而轮辐成型工艺则截然不同,它是用热轧钢板实施冲压成型。下面将分别就型钢轮辋成型与轮辐冲压工艺予以说明。

1. 型钢轮辋的成型工艺

中、重型商用车的轮辋制造工艺流程原则上由 15 道工序完成。型钢轮辋成型工艺流程如图 5-33 所示。

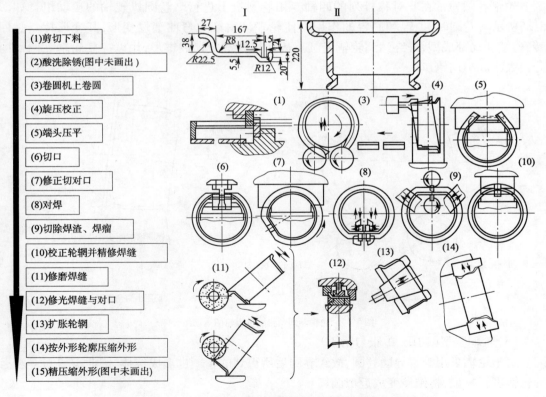

图 5-33　型钢轮辋成型工艺流程

从轮辋成型工艺流程中分析,其要求是将异形断面钢板卷圆成形状、尺寸与表面质量符合要求并进行对口焊接成整体的钢圈,即型钢轮辋。其工艺难点是卷圆、卷圆设备、轮辋整型和内外侧焊接质量,且不允许有任何裂纹、伤疤等缺陷。

(1) 卷圆。

轮辋坯料的异型断面如图 5-34 所示,其各段的厚度、刚度与形状均不相同。其中 A 段为轮辋凸缘部分,类似角钢结构,主要承受汽车行驶中轮胎侧向压力形成的循环载荷,卷圆时此段成型最困难。B 段是轮辋的直线腰部,可视为平板卷圆,容易成型;C 段为挡圈槽部分,承受弯矩较大且各处厚度不同,此段成型也较困难。

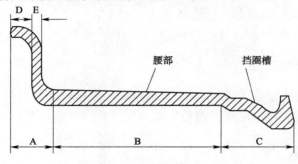

图 5-34 轮辋坯料的异型断面

(2) 轮辋卷圆设备。

轮辋卷圆通常在非对称排列的四轴专用卷圆机上进行。卷圆机辊轴的运动组合如图 5-35 所示。卷圆时,顶辊和底辊的作用力使轮辋坯料产生弯曲塑性变形,其变形特点是回转、连续和局部成型,最终达到轮辋卷圆。从动辊通常设计成锥形,用以控制轮辋卷圆后的开口大小和纵向错口。

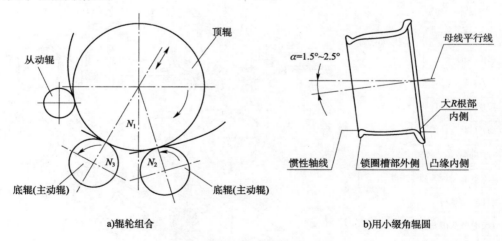

a) 辊轮组合　　b) 用小缓角辊圆

图 5-35 轮辋卷圆及卷圆机辊轮的运动组合

(3) 轮辋整型(初压、扩胀与精压)。

由于轮辋采用锥辊导向卷圆,故经卷圆后所得到的轮辋也形成锥体,因此需要对卷圆后的轮辋进行整型,将锥体变成近似圆筒。

整型时,首先于挡圈槽部进行圆周初压缩,最终使轮辋上下端近似相等,以保证轮辋扩胀时上下端能均匀扩胀,减少扩裂废品。

其次进行轮辋扩胀。轮辋扩胀是轮辋整型的关键,通过选择合适的扩张模来完成,如图 5-36a) 所示,使材料发生合理塑性变形。

最后经过轮辋整体精压缩,使轮辋达到最终尺寸并使其圆度、径向与轮辋内外两侧的侧向跳动均达到技术要求。所用的模具结构如图 5-36b)所示。

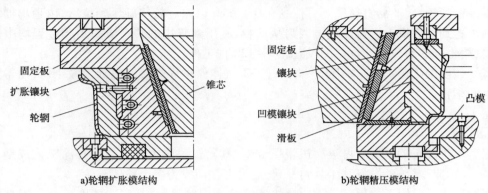

a) 轮辋扩胀模结构   b) 轮辋精压模结构

图 5-36 轮辋整型模具

2. 冲压轮辐的制造工艺

轮辐是车轮总成中的重要构件,它与车轮总成连成一体传递转矩。冲压轮辐由厚钢板冲压成型,主要工序是落料、多次冲孔和形状修整等。

冲压轮辐的工艺流程如下:

剪切下料→酸洗除锈→冲定位孔并落料→拉深→冲中心孔及螺栓孔→冲通风孔→挤压通风孔毛刺→校平轮辐底平面→车削轮辐外径→冲豁口。校平轮辐底平面、车削轮辐外径和冲豁口三道工序可视为修整工序。

冲制定位工艺孔,一般可取直径为 60mm,其作用是保证中间制品在后续冲压与加工工序中的准确定位及同轴度要求。

冲制轮辐工艺孔及落料可在 25000~30000kN 压力机上用一套级进模来完成。级进模也称连续模,即在一套模具的不同工位上分别完成两道或两道以上的冲压工序。

冲压轮辐钢板厚度达 $t = 8 \sim 14$ mm,所需冲裁力较大,冲孔时需采用 8000kN 以上的压力机,模具工作零件(凸、凹模或复合工序中用到的凸、凹模)应尽可能采用波浪形刃口。

3. 等强度旋压轮辐的工艺流程

等强度旋压轮辐是指将板料通过强力旋压,在成型的同时还将改变轮辐壁厚,减小轮辐受力最小部位的厚度,以获得等强度结构的加工工艺。该工艺既能节省材料并简化工艺,又能使轮辐具有最佳力学性能。等强度旋压轮辐的工艺流程为:剪床下料→酸洗除锈→落料→强力旋压成型→滚剪修边→冲通风孔→冲中心孔→冲螺栓孔→车外圆与中心孔并倒角→扩螺栓孔并倒角。

下面对旋压成型工艺过程予以扼要说明。

如图 5-37 所示,将具有中心孔(一般为 $\phi100$ mm)的等厚轮辐坯料放在芯模前,让左边尾顶右向进给压

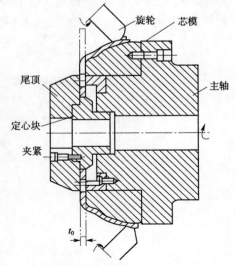

图 5-37 旋压轮辐成型图

紧轮辐坯料后,芯模与上下两个旋轮高速旋转(液压马达驱动)并逼近旋转的坯料,最终使材料贴住芯模而将坯料侧壁旋压到预定厚度。旋轮进给路径由机床的计算机系统自动控制。旋压零件精度较高,产品直径精度可控制在 0.05mm 以内。轮辐旋压到位后,由顶出器顶出工件并传送到滚剪机上进行修边。因为从送料、旋压到修边的整个成型工艺过程均由计算机控制,故生产率高,每小时可旋压加工 90~120 件工件。

将等强度旋压轮辐与轮辋压合,再通过 CO_2 气体保护焊焊接并电泳涂漆干燥,便得到一个完整的车轮。

五、滚型车轮制造工艺

滚型车轮的轮辋成型来自滚型机辊压成型,其轮辐主要由拉深与反拉深工艺成型。轮辋、轮辐分别成型合格后,将其压装到一起,通过焊接即成为单个整体车轮。

滚型车轮主要用于乘用车。为适应快速安装无内胎轮胎,其制造精度远远高于型钢车轮,具有省油、耐磨、耐高温、质量轻和安全性好等优势。

1. 滚压车轮轮辋的制造

(1) 滚型车轮轮辋制造工艺流程。

滚型车轮轮辋制造工艺流程为:剪条料→滚边压字→卷圆→压平→对焊→刨渣→滚压焊缝→切端头→水冷→压圆→扩口→一滚→二滚→三滚→扩张精整→冲制气门孔→压气门孔毛刺。

从上面流程可以看出,前面 10 道工序是为了得到焊接与端头加工好的合格圆筒坯料,包括焊缝滚压和切端头。从扩口到一滚、二滚、三滚,直至扩张精整都是为了成型车轮轮辋复杂截面而所采取的关键成型工序。

(2) 车轮轮辋滚型工序说明。

以下就车轮轮辋滚型原理、滚型过程、成型要求等加以简单介绍。

图 5-38 所示单端滚型机滚型原理示意图。单端滚型机有两个主动辊,上下分布,由液压电动机分别驱动,反向旋转。坯料位于两主动辊间受压且定向转动。工作过程中,上辊位置固定,下辊可以垂直进给。上、下辊的转速在一定程度上随外负荷的变化而变化,需要保

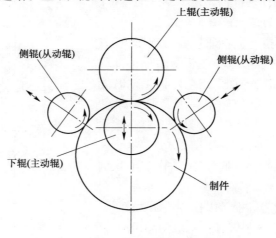

图 5-38　单端滚型机滚型原理示意图

证在上、下辊间轮辋理论直径处(中性层直径)的线速度一致,以防止因线速度变化过大而造成圆角处减薄量超限。另外,两个位于坯料外且分布于主动辊两侧的侧辊是两个从动辊,其作用是保证在上、下辊垂直进给和滚型中轮辋不发生轴向窜动和摆动。

2. 滚型车轮轮辐的制造

滚型车轮轮辐主要由板料冲压成型。其工艺流程为:剪切→落料→冲中心孔→反拉深→辐底镦制安装平面→修边、冲孔→翻边、冲孔、挤球面→冲通风孔→去毛刺→整型。

上述轮辐制造流程中,关键成型工序是初拉深与反拉深。

(1)初拉深与模具结构。

图5-39所示滚型轮辐的初拉深模具。这是一副倒装拉深模,拉深凸模与压边圈位于下面,凹模位于上部,制件顶部有一个弹性顶板控制拉深高度。初拉深为一次拉深,工艺上要求压边力分布平稳、大小适当,拉深速度不宜过快。最好采用液压机拉深,其拉深速度容易控制。

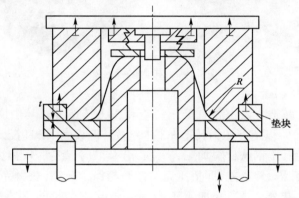

图5-39 轮辋扩胀模具

(2)反拉深与模具结构。

反拉深可把初拉深得到的轮辐中心底部进行反向拉深变形,模具闭合后的坯料成形状态如图5-40所示。

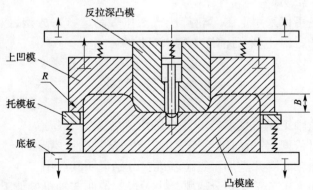

图5-40 轮辐反拉深后的模具闭合状态

为保证制品反拉深时不偏移,坯料在模具中的定位很重要。首先在退料板上用初拉深件的外缘定位,在上模下行时再用导正销导入初拉深时冲出的中心工艺孔精确定位。

轮辐在经过两次拉深成型后,还要将桶形中间制品的辐底镦出安装平面,其平面度误差小于0.1mm。然后再进行翻边、冲螺栓孔、挤压球面。至此，轿车或轻型货车用的滚型车轮的轮辐才最终得以制成。

六、铝合金车轮制造工艺

目前铝合金车轮主要有两种，即铸造铝合金车轮和锻造铝合金车轮，两者都是整体式铝合金车轮。图5-41所示上述两种整体式铝合金车轮范例。

图5-41 整体式铝合金车轮

1. 铸造铝合金车轮制造

目前，铝合金车轮铸造方法主要有低压铸造和压力铸造等。其中应用最广泛的是低压铸造，占全部产量的80%以上。压力铸造车轮性能好，但设备、模具投入大，工艺相对复杂。低压铸造采用金属型腔，用钢铁材料加工，浇注铝合金液时，型腔内密封并抽真空，保持一定负压。铝合金液靠型腔内、外压差，即负压充填型腔与保压补缩，获得完美车轮铸件毛坯，之后还要经过数控加工、电镀、抛光等加工工序。低压铸造车轮的工艺流程为：铸造模具清扫→模具控温→喷模→合型→铝合金熔炼、精炼→变质处理、除气、调温→升压→充型保压→凝固→去压→松型、开模取去铸件→清理整型→数控加工→电镀→抛光→检验→包装入库。

2. 锻造铝合金车轮制造

锻造铝合金车轮可以采用钢制车轮旋压或滚压等制造方法成型，但因投资大、成本高，其价格是钢制车轮的三倍还多，目前还未能大量推广。

训练与思考题

1. 根据发动机曲轴工况与技术要求，说明曲轴的结构工艺特点。
2. 提出曲轴选材依据，分析曲轴毛坯使用现状，比较其性能特点。
3. 汽车发动机曲轴有哪几类加工定位基准？分别说明其应用。
4. 曲轴的机械加工工艺过程划分成哪几个阶段？说明曲轴机械加工的主要工序内容。
5. 如何安排曲轴主轴颈和连杆轴颈的机械加工工艺顺序？
6. 根据曲轴的结构特点，如何结合生产批量完成对曲轴主轴颈和连杆轴颈的车削加工？
7. 何谓主轴颈与连杆颈的外铣和内铣？重点说明内铣的实现条件与加工特点。
8. 何谓曲轴车拉加工？说明几种车拉加工方法的刀具运动形式及加工特点。

9. 说明曲轴超精加工的内涵与实现条件及质量要求。

10. 为什么曲轴油孔的加工是曲轴尤其是锻钢曲轴加工中的一个难题?

11. 何谓枪钻?说明枪钻工作原理。分析枪钻的实现条件与工艺特点。

12. 何谓运动时的静平衡与动平衡?对高速旋转的零件进行动平衡的目的是什么?如何实现曲轴的静平衡与动平衡?

13. 说明曲轴圆角滚压强化的原理与应用意义。

14. 分析连杆结构特点与技术要求。说明连杆材料使用状况与毛坯供货状态。

15. 说明连杆基准选择的基本要求。如何确定连杆加工的粗基准和主要加工表面的精基准?

16. 如何划分连杆的加工阶段?请用表格形式合理编排连杆机械加工工艺过程与工序顺序,包括热处理。要求反映工序顺序、工序内容及主要技术要点说明。

17. 说明各连杆辅助工序的名称、内容、作用与要求。

18. 汽车齿轮分为哪几类?有何加工技术要求?

19. 如何分类确定齿轮加工的定位基准?

20. 说明齿轮主要表面加工方法及其加工顺序。

21. 就一个典型汽车齿轮实例说明其机械加工工艺过程主要工序内容与顺序。

第六章 车身制造工艺

第一节 汽车车身结构

汽车车身是容纳乘客或货物的空间,也是驾驶员的工作场所。汽车车身有多种多样的款式并持续被改进创新,以不断满足安全、节油、舒适和耐用等技术要求。本项目以结构分析、材料应用和制造工艺的思路介绍与分析各类汽车车身结构特征、材料选用、车身覆盖件的冲压、装焊与涂装工艺等内容。

尽管不同的生产厂家、不同时期对不同系列的车身结构与款式存在不同的设计理念和制造要求,但汽车发展到现在,其分类仍然不外乎轿车车身、客车车身和货车车身三大类,如图 6-1 所示。

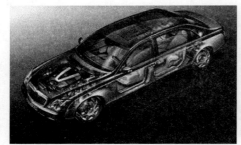
a)轿车车身

b)客车车身

c)货车车身

图 6-1 汽车车身结构类型

一、轿车车身

轿车车身可按车身承载方式、外形和车身壳体结构进行分类。

1. 按车身承载方式分类

轿车车身按承载方式分为承载式车身和非承载式车身两类。

（1）承载式车身。

承载式车身又称整体式车身,如图6-2所示。

图6-2 承载式轿车车身

承载式车身的特点：前、后轴之间没有连接车架,车身直接承受从地面和动力系统传来的力,其是承担全部载荷的刚性壳体。这类车身有利于减轻自身质量,使车身结构合理化和轻量化。因此,现代轿车几乎都采用承载式车身。

承载式车身之所以能够承载并保证整体有足够刚度和强度,在于车身底板与上部车身主体装焊成了一个刚性框架,使得整个车身的各个零部件,包括底板、骨架、车顶、内外蒙皮等都不同程度地参与承载,这样,车身直接承受从地面和动力系统集中传来的力就会高度分散地作用于车身各个结构部件。

可见,承载式车身的优点为：质量轻,生产条件得到改善,适合现代化大批量生产；宜采用薄钢板冲压成型,更适合点焊和多工位自动焊接；车身结构紧凑,生产效率高；由于薄钢板冲压与焊接性能好,因此车身组焊后,焊接应力与焊接变形小,质量容易得到保证；当汽车发生碰撞事故时,承载式车身对碰撞冲击的吸收性好,相对更为安全。

但是,承载式车身也有不足之处。其主要缺点为：汽车底盘部件与车身结合部位在汽车运动载荷冲击下容易发生疲劳破坏；同时,乘客室易受到汽车底盘振动和噪声的干扰。

（2）非承载式车身。

非承载式车身又称为有车架式车身,如图6-3所示。其结构是车身下部有一个足够刚度与强度的独立车架,车身通过弹性元件支撑紧固于车架上,作用于汽车整体和内部的载荷基本上都由车架支撑承受,车身壳体几乎不承载或承载很小。

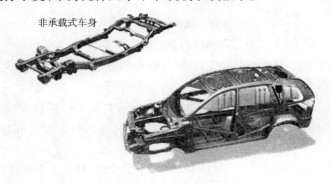

图6-3 非承载式车身与车架

非承载式车身具有如下优势：

①良好的减振性。车身基本不承受载荷，反作用力小；车架受弹性支撑并紧固于车身，车架与车身两者可较好地吸收或缓和来自路面的冲击，获得良好减振效果，能够提高乘全舒适性。

②装配工艺简化。底盘和车身实施分开装配后再总装，装配工艺简化，专业化生产水平得到提高。

③易于车身改型。因车架式车身具有独立的整车装配基础，便于汽车上各总成和部件的安装，也有利于改变车型或改装成新型车辆。

④安全性得到进一步保证。汽车一旦发生碰撞事故，车架可以对车身和乘员起到一定的保护作用。

非承载式车身的主要缺点是：整车质量加大；车辆承载底面提高；车架型材截面尺寸增加，需要另行配置生产车架的冲压模具与大吨位设备，汽车制造成本相对较高。

2. 按车身外形分类

轿车车身的外形，从适用上讲，主要由座椅位置与数量、车门数、顶盖要求、发动机与备胎位置等因素确定。

（1）按车身背部结构类型分类。

车身背部结构类型分类如图6-4所示。

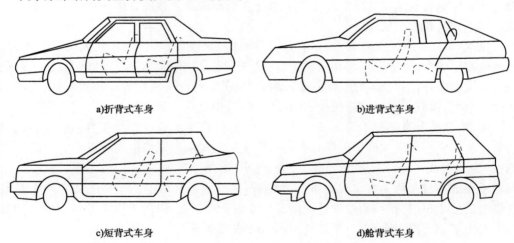

a) 折背式车身　　　　　　　　b) 直背式车身

c) 短背式车身　　　　　　　　d) 舱背式车身

图6-4　按车身背部结构分类

①折背式车身。折背式车身如图6-4a)所示，是指车身背部有角折线条的车身形式，也称浮桥式或船形式车身。其主要特征是车身背部有明显的头部、中部和尾部三段，大多数都安排有两排座位。这种轿车的车门有两门和四门两种形式。

②直背式车身。直背式车身如图6-4b)所示，车身背部的后风窗玻璃与行李舱连接处近乎平直，比折背式更趋流线型，有利于降低空气阻力，同时其后行李舱空间加大，又称快背式或溜背式车身。

③短背式车身。短背式车身如图6-4c)所示，其背部，特别是尾部较短，使得整车长度短，又称鸭尾巴车身。它可减少车辆在行进中的偏摆，有利于提高轿车的行驶稳定性。

④舱背式车身。舱背式车身如图6-4d)所示,其车身头部,即顶盖较折背式长,后背即尾部比背式还短,角度也小。后行李舱与后风窗玻璃演变为一个整体的背部车门。这种车身亦称快背式车门。

(2)按车身厢数结构类型分类。

轿车按车身厢数结构可分为三厢式轿车和两厢式轿车两种。

图6-4a)~图6-4c)为典型的三厢式轿车车身。典型的三厢式轿车车身为封闭的刚性结构,有四个或四个以上侧窗、两排或两排以上座位和一侧两个或两个以上车门,因其发动机舱、乘客室和行李舱分隔成相互独立的三段布置而得名。

图6-4d)为典型的两厢式轿车,其后部形状按较大的内部空间设计,将乘客室与行李舱布置于同一段而得名。

(3)按用途及车门数分类。

轿车按用途及车门数可分为二门轿车、四门轿车;二门旅行车、四门旅行车;二门敞篷车;二门客货两用车(又称皮卡)等类型。

3. 按车身壳体结构分类

轿车车身空间具有安装发动机、装载乘客和行李的功能,其车身壳体结构可分成开式与闭式两种。

(1)开式壳体车身。

开式壳体车身即指车壳不带顶盖的敞篷式轿车,如图6-5a)所示。

(2)闭式壳体车身。

闭式壳体车身的车壳是一个由板件构成的封闭系统,呈现出一个由板件结构所构成且近于平行的封闭六面体,如图6-5b)所示。

a)开式壳体车身

b)闭式壳体车身

图6-5 车身壳体结构

二、客车车身

1. 按车身用途分类

客车按照其用途不同可分为:城市客车车身、长途客车车身、旅游客车车身等。由于车身结构用途与要求不同,故其在外观车车室布置上存在一些差别。

(1)城市客车车身。

城市客车是指在城区内运送乘客的客车,其运行状态是站距短,乘客上下车频繁;结构上,车底板离地高度较小,车门较多,尺寸宽大;为了增大过道宽度和站立面积,座位分布多采用单、双排座(1+2)的布置形式;车内高度相对较大;为了扩大乘客视野,车顶凸宽一般不大;为提高城市客车内面积利用率,目前双层客车也逐渐增多。

(2)长途客车车身。

随着高速公路建设事业的快速发展,我国长途汽车客运已经显露其竞争优势,这对长途客车的设计与制造质量提出了极为严格甚至是异常苛刻的要求。众所周知,汽车长途客运的特点有乘客乘坐时间长、客流量相对稳定、要求清洁卫生、舒适度高。从长途客车结构要求上讲,一般只有一道乘客门,座椅布置密集,车底板下有较大的行李空间,底板离地一般1m以上。另一类长途卧铺车,乘客需要在车上过夜,只安装卧铺,不设置座椅、多为双层结构且车身较长。为考虑行驶中的稳定性,车身底板离地距离较小,以适度降低重心。

(3)旅游客车车身。

旅游客车为乘客旅游和观光设计,其结构与长途客车无本质差别,但外观、内饰要求更豪华和讲究。旅游客车更注重旅客的舒适性,并需要充分考虑种种配套设施,如车上附设卫生间等。

2. 客车按车身承载形式分类

客车按车身承载形式可分为:承载式、半承载式、薄壳式和非承载式等客车车身。

(1)承载式车身结构。

为减轻自重并使车身结构更加合理,有些客车采用无车架承载式结构。因此,根据客车车身上下承载程度不同,可将承载式结构分为整体承载式和基础承载式两种结构。

①整体承载式车身。如图6-6所示,整体承载式车身的上下部结构形成统一的整体,整个车身均参与承载。当车身承受载荷时,各构件以强济弱,使得整个车身壳体能够达到受力稳定平衡状态。

a)整体承载式车身　　　　　　　　　　b)整体承载式大客车车身骨架结构

图6-6　大客车整体承载式车身

②基础承载式车身。如图6-7所示,基础承载式车身视车身侧围腰线窗台梁以下到底板的侧壁骨架和底部结构为车身基础。车身基础是客车主要承载件,其顶盖和窗柱均为非承载件。

基础承载式车身底架是承载基础,其纵向与横向构件可采用薄壁型钢或薄钢板冲压、焊接成一种空间框架结构,高度达到0.5m左右。基于此,其可充分利用车身底板下面两侧空间作为行李舱。然而因底架基础结构高度较大,致使车身底板离地距离较高。因此,这种基础承载式车身一般只用于长途客车或旅游客车。除了这种车身基于底部为空间框架结构的特征之外,基础承载式身同时还采用了凹形地板,提高了安全性。也就是说,乘客在客车内的直通道是一条凹槽,底面低于座椅下地板平面150mm(离地约1.2m),乘客立足平面(座椅下平面)与底架上平面有一个150mm的高度差,这样当车辆前后和两侧遭到撞击时,乘客均处于冲压部位上方150mm处而提高了安全性。

(2)半承载式车身。

半承载式车身如图6-8所示,车身下部与底架组成一个整体。车身骨架的立柱下端与底架纵梁两侧悬伸的横梁刚性相连,车身能承担部分弯、扭载荷,故称半承载式。其目标是减少整车质量。

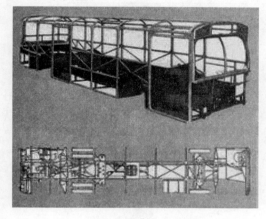

图6-7 大客车基础承载式结构

图6-8 半承载式车身

(3)薄壳式车身。

薄壳式车身又称为应力壳体式车身结构,是飞机机身薄壳结构的移植和运用,如图6-9所示。

图6-9 薄壳式车身

薄壳式车身无独立骨架,由板块式构件构成车身整体并承担结构载荷,如顶盖、车底、侧板、后围及车身的各种加强构件等。

当然,也可以采用集骨架式结构与薄壳式车身优点融为一体的复合型车身的结构形式。这类车身通常为从第二立柱到最后立柱间采用框架式结构,而前围、后围则用薄壳式结构。

薄壳式客车车身的车底用优质钢板冲压而成,一般在覆盖件内表面都加焊了加强梁构件。车内地板似客车一样,覆盖有以隔声、绝热和密封为目的的底板装饰材料。

薄壳式车身结构广泛应用于旅行客车与微型客车。

（4）非承载式车身。

非承载式车身由底盘车架与车身骨架连接而成,其载荷主要由底盘车架承担,车身几乎不承载。目前国产客车大多采用此结构。

图 6-10 所示悬伸梁与底横梁、车架连接的底盘车架结构。

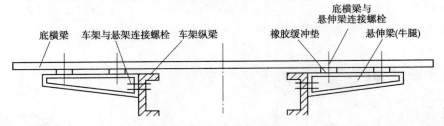

图 6-10 非承载式车身的底盘车架结构

图 6-11 所示车身骨架直接组装在底盘车架上。车架纵梁两侧的悬伸梁（俗称牛腿）用螺栓与纵梁连接；底横梁支撑在悬伸梁上；车厢侧立柱与底梁焊接；为弥补悬伸梁与车架纵梁上平面平面度的误差及缓和车身的冲击和振动,在底横梁及悬伸梁之间安装有橡胶缓冲垫。

图 6-11 车身骨架

三、货车车身

货车车身结构（驾驶室、货厢）相对轿车和客车要简单,可按以下方法分类。

1. 按驾驶室与发动机相对位置分类

货车发动机一般都是前置,其中置和后置形式常用于变形车,而且极为少见。

以发动机前置为例,按与驾驶室相对位置货车车身可分为：长头式、短头式和和平头式等形式,如图 6-12 所示。

（1）长头式。

长头式车身有单独的发动机舱盖,发动机维修方便,汽车通用性好,如图 6-12a）所示。其缺点是轴距与汽车总长加大,视野较差。长头式多用于中型货车。

（2）短头式。

短头式车身将发动机的一部分置于驾驶室之前,一部分伸于驾驶室内,驾驶室内外都有发动机舱盖,如图 6-12b）所示。其特点是轴距略微缩短,驾驶室内拥挤,发动机维修不太方便。

(3) 平头式。

平头式车身驾驶室位于发动机之上,发动机舱盖在驾驶室内,如图6-12c)所示。其优点是轴距与汽车总长较短,机动性好,视野开阔,承载面积利用系数高。但夏天驾驶室比较闷热。由于平头式货车车身在结构上不断追求改进,其优点已更为突出,且其在现代轻型、中型、重型货车及专用(特种)汽车上的应用越来越普遍。

a)长头式

b)短头式

c)平头式

图6-12 货车车身分类

2. 按驾驶室与货厢的连接关系分类

货车车身几乎都属于非承载式。驾驶室、货厢与车架都采用弹性连接。按驾驶室与货厢的连接关系货车车身分为分体式和连体式。

(1) 分体式。

绝大多数货车车身属于这种形式,即驾驶室、货厢与车架各成一体。驾驶室常以三点支撑在车架上,其中两点多采用弹簧或橡胶垫的浮式连接。这样可以减少驾驶室振动和车架歪扭变形对驾驶室的影响。货厢大多为前栏板固定,侧栏板和后栏板可以翻转而构成栏板式货厢。栏板通常应用带料开卷后沿自动线自动滚压、切断、焊接与涂装而成。对于重型车辆,其货厢装载量大,特别是高边货厢,栏板几乎都用厚钢板加工并焊接而成。

(2) 连体式。

驾驶室与货厢连为一体,多数微型和轻型货车车身均属此结构形式,多采用薄壳式结构。

四、汽车车身基本构件

汽车车身主要包括车身壳体、车门、车窗、车前钣制件、车身内外装饰件和车身附件、座椅以及通风、暖气、冷气、空气调节装置等。货车和专用汽车还包括车厢和其他装备。

车身壳体是一切车身部件的安装基础,是一个刚性的空间结构,其通常由纵、横梁和支架,但在制造中,需要保证车身壳体具有隔声、绝热、防振、防腐和密封等功能。

车门通过铰链安装在车身壳体上,结构复杂,属于重要部件。

车身覆盖件可形成容纳发动机、车轮等部件的空间。

第二节 汽车车身材料

目前所应用的汽车车身材料主要有低合金高强度钢板、铝合金、镁合金、钛合金、泡沫合金板、蜂窝夹芯复合板、工程塑料和高强度纤维复合材料等。对此,可以将其归结为四类,即钢板、薄钢板卷料,铝、镁、钛等轻型合金,非金属材料和其他新材料。

1. 钢板、薄钢板卷料

汽车车身主要依靠冲压与焊接装配成型。钢板特别是薄钢板卷料的应用较为普遍,是汽车车身的主体材料,如图 6-13 所示。其性能特点是:强度高、塑性好、屈强比(材料屈服强度与拉强度之比)低、具有良好的冲压成型性能。这类适宜于冲压的钢板与薄钢板卷料一般多为低合金高强度钢,如 08Al、16Mn 等,其焊接性能好,且为大批量生产,价格较低,对于Q235 等普通碳素钢板,一般只适用于冲压形状简单的浅拉深或弯曲件。

a)带料

b)卷料

c)板料

图 6-13 钢板与薄钢板卷料

08Al钢为通过微量合金化的低碳高强度钢板,平均含碳量为0.08%左右。加入少量Al是为了细化晶粒,抑制三次渗碳体的析出,有助于提高抗拉强度和塑性。其抗拉强度是普通低钢的2~3倍,深拉深性能极好,可轧制成很薄的钢板,适宜于车身覆盖件冲压,一般呈薄钢板卷料的形式供货,是车身轻量化的重要材料。

16Mn钢是一种应用非常广泛的低合金高强度钢板,主要用于冲制各种车身加强件与骨架件。

在汽车车身制造中,高强度钢板和薄钢板卷料主要以冷轧钢板或超低碳高强度超深冲压冷轧钢板、镀锌钢板、轻量化迭层钢板等产品类型供货。根据车身构件作用与要求不同,在各类钢板采购和使用中,需要注意以下事宜。

(1) 含磷高强度冷轧钢板。

含磷高强度冷轧钢板主要用于轿车蒙皮、车门、顶盖和行李舱盖,也用于货车驾驶室的冲压件。其特点是强度较高,比普通冷轧钢板高15%~25%,且冲压中其塑性与应变硬化指数数下降其微,同时具有良好的耐蚀性与焊接件性能。

(2) 烘烤硬化冷轧钢板(BH钢)。

烘烤硬化冷轧钢板经过冲压、拉深变形及烘漆烘烤热处理,屈服强度得以提高,BH钢板既薄又有足够强度,是车身板轻量化的首选材料。

(3) 双相冷轧钢板(DP钢)。

双相冷轧钢板组织中同时具有马氏体和铁素体两种晶体,具有连续屈服、屈服比低、加工硬化高及高强度与高塑性的综合优点。DP钢板经烘漆烘烤还可进一步提高强度,适用于形状复杂且要求强度高的车身材料,如车门加强板和金属保险杠等。

(4) 超低碳高强度超深冲压冷轧钢板(IF钢)。

超低碳高强度超深冲压冷轧钢板主要用来冲压乘用车车身内、外覆盖件,要求具有高强度与良好成型性和贴模性。其合金成分与晶体结构特点是:

①超低碳,碳的质量分数不大于0.05%。

②合金成分中加入了少量钛(Ti)或铌(Nb),促使碳、氮固定成金属化合物,改变了碳、氮呈间隙固溶原子的存在状态,由此,这种钢被称为无间隙原子钢,简称IF钢。

③在IF钢冶炼中添加适量的磷,以起固溶强化作用,即磷可以以一定的溶解度溶于铁素体中,强化铁素体基体,同时还具有较好的烘烤硬化性能。因此,这类钢现在又称为超低碳高强度烘烤硬化冷轧钢板,适量增磷实现了深冲性、高强度与烘烤硬化三结合,特别适用于适用于一些形状复杂而强度要求高的特性冲压件。

目前世界上IF钢的产量已达数千万吨。

IF钢的供货品种有:镀锌IF钢板、热镀锌IF钢板、高强度IF钢板和镀铝IF钢板等。现代轿车每辆车用IF钢板可达几百千克,约占钢板总用量的40%以上。

(5) 镀锌钢板。

镀锌钢板的特点在于通过钢板表面镀锌,既美观又具有良好的耐腐蚀能力。从20世纪70年代到现在,轿车车身材料广泛采用镀锌薄钢板,主要用于车身内、外板。奥迪轿车的车身部件绝大部分采用镀锌钢板(部分用铝合金板);上海帕萨特车身的外覆盖件采用电镀锌工艺,内覆盖件内部采用热镀锌工艺。这样可让车身防腐蚀保质期长达11年。

(6) 轻量化迭层钢板。

迭层钢板是在两层薄钢板之间压入一层塑料的复合材料。表层钢板为厚 $0.2\sim0.3$ mm；塑料层的厚度占总厚度的 $25\%\sim65\%$；与单层等厚钢板相比，迭层钢板只有单层等厚钢板质量的 57%，而且隔热防振性能良好。这种复合钢板主要用于发动机舱盖、行李舱盖和底板等部件。

2. 铝、镁、钛合金

在有关汽车发动机零件毛坯与车轮制造中，都结合产品使用要求介绍了铝、合金等材料的应用。现在就汽车车身制造中有关铝、镁、钛合金等轻型合金材料的应用进行对比分析。

与汽车钢板相比，铝合金具有密度小、比强度高、耐腐蚀、热稳定性好、易成型、可回收再生和技术成熟等优势。

现代采用激光束压合新工艺，可以将不同厚度的铝合金压合或将铝合金同钢板压合成复合板材。随之在钢板表面涂敷耐腐蚀材料，这就有力地推进了汽车轻量化发展并保证其良好的耐腐蚀性。

现在铝、镁、钛合金车身结构应用不广，不是性能低下或成型技术的不成熟，而是当前生产成本过高，其最终是一个关于性价比的科学评估问题。

3. 非金属材料

汽车车身所使用的非金属材料主要是工程塑料和玻璃纤维增强树脂基或纤维增强树脂基的复合材料。

工程材料通常用于车身覆盖件、前围、后围、内外装饰件、散热器面罩、保险杠和车轮护罩等。

高强度纤维复合材料是一种多相分子材料，它由有机高分子、无机非金属或树脂等原材料复合而成。这种复合材料已经在汽车上广泛应用，主要用于制造轿车车身覆盖件，客车前、后围或货车驾驶室等零部件。

4. 其他新材料

其他新材料还有泡沫合金板、蜂窝夹心复合板和金属基的复合材料。目前用泡沫铝合金制成的零部件有发动机舱盖、行李舱盖等。

蜂窝夹芯复合板由两层薄板中间夹一层厚而极轻的蜂窝板组成。

金属基复合材料和非金属复合材料的结构原理一样，只是复合材料的基体是金属。但其生产成本比玻璃纤维增强树脂复合材料和碳纤维增强树脂复合材料要高。

车身覆盖件在零件形状与结构上要求具有良好的冲压成型性、焊接装配性、操作安全性和材料利用率等。覆盖件的冲压工艺性能关键是拉深成型性能的好坏。

第三节　汽车车身覆盖件冲压工艺

一、车身覆盖件的结构与质量要求

1. 车身覆盖件的结构特点

车身覆盖件形状及尺寸有以下特点。

(1) 材料薄,相对厚度小。材料厚度一般为 0.3~1.0mm,相对厚度 t/L(板厚与胚料最大长度之比)最小值可达 0.0003。

(2) 轮廓尺寸大。如驾驶室顶盖的胚料尺寸可达 2800mm×2500mm。

(3) 形状复杂。大多数为三维空间曲面,且形状和轮廓不规则,难以建立比较简单的数字模型或几何方程来描述。

(4) 轮廓内部常带有局部孔洞、弯曲等不规则形状。车身覆盖件一般带有窗口、局部凸起或凹陷等形状,如图 6-14 所示。这些形状特征会对整个冲压件的成型带来较大影响。

2. 车身覆盖件的质量要求

(1) 优异的表面质量。
(2) 较高的尺寸精度和形状精度。
(3) 良好的结构工艺性。
(4) 足够的刚度。

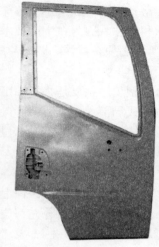

图 6-14　典型车身覆盖件(门板)

二、车身覆盖件的冲压工艺

由于汽车车身覆盖件具有不规则的空间曲面、轮廓尺寸大、板薄、刚度低、精度要求高,使得冲压成型困难。同时,其冲压模具较为复杂,质量上容易出现回弹、起皱、拉裂、表面缺陷和平直度低等问题,需要加以克服。

1. 车身覆盖件成型工艺的分类

为了有利于冲压成型,简化冲压工序与模具结构,根据汽车车身外形特点(主要是覆盖件本体的对称性)和拉深复杂程度,可以将各类覆盖件分为:

(1) 对称型覆盖件。如散热器罩、前围板、发动机舱盖、行李舱罩等。
(2) 不对称型覆盖件。如车门外板、车门内板、前后翼子板等。
(3) 可对称成型覆盖件。如左、右前围侧板和左、右顶盖边梁等,可安排一模两件。
(4) 带凸缘面的覆盖件。如车门外板。
(5) 压弯覆盖件。如带风窗玻璃框的轿车顶盖、后行李舱盖等。

需要指出,对于对称型或不对称型覆盖件,还可以按其拉深变形复杂程度与拉深高度分为均匀拉深与不均匀拉深或浅拉深与深拉深等。

2. 覆盖件冲压的基本工序

覆盖件形状复杂,轮廓尺寸大,不可能简单地经过一两道冲压工序就能制成。

覆盖件冲压成型的基本工序有落料、拉深、翻边、整型、冲孔和修边等。根据实际需要和可能,可将落料—拉深、修边—冲孔、修边—翻边或翻边—冲孔等工序复合进行。所谓工序复合是指在压力机上滑块一次行程中,在模具同一工位同时完成两道以上工序。

(1) 剪板和拉深。

覆盖件冲压成型一般先从剪板和拉深开始。剪板一般在开卷—剪板自动线上完成。拉深工序是汽车覆盖件冲压的基本成型工序。覆盖件的形状主要通过板料毛坯在拉深模中拉深成型。拉深件需进行整型和修边。

(2)落料。

落料工序一般安排在拉深、翻边后再进行,要通过落料才知后续拉深工序所需要的坯料形状和尺寸。因为在生产技术准备时,覆盖件形状复杂,不可能事先计算出其准确的坯料尺寸,所以必须在拉深工艺试冲成功后才能确定坯料的形状和尺寸。

(3)整型。

整型工序主要是将拉深工序中尚未完全成型的覆盖件形状成型出来。其变型性质一般是胀型或局部成型,通常和修边或翻边工序一同复合完成。胀型或局部成型一般均保持覆盖件整体形状与尺寸不变,只是通过局部面积增大、壁厚减薄而成型局部,如压制加强筋和标牌字样等。

(4)修边。

修边主要是切除拉深件上的工艺补充部分和四周边角余料。工艺补充部分是因拉深工序需要而增加的板料补充部位。凡是非拉深件结构件体部分,包括工艺补充面,均应在拉深成型后切除。

(5)翻边。

翻边主要是根据需要将覆盖件的边缘进行翻边,一般安排在修边之后。

(6)冲孔。

冲孔用以加工覆盖件上的各种孔,一般安排在拉深或翻边之后进行。若先冲孔会造成在拉深或翻边时孔的位置、尺寸、形状精度发生变化,影响以后覆盖件的安装与连接。

3. 车身覆盖件的拉深工艺

前已说明,车身覆盖件冲压成型工序多,一般需要4~6道甚至10道以上工序才能完工。因此,在车身覆盖件的拉深成型中,需要特别注意以下技术要点。

(1)拉深工艺设计要为后续工序坯料的定位创造有利条件。

如图6-15所示,拉深工序充分考虑了修边时的定位要求。其中图6-15a)表示模具左边设置了工件边定位槽;图6-15b)表示为工件定位用的工艺孔和导正销的设计。

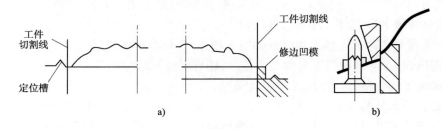

图6-15 拉深工序为修边工序考虑的工件定位结构

(2)反向拉深的应用。

对于覆盖件上与冲压方向相反的局部成型,可以同时采用反向拉深成型,如图6-16所示。但需注意,在正向拉深成型时,常采用凸、凹模大圆角,使得其正向拉深侧壁保持一定斜度。此时要求反向拉深的深度不得超过正向拉深的深度。中部反向拉深部位建议采用30°斜度的侧壁,深度≤20mm。

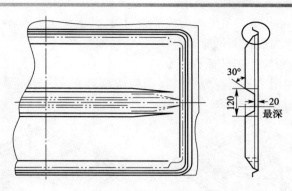

图6-16 覆盖件的反拉深成型

(3)非拉深工序主要靠胀型或局部成型来实现。

非拉深工序主要靠胀型或局部成型来实现,如覆盖件上的装饰棱线、装饰肋条、装饰凹坑、加强肋、躲避包等部分结构等。为防止开裂,需要采取局部加大圆角,使成型侧壁成一定斜度或减小深度等措施。

(4)两覆盖件间衔接与配合要求严格。

两覆盖件间衔接与配合要求严格,即相连装饰棱线、装饰肋条、凹坑等要尽量吻合一致,光滑过渡,间隙要小,不影响外观。

(5)覆盖件凸缘的内圆角半径的控制。

其凸缘的内圆角半径一般取 8~10mm,当小于 5mm 时可增加整型工序。

(6)"成双拉深法"的应用。

对于形状对称、零件尺寸又不太大的覆盖件,可采用"成双拉深法",可通过增加工艺补充而设计成一个拉深件进行整体拉深,冲压成型后再切开成两件,如图6-17所示。

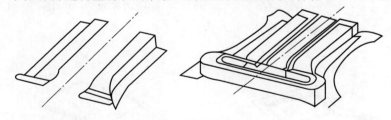

图6-17 成双拉深的工艺补充

(7)选用冲压性能好的材料。

覆盖件材料要求有良好的塑料性变形能力,一般多为 08 或 08AL 等高强度镀锌钢板。

(8)对于浅拉深件,要注意控制好回弹。

三、车身覆盖件冲压工艺实例

轿车车身外覆盖件主要由门、盖(发动机舱盖、顶盖、行李舱盖)、翼子板及两侧等组成。这些覆盖件形状、结构各有特点,其冲压成型工艺也各有不同。下面举例分别讲述。

1. 发动机舱盖内板冲压

(1)结构工艺性分析。

发动机舱盖内板实际上是一个整体方形加强件,其四面梁与中间两斜弯梁都具有不同深度的曲折截面,靠中部三个三角形孔形成两斜弯梁,四面梁上分布不少小孔。该工件与发动机舱盖外板通过点焊而成发动机舱盖整体。

(2)发动机舱盖内板冲压工艺流程。

发动机舱盖内板冲压工艺流程为:下料(剪板或落料)→一次拉深→切边→分步冲孔→弯曲整型。示意图如图6-18所示。

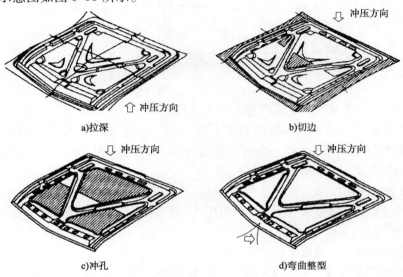

图6-18　发动机内板冲压加工工艺流程

2. 轿车顶盖冲压

轿车顶盖是一头弯曲并需要冲制安装玻璃孔拉深件,其四周需要翻遍,面积比较大,形状较简单,为典型的覆盖件。图6-19所示轿车顶盖的冲压工艺过程,即:落料→拉深、两侧切边→修边、冲孔→整型、翻边→翻边、冲孔、整型。

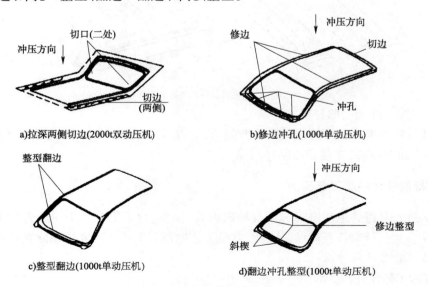

图6-19　轿车顶盖冲压工艺过程

3. 轿车左/右侧外板冲压

轿车左/右侧围外板是轿车车身上尺寸最大的两个覆盖件。其工艺过程为：下料并落料（1340mm×3175mm）→拉深→修边、冲孔→翻边、修边、整型→翻边、整型、冲孔→修边、冲孔→修边、冲孔、整型。具体工艺过程如图6-20所示。

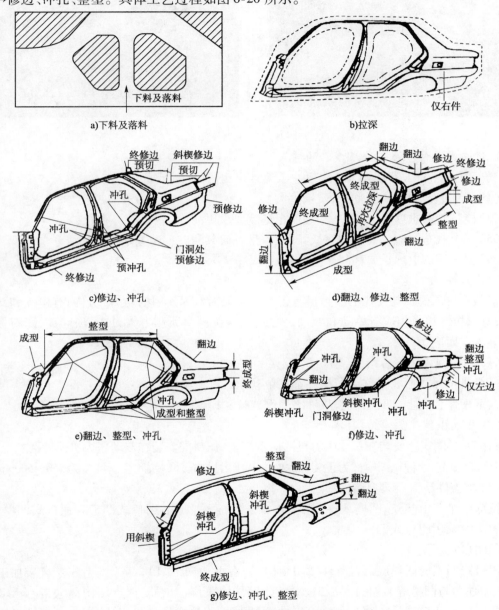

图6-20 轿车右侧围外板冲压工艺过程

四、车身覆盖件冲压模具

车身覆盖件冲压模具主要有三种，即：拉深模、修边模和翻边模。其中拉深模是直接影响汽车覆盖件成型质量和生产效率的关键。冲压模具的设计、制造和调整是汽车覆盖件冲压生产中最重要的环节之一。图 6-21 所示车身覆盖件模具。

图 6-21　汽车模具外观

1. 汽车覆盖件冲压件冲压模具的特点

汽车覆盖件冲压模具与一般薄板冲压模具相比,具有如下特点。

(1)模具形状和结构更复杂,质量更大。

(2)模具制造难度更大,精度和表面粗糙度要求更高。

(3)一个汽车覆盖件需要数套模具配套,且各模具间的依赖关系大。

(4)模具调试更加重要和复杂。

2. 覆盖件拉深模

覆盖件拉深模具与使用的压力机有密切关系。因拉深使用的压力机目前有单动和双动两类,所以拉深模也相应有单动和双动之分。双动拉深模因压力大、拉深深度深、卸料板为刚性等优点而应用更多。

(1)单动倒装拉深模结构(图 6-22)。

一般浅拉深或形状对称的拉深件都在单动压力机上采用单动拉深模拉深。因拉深凸模安装在下工作台面上,凹模置上,故称之为倒装拉深模。

(2)双动正装拉深模结构(图 6-23)。

凸模通过固定座安装在双动压力机的内滑块上,压料圈安装在双动压力机的外滑块上,凹模位于压料圈上,此种拉深模称为正装拉深模。其压力机内、外滑块闭合高度差为 350~500mm。

(3)覆盖件拉深模典型结构。

拉深模主要由凸模、凹模、压料圈组成。凹模有两种结构:闭口式凹模和通口式凹模,目前绝大多数采用闭口式凹模。

①闭口式凹模。

闭口式凹模的凹模底部是整体封闭结构(铸有下通出气口),在凹模型腔上直接加工出型面(加强肋与凹槽等)或做成局部独立的凹模结构兼作顶出器,这种结构称为带有活动顶出器的闭口式凹模结构。图 6-24 所示车身顶盖成型闭口式拉深凹模结构。

②通口式拉深凹模。

图 6-25 所示带有凹模芯的通口式拉深凹模结构。

通口式拉深凹模的型腔四周跟随凸模和压料圈贯通,下面加装凹模底板。通口式拉深凹模的优势体现在模具制造工艺上,其便于在凹模的支撑面上划线。待凹模贯通孔加工后、可以分别依靠贯通孔和凹模型面安装凸模和顶出器来实现数控或仿型加工。

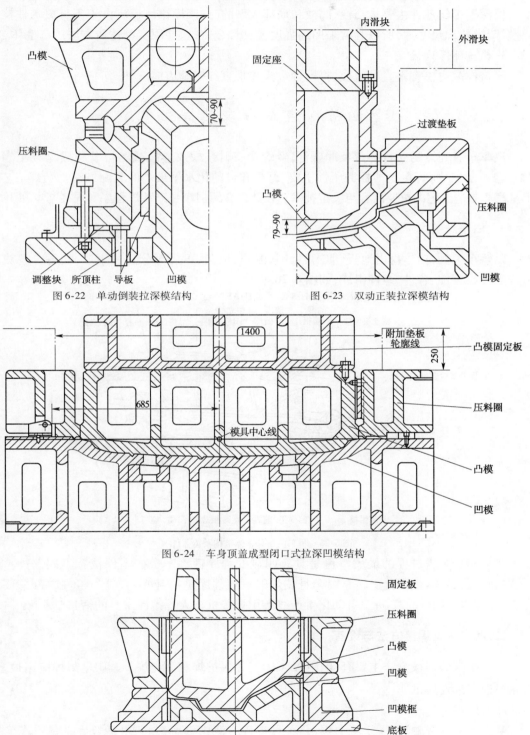

图 6-22 单动倒装拉深模结构

图 6-23 双动正装拉深模结构

图 6-24 车身顶盖成型闭口式拉深凹模结构

图 6-25 带有凹模芯的通口式拉深凹模结构

(4)拉深模主要工作零件。

拉深模工作零件主要指凸模、凹模和局部成型的凸、凹模镶块等。由于车身覆盖件拉深凸模、凹模轮廓尺寸大,所以其常采用高强度模具合金铸铁,并用实型铸造方法铸造毛坯。

3. 覆盖件修边模

覆盖件翻边模有垂直翻边模、斜楔翻边模和垂直斜楔翻边模三种。

第四节 汽车车身装焊工艺

汽车车身壳体的几百种薄板冲压件,经焊接、铆接、螺纹连接或黏接装配成完整牢靠的"白车身"。其中,焊接是薄板冲压件主要、可靠和自动化水平最高的装配方法。装焊工艺技术是汽车制造工艺的重要内容与关键技术。在此先介绍白车身的装焊程序和焊接基本知识。

一、白车身装焊程序

以轿车为例,白车身由地板、前围、后围、侧围、顶盖、车门等分总成组成,而各分总成又由许多冲压零件、合件、组件组成,如图6-26所示。

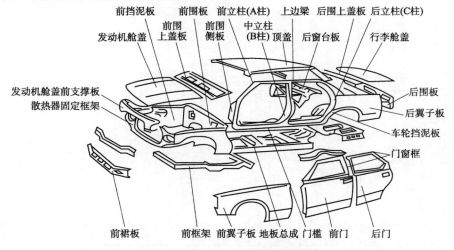

图6-26 轿车白车身本体结构及覆盖件

汽车车身装焊过程的最大特色是具有明显的程序性。车身按零件位置不同,分为上、下、左、右、前、后六大部分。轿车白车身装焊的一般程序是:零件→合件→组件→分总成→总成(白车身)。图6-27所示自动化生产线上用焊接机器人焊接白车身的情景。

二、汽车车身焊接方法与设备

汽车车身的焊接方法主要有:电阻焊、CO_2气体保护焊和激光焊。其中电阻焊应用最多,激光焊近年来发展迅速。

1. 电阻焊

电阻焊又称接触焊,属于压力焊,是各种焊接方法中效率最高、最适合大批量汽车生产的薄板件焊接方法。电阻焊(点焊)的操作与原理如图6-28所示。其热源来自被焊工件的接触电阻热,加压并通电后,受压接触中心形成熔核,并借助压力产生塑性变形,断电冷却形成接点或接缝。电阻焊包括点焊、缝焊和凸焊等。

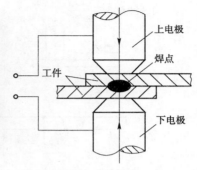

图 6-27　自动化生产线上用焊接机器人焊接白车身的情景　　图 6-28　电阻焊(点焊)的操作与原理

（1）点焊。

点焊是一种最具代表性的电阻焊,使用固定摇臂式、压力机式和移动式点焊机操作。

点焊具有焊接过程简单、不产生弧光、易实现机械化和自动化等优点,广泛应用于"白车身"的装焊。

①点焊的过程。

点焊的过程为:焊件预压→通电加热→加压焊接→断电冷却→卸压移位,如图 6-29 所示。

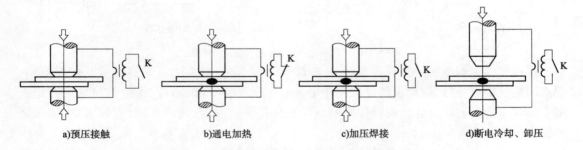

图 6-29　点焊工艺过程示意图

②点焊的形式。

按供电方向不同,分为单面点焊和双面点焊。

按同时完成焊点数量多少,分为单点焊、双点焊和多点焊。

单面点焊是指用一个或多个压头(电极)压紧两块工件的一侧,而另一侧接另一个电极（或附加电极板）所进行焊接的形式,适用于厚薄不等或不能两面夹紧进行点焊的工件,如图 6-30 所示。

双面点焊是指一对或多对压头(每对各为一个电极)从两侧夹紧并完成焊接的点焊形式,如图 6-30e)和图 6-30d)所示。双面点焊适用于能两面夹紧进行点焊的工作。

③点焊工艺质量的影响因素。

点焊结构由单个或若干个焊点连接。由于接头质量的好坏取决于焊点质量及其点距大小,故其必须依靠合理的工艺条件来保证。

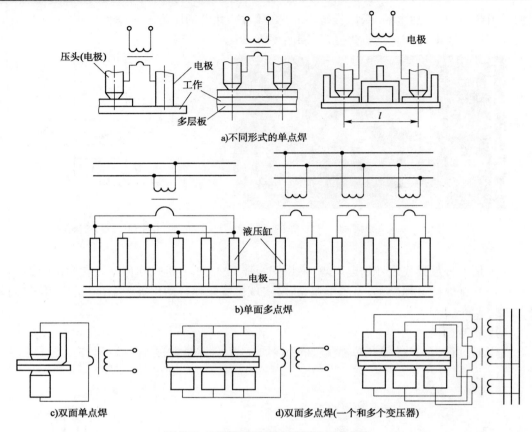

图 6-30 不同形式的单面点焊和双面点焊图

焊点尺寸。焊点尺寸指焊点直径 d,即焊点熔核直径,其大小对焊点质量有重要影响。焊点间距及焊点数目,指相邻两焊点的中心距(一般为 50~60mm)。焊点数目则用一定长度上的焊点数目表示。焊点数直接影响点焊板件接头的强度:间距小,焊点越密集,接头强度越高。

点焊接头形式。常见的点焊接头形式有:单剪搭接接头、双剪搭接接头、带垫片的对接接头和弯边搭接接头等,如图 6-31 所示。其中单剪搭接接头和弯边搭接接头应用最广泛。

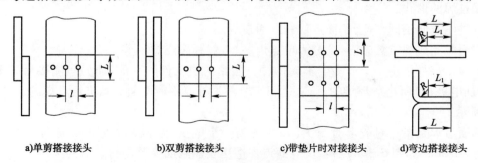

图 6-31 点焊的接头形式

点焊工艺参数。点焊工艺参数主要考虑焊点强度与通电时间的关系及焊接压力的影响。一般情况是通电时间延长时,熔核尺寸不断增大,焊点强度随之提高;但通电时间过长时反而会使焊点压坑加深、接头强度降低、表面质量变坏。因此,需要按规范参数控制好通电时间。焊接压力要根据被焊材料种类、厚度和焊接工艺规范决定,大小要科学合理。

选择与确定点焊工艺规范参数的基本原则可概括为三句话,即:与材料物理性能相适应;焊接过程中不产生飞溅;满足产品结构与质量要求。

④控制车身点焊质量的措施。

车身点焊质量问题主要有:未焊透、焊穿、飞溅、压痕、缩孔及裂纹等。而且这些质量问题会直接影响汽车安全性、可靠性和使用寿命。建议采取以下措施解决:

焊件焊前表面清理。去除氧化膜及污物,焊前除尘、除油、除锈,加大表面接触电阻。

保证板件装配质量。避免车身覆盖件装配时间隙过大或板件相互置错移。

合理选择焊点间距。在保证连接强度的条件下,焊点间距尽量大一些。

调节好不同厚度板和多层板的焊接电流。对于不同厚度板和多层板的焊接,需解决不同板厚和多层板的点焊质量问题。

比如,车身外覆盖件与内加强件焊接,外覆盖件薄而内加强件厚,各自截面通过的电流强度不一样,熔核偏向厚件,不能形成实际有效的坚固焊点。这如何解决?思路是:当点焊两个厚度不同的板件时,焊接电流等规范应该由薄的一方决定,再按厚板或平均厚度修正,使厚板电流稍微增大。

在实际生产中,如板件厚度相差太大(超过1:3),焊点大约会在两板厚度之和的一半位置上生成,如图6-32a)所示,此时焊点根本起不到连接作用。其解决措施是薄板一侧使用小直径电极,让厚板电极直径加大,实际是加大了厚板的散热,此时导致熔核向薄板方向移动,如6-32b)所示。

在车身制造中,还会遇到三层板的焊接,如图6-33所示。图6-33a)中的中间板厚,这时焊接规范由薄板决定并予以适当增大;图6-33b)中的中间板薄,此时焊接规范由厚板决定,可以适当减小,以缩短焊接时间。

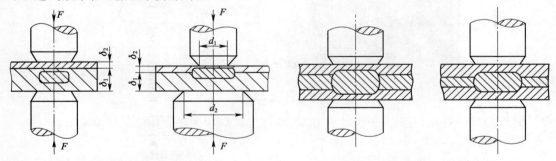

图6-32 焊件厚度不同的点焊情况　　　图6-33 三层不同厚度板件的点焊情况

⑤车身点焊设备。

点焊机按用途不同可分为通用点焊机和专用点焊机两大类。通用点焊机按安装方法不同还可分为固定式、移动式或悬挂式。专用点焊机主要是多点点焊机。

固定式点焊机。在车身焊接中主要用来点焊接合件、分总成和一些较小的总成。焊接时焊机不动,焊完一个点后,由板件移动一个点距再焊下一个焊点。

移动式或悬挂式点焊机。车身覆盖件一般外形尺寸大、刚度较差、易变形、移动不便,故在车身装焊生产线上广泛采用悬挂移动式点焊机,如图 6-34 所示。

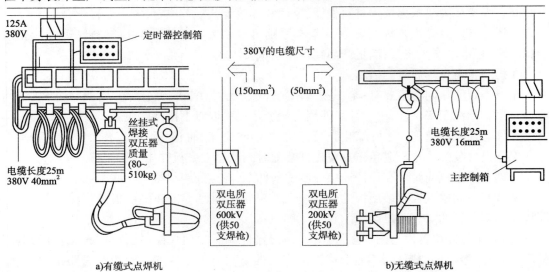

图 6-34 悬挂移动式点焊机

(2)缝焊。

缝焊原理与点焊基本相同,只是以旋转的滚盘状电极替代了点焊的柱状电极,焊件置于两滚盘电极之间,靠滚盘转动带动焊件移动能以焊接电流,就会形成类似连续点焊的焊缝,图 6-35 所示缝焊操作与原理示意图。

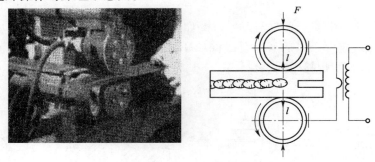

图 6-35 缝焊操作与原理示意图

缝焊的焊接过程与点焊一样,也存在加压、通电加热焊接和冷却结晶三个阶段。

(3)凸焊。

凸焊是点焊的一种变形,其不同点在于凸焊预先在板件上加工出凸点,或利用焊件上能使电流集中的型面、倒角等作为焊接时的相互接触部位,如图 6-36 所示。焊接时靠凸点接触提高单位面积上的压力和电流密度,有利于将板件表面氧化膜压破,使热量集中,减小分流,焊一次可在接头处形成一个或多个熔核,提高了生产率,减小了接头的翘曲变形。车身制造中,可将有凸点的螺母、螺钉焊在薄板上,亦称螺柱焊。

2. CO_2 气体保护焊

CO_2 气体保护焊是以 CO_2 作为保护气体,利用焊丝与零件间产生的电弧熔化金属,并以焊丝作为填充金属的一种电弧焊接方法。

(1)CO_2气体保护焊的设备组成。

CO_2气体保护焊设备主要由焊接电源、焊枪、送丝机构、供气(CO_2)系统和电路组成如图6-37所示。

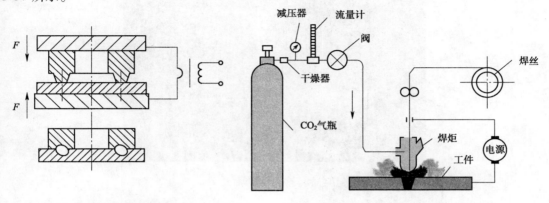

图6-36　凸焊示意图　　　　图6-37　CO_2气体保护焊的焊接设备示意图

(2)气体保护焊的焊接过程。

如图6-37所示,焊丝由送丝机构送入焊枪导电嘴,进放焊接区与焊件接触并引燃电弧。此时气瓶中的CO_2气体经预热、干燥、减压后已提前以一定的流速由喷嘴喷出,使电弧及熔池与空气隔离,防止了空气对熔化金属的氧化作用。

焊丝不断地被熔化到焊件的熔池里,形成连续的焊缝。焊接完成后再关闭CO_2气体的供应。

(3)CO_2气体保护焊特点及应用。

CO_2气体保护焊具有焊接质量高、适用范围广、生产率高、成本低、操作性能好、抗锈能力强、易于实现机械化和自动化等优点,因而在汽车车身尤其是客车车身的制造中得以广泛应用。

其不足之处在于受风力影响大,露天作业受到一定限制;弧光和热辐射较强;不能采用交流电。

3.激光焊及应用

激光焊属于特种焊范畴,近年来发展迅速,尤其在轿车车身制造中已越来越被推广应用。激光焊设备的关键是大功率激光器,主要有两大类:一类是固体激光器;另一类是气体激光器或称CO_2激光器。

在汽车工业中,激光焊主要用于车身框架结构(如顶盖与侧面车身)焊接和零件焊接如前风窗玻璃框架、车门内板、车身底板、中立柱、顶盖、侧围等。传统焊接方法和电阻点焊已经逐渐被激光焊接所代替。

三、汽车车身装焊夹具及装焊生产线

汽车车身是由内、外覆盖件及骨架组合而成的复杂空间薄板壳体结构。车身装焊时,先将零件装焊成合件,再将合件装焊为分总成,最后将分总成装焊为车身壳体总成,这就是车身的装焊过程。

1.车身装焊夹具

单独的冲压板件刚度差,需利用相应工具和装置定型、定位并夹紧,再利用焊接等方法合板件连接成整体。这些用于板件在焊接装配前定型、定位并夹紧的工具和装置通常称作装焊夹具,如图6-38所示。它能保证车身的装配质量、提高劳动生产率和减轻工人劳动强度。

图6-38　典型车身焊装夹具

(1)装焊夹具的基本要求。

①装焊夹具的工作要求。

a.装焊夹具使被焊零部件在装配时获得正确位置和可靠夹紧,以保证焊件焊后能获得合格的几何形状和尺寸,并防止产生焊接变形。

b.使用安全可靠。装焊夹具要求有足够的强度和刚度,使之足以承受各个方向的作用力和反作用力。

c.便于施工操作。要求装焊夹具使装配和焊接过程简化,操作程序合理,工件装卸方便;定位、夹紧和松开应省力而快捷;施焊方便,便于中间质量检查。

d.制造简单、维修便利。尽可能实现标准化和通用化,以便于易损零部件修理或更换。

e.低成本和低能耗。

②装焊夹具的结构要求。

a.适应于车身制件的准确定位与快速装夹。因为车身覆盖件多为空间曲面,形状复杂,刚性差,易变形,需要在焊接中起到保护形状和表面的作用。

b.车身制件在装焊时,事先需要由人或机器人逐件送入夹具,装焊完后再将已装焊成整体的车身合件或分总成从夹具中取出。夹紧机构采用手动、气动或液压的快速夹紧装置,要求操作方便,装夹时间短,能够保障快夹、快松。

c.由于车身总成装焊夹具(主焊台)结构复杂,在结构设计、制造中,要求保证通过调整样架的使用或其他方法实施正常检验、调整和校正,以保持其形状和位置精度。

d.刚度、强度好且质量较轻。

(2)装焊夹具分类。

装焊夹具种类繁多,按用途可分为以下几种。

①装配夹具。

装配夹具的任务是按照车身样图与工艺要求,实现零件或部件的正确定位与夹紧,实施点固焊接(即点定焊),它不必用于完成所有焊接工作。

②焊接夹具。

焊接夹具的作用是使已固定好的零部件能够顺利完成所有焊缝或焊点,具有防止焊接变形的作用,并有使各种方位均焊缝或焊点能够尽可能地调整到最有利于施焊位置的功能。

③装焊夹具。

装焊夹具的作用是能够满足完成整个焊件的全部装配与焊接,兼备了装配夹具和焊接夹具的功能。汽车车身的大型装焊夹具一般都属于装焊夹具。

按夹具施用对象不同可分为:合件装焊夹具、分总成装焊夹具和车身总成装焊夹具。

2. 典型车身装焊夹具

(1)合件夹具。

图6-39所示驾驶室门支柱和内盖板点焊用的合件装焊样板夹具,其用铝板制造,质量为1.6kg,是一个简单的装焊夹具。

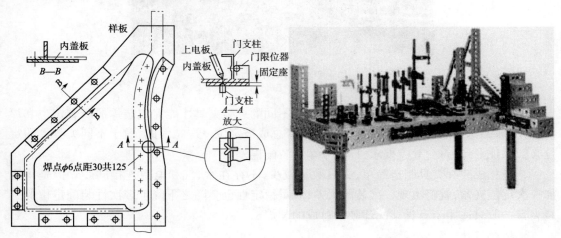

图6-39 驾驶室点焊装焊样板及夹具

装夹时,门支柱靠其外形及限位器固定座定位,内盖板靠其三面翻边定位(双点画线表示轮廓与位置)。零件用手压紧,在固定式改焊机上焊接。样板中部开有与内盖板形状相似的三边形孔洞,便于点焊操作和减轻样板质量。

(2)分总成装焊夹具。

大、中型客车车身的前、后围,左、右围,顶盖及地板六大骨架(加强件)的装焊夹具都属于分总成装焊夹具。这种分总成装焊夹具可以在客车制造公司中了解清楚。

概括起来,这类夹具的结构具有以下特点:体积较大、结构简单;大都用工件曲面的外形定位;焊件的各梁在焊接部位必须夹紧而不可松动。夹具体几乎都是用型材焊制而成,上面布有许多螺旋夹紧器或快速铰链式夹紧器,快速铰链式夹紧器装在两铰链支座上,可以旋转并固定于任何角度,使焊接部位能够处于最方便的位置。

(3)车身总成装焊夹具。

车身总成装焊夹具尺寸大,结构复杂,精度要求高。按定位要求方式的不同可以分为一次性装配定位夹具和多次性装配定位夹具等。

①一次性装配定位夹具。

车身总成主要的装焊工作是在一台总装夹具上完成,车身装焊的定位和夹紧只进行一次,易于保证车身装焊质量。由此,在实际生产中,可以根据车身生产批量,设置一台或数台同样的夹具。单台夹具采用固定式。多台夹具可随行配置在车身装焊生产线上随生产线移动,在各个工位上分工完成车身总成装焊,这种多台夹具称为随行夹具。图 6-40 所示用于车身焊装的随行夹具。

图 6-40　车身装焊随行夹具

②多次性装配定位的总装夹具。

如果车身总成必须经过两台或两台以上不同的总装夹具才能完成装焊的所有定位和焊接工序,那么每通过一台总装夹具就要使车身总成被定位一次。因此,对于不同夹具上的定位必须保证一致,符合允差要求,以减小车身装配误差。

车身总成装焊夹具制造简单,夹具数量较少,不存在水、气和电源连接问题。但是每增加一次定位夹紧,就将出现一次装配误差,质量稳定性也会随之下降。多次性装配定位的总装夹具一般只适用于有骨架的驾驶室总成的装焊。

3．辅助工具

装焊辅助工具主要包括调整样架(简称样架)和检验夹具等。车身样架的作用是保证装焊夹具有统一、精确的定位,使得各夹具和各工位的定位块具有相同的空间位置,以保证各夹具上装焊的车身具有正确、一致的形状。

车身样架用于分析车身装焊质量和校正夹具上定位元件的磨损,以便重新复制夹具。

4．检测工具(简称检具)

车身检具的作用是检测车身零部件的装焊质量和整个车身的质量。它是对车身轮廓形状、尺寸和孔位尺寸进行检测和综合性专用检测工具,是车身装焊过程中必不可少的检测工具。其要求是具有精确、高效的功能。

5．车身装焊生产线

对于较大批量生产的车身装配焊接,需要采用多工位流水生产线,以提高生产效率、降低经济成本。车身装焊线的基本形式主要有贯通式装焊线、环形装焊线(地面、地下之分)和"门框"式装焊线。

(1)贯通式装焊线。

贯通式装焊线被广泛应用于汽车车身制造中,适用于专用焊机和悬挂式点焊机手式操作等工艺方法,如图 6-41 所示。

贯通式装焊线的特点是:占地面积较小,所有装夹焊接定位工装都分别固定在各自工位上,运行时仅工件做前移传送;整线驱动较简单,工件靠贯通式往复杆传送;当车身横向输送时,利于分总成的机械化上下料;但只宜采用固定式夹具,不宜采用随行夹具。

贯通式装焊线比较适用于车身底板、车门、行李舱盖、发动机舱盖等轮廓形状较简单、刚性较好、结构较完整、组成零件较少的分总成的装焊。

图 6-41　贯通式装焊线

(2)环形装焊线。

环形装焊线采用随行夹具,工件装夹在随行夹具上一起前移传送,依次完成各个工位的装焊,待全部装焊工作结束后,工件已具有一定的刚性,工件吊离随行夹具,空的随行夹具返回原处待用。其特点为:工位越多,随行夹具数量就越多,投资大;工件装焊质量能够得到保证。其较适用于工件刚性较差、组成零件数较多(如前围板等),特别是尺寸精度要求较严格的部件和总成等的装焊。

①地面环形装焊线。

如图 6-42 所示,装焊结束后随行夹具从地面环线返回,故占地面积较大。但整线传动机构简单,通过链条带动拨杆运动,拨杆再推动大链条做地面环行,从而带动小车运行。

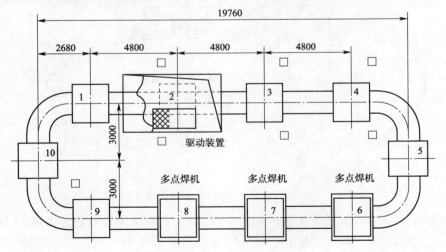

图 6-42　地面环形装焊夹示意图

②地下环形装焊线。

如图 6-43 所示,随行夹具在最后一个工位通过升降机构降到地下,在地面以下的地坑里走完空行程,再通过端部的升降装置从地坑返回初始位置的第一个工位后,开始进行下一个工件的装焊。

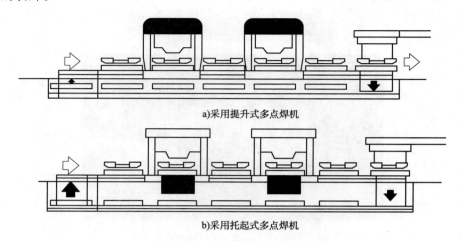

a) 采用提升式多点焊机

b) 采用托起式多点焊机

图 6-43 地下环形装焊线示意图

地下环形装焊线占地面积较小,有利于采用随行夹具,但其夹具和升降机构较复杂,且地坑地沟的建筑工程量大。

(3) "门框"式装焊线。

图 6-44 所示一种比较先进的"门框"式环行装焊线。其特点是:厂房面积利用较合理,不需在左、右侧围分总成的中间留出存放面积;效率高、成本低、生产柔性较强。

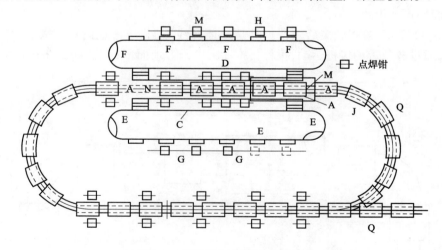

图 6-44 "门框"式环行装焊线示意图

图 6-44 中车身主总成装焊线 Q 的两旁分布有左、右侧围的分总成装焊线 C、D,它们实为两条闭式循环悬链。悬链下悬吊着一定数量的"门框",一个"门框"实际就是一台悬挂式的装焊随行夹具。E、F 分别表示上述左、右侧围板总成"门框"。装焊线中,每一个方块 A 代表一台随行夹具。

两旁左、右侧围分总成"门框"(装焊随行夹具)中,两个循环悬链外段 H、G 是左、右侧围板总成装焊工位;J 为主总成装焊线 Q 的底板,底板 J 各自带着总成装入相应的车身随行夹具内。主总成装焊线前方 M 所指是左、右侧围"门框"夹具连同左、右侧围总成上线与车身的随行合装夹具。N 表示车身主总成已经吊开,使得左、右侧围板"门框"夹具与车身环行线脱离。实际在 N 工位上,"门框"夹具已经吊空。

这里需要说明一下"门框"式环行装焊线的车身装焊运行状况。如图 4-50 所示,先在两循环悬链外段 H、G 处依次将车身左、右侧围零件装入吊架"门框"的随行夹具内,待其定位夹紧后,各式位使用悬挂式点焊钳实施左、右侧围分总成的焊装。侧围分总成装焊好后由 C、D 悬链传送到送到 M 点与车身环形随行夹具合装,经过若干焊接式位,把左、右侧围分总成焊接于车身底板上并放开左、右"门框"夹具。空的"门框"随行夹具通过环行回位到 N 点,随即与车身随行夹具脱离,由悬链送回其装焊起始位置。车身随行来夹具带着焊有左、右侧围分总成的车身底板继续前行。车身总成经过一系列装焊式位后下线。

第五节　汽车车身涂装工艺

汽车车身涂装指将涂料均匀涂覆在车身覆盖件表面并干燥成膜的工艺。车身涂料的涂膜具有坚韧耐磨、附着力强、颜色多样和防锈、防腐、耐酸、耐潮湿、耐高温等性能,有时还具有防振、消声、隔热的效果;对汽车车身起着重要的保护作用和装饰作用,能大大提高汽车车身的使用寿命和汽车的使用效果。

一、汽车车身涂装基础知识

1. 汽车车身涂装的基本概念

(1)涂装。

涂装是指将涂料均匀涂覆在车身覆盖件表面并干燥成膜的工艺过程。

(2)涂装的功能。

涂装具备的功能包括保护、装饰和防腐蚀等特种功能。20 世纪 90 年代以前,汽车涂装的重点研究对象是汽车车身的防腐蚀性。德国大众防腐蚀功能指标是要求 3 年无表面锈蚀、12 年无穿孔锈蚀;美国防腐蚀功能指标是要求 8 年无结构锈蚀。

20 世纪 90 年代以后涂装的重点研究对象是汽车车身的装饰性。

(3)涂装的三要素。

整个涂膜的质量取决于所用的涂装材料(包括前处理药液、涂料等)、涂装工艺和涂装管理。三者相互关联、相互影响,常称为涂装三要素。

①涂装材料。

在涂装过程中,材料的性能对涂层质量起着重要的作用。材料的质量和配套性是获得汽车车身优质涂层的基本条件。

②涂装工艺。

涂装工艺是充分发挥涂装材料性能,以获得优质涂层、降低涂装生产成本和提高经济效益的必要条件。

③涂装管理。

涂装管理是对涂层质量的保证,是确保涂装工艺实施、涂装设备正常发挥作用的必要条件。

2. 车身涂料

(1) 性能要求。

根据汽车特殊使用条件及高效率、大批量的流水作业要求,汽车涂料应满足下列要求。

① 漂亮的外观效果。

汽车车身表面漆膜丰满、光泽柔和华丽、鲜艳性好、色彩多样是现代汽车涂装的发展潮流。当代轿车车身多使用金属闪光涂料和含有云母珠光颜料的涂料。这样就使得人们从汽车外观看去,能够更加赏心悦目,给人以美感的享受。

② 优异的耐候性、耐腐蚀性和漆膜寿命。

汽车车身涂装要求在各种气候条件下保持"七不",即:不失光、不变色、不起泡、不开裂、不脱落、不粉化和不锈蚀;要求漆膜的使用寿命不低于汽车本身的寿命,一般应保持在10年以上。

③ 施工性和配套性良好。

汽车车身采用多层涂装;各涂层间要求附着力好,无缺陷;能满足于现代化涂装流水线生产的需要。

④ 力学性能优良。

汽车车身在漆膜力学性能方面,要求具有良好附着力、坚韧耐冲击和一定的耐弯曲、耐划伤、耐摩擦等性能。

⑤ 耐擦洗性和耐污性好。

在耐擦洗性和耐污性方面,要求具有耐毛刷及肥皂和清洗剂清洗的表现,与其他常见的污渍接触后不残留痕迹。

⑥ 具有可修补性和良好的经济性。

(2) 车身用涂料组成。

涂料一般由基料、添加剂和辅助剂三部分组成。

① 基料(漆基)为漆膜主要成膜物质,是使涂料黏附在制件表面上成为涂膜的物质,也称固着剂,是构成涂料的基础。目前汽车车身涂料广泛应用油料和树脂两类基料。

以油料作为主要成膜物质(基料)的涂料,称为油性涂料或油性漆,比如以桐油和天然树脂合用为主的成膜涂料,即为油性涂料或油性漆。以树脂作为主要成膜物质(基料)的涂料,称为树脂涂料或树脂漆。比如,应用酚醛树脂或改性酚醛树脂作基料,即主要成膜物质,市场上称为树脂涂料或酚醛树脂漆。

② 添加剂也称次要成膜物质,为了给予涂膜一定的遮盖和着色力,增加涂膜厚度,需要加入一定质量分数的添加剂,比如颜料等。颜料等添加剂能够增强和提高涂膜遮盖力,使得涂料品种丰富多彩。但它不能单独构成膜。这是添加剂与基料的根本不同。

③ 辅助剂亦称辅助成膜物质,包括稀料(挥发剂)和多种辅助材料,如催干剂、增韧剂、乳化剂和性能稳定剂等。它对涂料成膜或对涂膜性能只起辅助作用,不能单独成膜。

(3) 汽车涂层分类。

汽车涂装新产品涂层按要求级别与新产品类型分类详见表6-1。从表中可见,不同涂层涂料适用于不同级别要求与不同产品。对于高级轿车的车身、车轮、弹簧、悬架、副车架以及高档发动机、变速器等,分别需要高级装饰涂层或一般装饰涂层等。

汽车涂装产品涂层分类表　　　　　　　　表 6-1

序号	涂层分类名称	涂装产品名称
1	车外上部涂层	
1.1	高级装饰涂层	高级轿车车身
1.2	中级装饰涂层	普通轿车、吉普车、轿货车等
1.3	一般装饰涂层	普通客车、轻型车及载货汽车驾驶室、覆盖件等
1.4	外部非金属件装饰涂层	塑料保险杠、塑料车轮罩盖、塑料装饰条等
1.5	外部防护装饰黑涂层	保险杠、刮水器、后视镜壳体及支架、外漏脚踏板等
1.6	重级防护一般装饰涂层	轿货车厢、出口轻型车车厢及载货汽车车厢等
1.7	中级防护一般装饰涂层	轻型车车厢、载货汽车车厢、车辆油舱等
1.8	轻级防护一般装饰涂层	翻斗车车厢、改装车车厢等
2	车外底部涂层	
2.1	重级防护底部涂层	高级轿车车轮、弹簧、托架、副车架等
2.2	中级防护底部涂层	普通轿车车轮、弹簧、托架、制动系统零件等
2.3	中级防护底部涂层	轻中重型载货汽车、客定的车架、车轮、底盘零件等
2.4	轻级防护底部涂层	车桥总成、传动轴、制动系统零件、减振器等
3	车内涂装	
3.1	重级防护内部涂层	高档发动机、变速器等
3.2	中级防护内部涂层	一般发动机、变速器等
3.3	轻级防护内部涂层	排外漏铸锻件、毛坯及中厚板件半成品等
3.4	车身内部非金属涂层	仪表板、杂物盒、烟灰缸、装饰条等塑料件
4	特种涂层	
4.1	耐酸涂层	蓄电池及托架
4.2	耐热涂层	消声器、进排气管、缸盖等
4.3	隔音、绝热、抗磨、耐冲压涂层	车体下表面及顶棚内表面

汽车涂料按涂料对象不同分为新车原装漆和汽车修补漆两类。

按涂层位置不同分为车用底漆（多为电泳漆）、车用中间漆和车用面漆三类。车用底色漆包括实色底漆和金属闪光底漆等；车用面漆即实色面漆（无须罩光），也可以是车用罩光清漆等。

按车身涂装方式不同可分为电泳漆、液态喷漆、粉末涂料和特种涂料（如 PVC（聚氯乙烯）密封涂料与防锈蜡、保护蜡等涂装后处理材料）等。

按汽车使用部位不同分为车身用涂料，货厢用涂料，车轮、车架和车轿等部件用耐腐蚀涂料，发动机或底盘总成用涂料和车内装饰用涂料等。

(4) 车身用底漆。

车身用底漆是直接涂在经表面处理的白车身表面上的第一层涂料，是整个涂层的基础。车身用底漆的特性主要包括如下方面。

①黏附力强，能与腻子和面漆涂层黏附牢固。

②良好的防锈能力、耐腐蚀性、耐潮湿性和抗化学试剂性。

③较高的机械强度和适当的弹性。不脆裂脱落,不易折裂卷皮,能满足面漆品质耐久的要求。

④与中间涂层或面漆涂层相处配套良好,具有抗溶性,不致相互咬起。

⑤良好的施工性,能适应汽车涂装工艺和大量流水生产的要求。

车身用底漆的分类主要包括如下方面。

①车身底漆分为优质防腐蚀性涂层底漆、高级装饰填充底漆、装饰性保护性涂层底漆和一般防锈蚀保护区性涂层底漆四类。

②按底漆使用漆料的不同分为醇酸底漆、酚醛底漆与环氧底漆等。

③按底漆颜料中所含铝、锌、铬等金属氧化物的不同分为铁红酚醛底漆、锌黄醇酸底漆和环氧富锌底漆等几类。

(5)车身用中层涂料。

车身用中间层涂料具有如下特性。

①与底漆、面漆层相处配套良好。涂层间相互结合力强,硬度适中,不被面漆溶剂咬起。

②较强的填平性。能填平被涂表面微小波纹和消除某些微细形差缺陷。

③打磨性能良好。即通过湿打磨得到平整光滑的表面;经得起高温烘干并保持良好硬度;再打磨时不沾砂纸。

④涂磨层在潮湿环境下不起泡。

(6)车身用面漆性能。

面漆质量关系车身最终外观装饰效果、涂层硬度和其他多种使用耐久性能,包括耐候性、抗崩裂性、耐潮湿性、防腐蚀性和耐药剂性等。同时还需良好施工性能,以适应汽车流水生产要求。

二、汽车车身涂装工艺

汽车涂装工艺过程如图6-45所示,主要包括涂装前处理、电泳涂装底漆、中涂和面漆工艺。

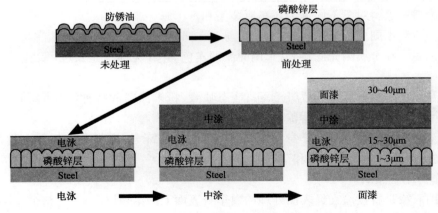

图6-45 涂装工艺过程流程

1. 涂装前处理

涂装前处理是指在车身表面涂漆前清除车身表面和其他板材所附着的油脂、铁锈、氧化皮、焊渣、酸碱和灰尘等污物的过程,其作用是为涂层提供清洁干净的基底,以增加涂料与金属表面间的接合力,提高涂层质量,延长涂层使用寿命。

前处理工艺将根据表面污物的性质、被污程度、被涂金属种类、制品表面粗糙度以及最后涂层的作用来选择表面处理方法和工序,包括脱脂、表面调整(简称表调)、磷化、钝化、水洗、纯水洗等,其中主要工序为脱脂、表调和磷化。

图 6-46 所示前处理工艺流程,图 6-47 所示前处理作用效果。

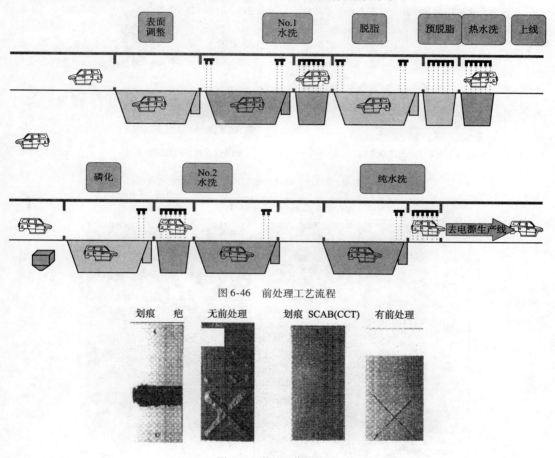

图 6-46　前处理工艺流程

图 6-47　前处理作用效果

（1）脱脂。

脱脂就是前处理工艺中去掉工件表面动、植物油及矿物油(缓蚀剂)和冲压油等油污的过程。脱脂方法包括物理机械法(擦抹法、喷沙法和超声振荡法)和物理化学法两大类。常用的脱脂方法有溶剂脱脂法、乳化剂清洗脱脂法和碱液清洗脱脂法等,如图 6-48 所示。

（2）表调。

表调即表面调整,是在含有表调剂(活化剂)的溶液中进行前处理的过程。表调的作用在于其有利于改变金属表面微观状态,促使后续磷化过程中形成晶粒细小、均匀致密的磷化盐膜,如图 6-49 所示。同时通过表调,可以有效减少磷化工艺时间。图 6-50 所示磷化时间与表调工艺关系。

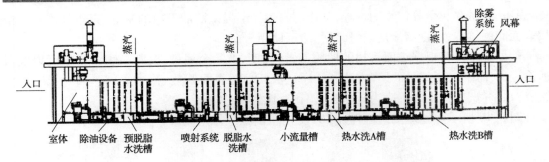

图 6-48　脱脂过程示意图

a)活性点较少的皮膜结晶　　　　b)活性点较多的皮膜结晶

图 6-49　细小、均匀致密的磷酸盐晶粒的形成和生长过程

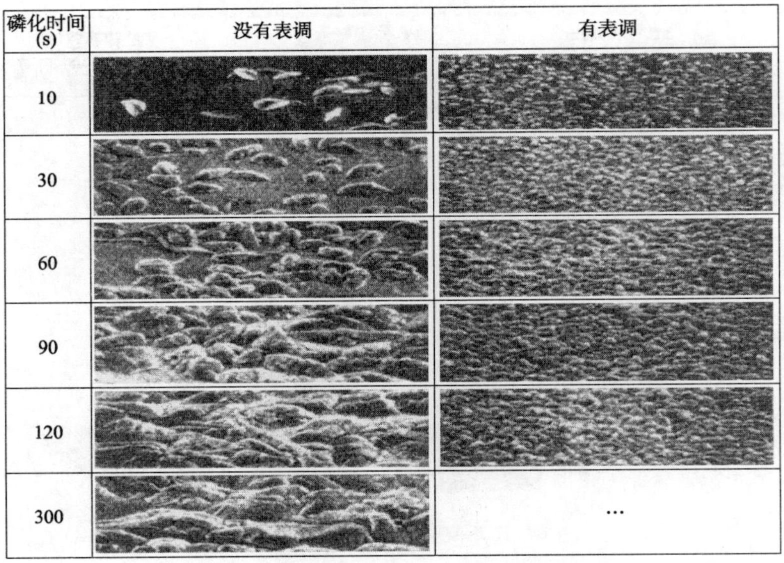

磷化时间(s)	没有表调	有表调
10		
30		
60		
90		
120		
300		…

图 6-50　磷化时间与表调工艺关系

表调剂主要有粉体和液体两种。粉体表调剂包括钛系表调剂、草酸表调剂和锰表调剂等。钛系表调剂包括含钛表调剂、钛镁表调剂、钛铁表调剂以及含钛和硼砂的表调剂等。液体表调剂是近年来开发的新产品，主要有钛系和锌系两大类。液体表调剂的优点是可通过用压力泵实现自动滴加，取代了人工加料，节省了大量水，而且表调液稳定性良好，无须经常换槽和补充，使用寿命较长。

（3）磷化。

在车身制造过程中，漆前车身表面磷化处理当今必备工序。其作用是通过金属层基底磷化生成一层保护膜，提高涂层的耐蚀性，阻止金属被腐蚀于涂层下或涂层被破坏的部位而扩展,并能增强涂层与金属之间的附着力,以大大延长涂层的使用寿命。磷化指用磷酸或锰、铁、锌、镉的磷酸盐溶液与经过脱脂、表调后的金属表面反应,于金属表面结晶出一层薄薄的不溶于水的磷化膜的过程。磷化膜晶体成分为$Zn_2Fe(PO_4)_3 \cdot 4H_2O$和$Zn_2(PO_4)_2 \cdot 4H_2O$。

通过磷化处理所得到的磷化膜,要求均匀、致密、坚实。

在车身制造过程中应用较广的是喷淋式快速磷化处理,常采用磷酸锌盐磷化。磷化膜厚度为$1.5 \sim 3\mu m$,如图6-51所示。

图6-51 车身磷化槽现场情景

2. 电泳涂装底漆

轿车底漆大多采用电泳涂装。电泳涂装是将经过前处理工艺的白车身或工件和对应电极送入电泳槽中,电泳槽盛满水溶性树脂配制的电泳漆液。将白车身或工件和对应电极分别接上电极后,在电场力作用下,漆液于白车身或工件表面沉积而形成均匀涂膜。这是一种先进的涂装方法,图6-52所示车身涂装示意过程,图6-53所示更接近电泳涂装实际流程。图6-54所示电泳涂装的工艺流程。

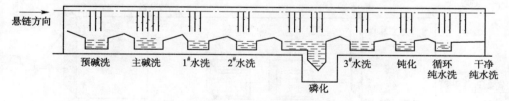

图6-52 全喷淋式漆前处理磷化工艺流程

电泳涂装按使用电源性质分为直流电泳涂装与交流电泳涂装,可采用定电压或定电流控制;如果使用直流电泳涂装,则按涂料的沉积性可分为阳极电泳涂装和阴极电泳涂装。

轿车底漆目前大多采用阴极电泳涂装和定电压法涂装。这是因为阳极电泳涂装过程中,工件作为阳极已发生电偶腐蚀,导致表面磷化膜部分溶解,会降低涂膜的耐腐蚀性。

轿车底漆漆膜厚度一般控制在$25\mu m$左右,具有极强的防腐蚀能力。

这里指出,在白车身或工件的电泳涂装中,漆液之所以能够产生表面沉积而快速形成涂膜,其机制在于阴极电泳中分别发生了"电解、电泳、电沉积、电渗"四个物理或电化学过程。其中"电解"即电泳过程中水的电解;"电泳"即涂料在电场力作用下离解成带电粒子而向工件泳动;"电沉积"是带电涂料粒子在工件上的析出并沉积形成电泳膜;"电渗"即在电场力的持续作用下,电泳膜内水分的不断渗出,致使涂膜脱水。

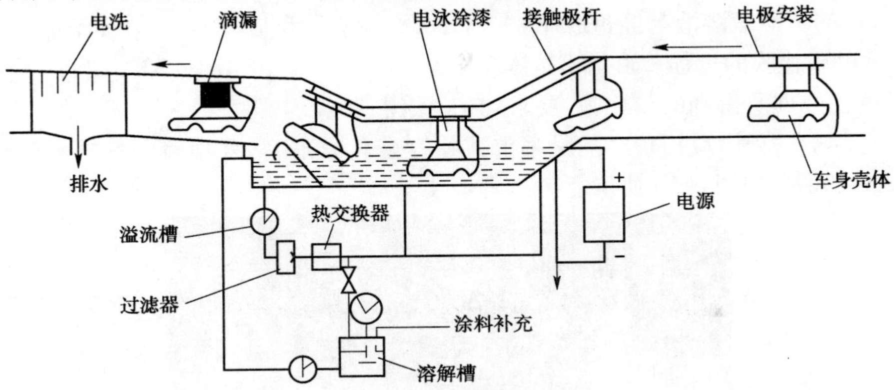

图 6-53 车身电泳涂装示意图

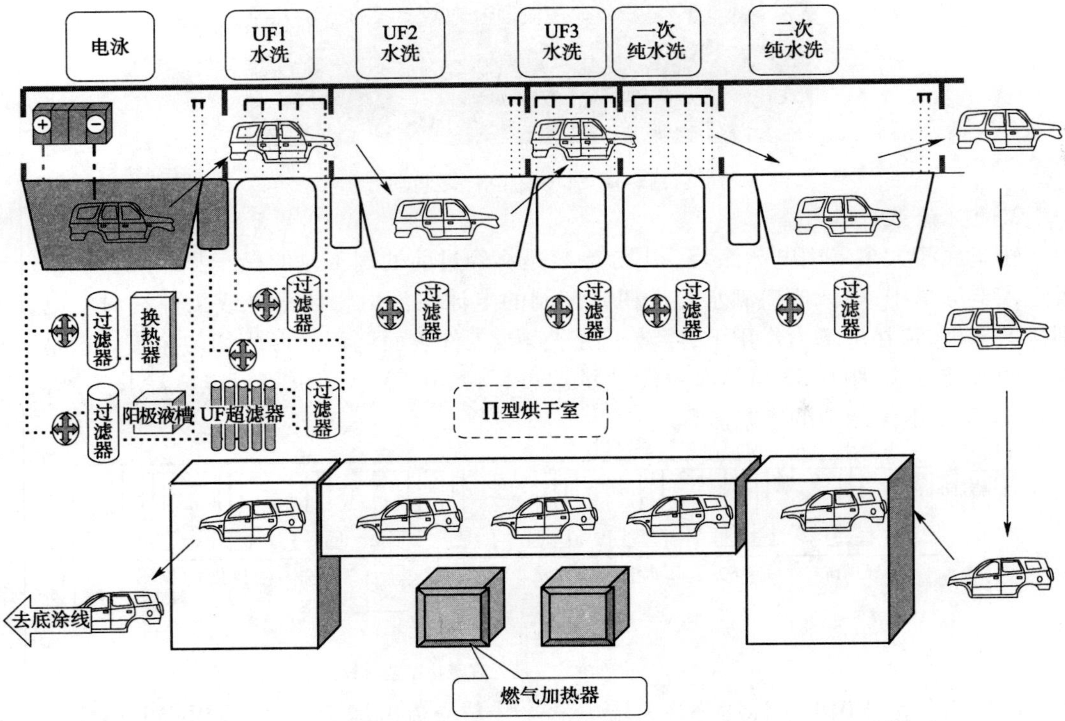

图 6-54 电泳涂装的工艺流程

电泳涂装具有以下优势。

①涂层质量好,涂膜厚度均匀、附着力强。电泳涂装通过带电涂料粒子在工件表面上的沉积可以使一般涂装法不易涂覆的工件内腔、凹缘、焊缝及锐边等部位,都能获得均匀、平整和光滑的涂膜。

②施工速度快,容易实现机械化与自动化和持续连续生产,劳动生产率得以提高,大大减轻了劳动强度。

③电泳涂装不产生漆雾,涂料利用率高达 90% ~ 95%;因采用水作主要溶剂,故能减少

空气污染,改善工作环境;没有或少有漆雾,减轻了发生火灾的危险。

电泳涂装存在以下不足。

①设备较复杂,一次性投资费用高。

②只能在导电的工件表面上进行涂漆,且烘烤温度较高,耗电量比较大。

③涂料颜色不易变换,存在废水处理问题等。

电泳涂装需要注重以下工艺要点。

(1) 超滤器(UF)的应用。

超滤器又称 UF 水洗系统,是电泳涂装系统中的一种必备装置。其工作原理如图6-55所示。图6-55中说明,水洗电泳槽液流入超滤器后,将通过管状超滤膜(图6-55中注明为半透膜)的超滤而不断地将电泳漆中的水、乙醇、丁醇、无机杂质离子及低分子树脂等和具有高分子量的树脂漆株、颜料颗粒进行分离。原液经超滤后称为超滤水(液),又称 UF 滤液。未能透膜颗粒为浓缩电泳漆液,可随即重新回收到电泳槽中。超滤水(或称 UF 滤液)流入滤液槽(或称 UF 水洗槽)中,可继续用来清洗电泳槽原液,回收电泳涂料。

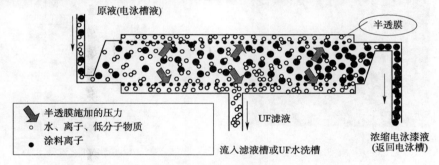

图6-55 超滤器示意图

由上所述,超滤器的超滤作用主要是控制电泳漆液中的金属离子含量、回收电泳涂料和提供冲洗超滤液等。因此,电泳涂料的回收率可达95%。

(2) 工艺参数的合理选择。

①电压。电泳电压决定漆膜厚度和外观效果。电压过低则泳透力小,漆膜薄;电压高,则泳透性好,但不能太高,否则会使漆膜表面粗糙,有针孔、橘皮状等缺陷出现。电压一般选用 130~180V。

②电泳时间。漆膜厚度随着电泳时间的延迟而增加,但当漆膜达到一定厚度后再继续延迟时间,漆膜厚度也不再增加。一般电泳时间控制为 1~3min。

③漆液温度。电沉积量随漆液温度升高而增厚,但温度也不能过高,过高会影响漆膜与金属表面接合力。漆液温度一般控制在 (25 ± 5)℃为宜,最高不得超过 35℃。

④漆液固体含量。漆液固体含量影响泳透力和漆膜厚度,一般控制为 10%~15%。

⑤漆液的 pH 值。一般保持在 6.5 左右。

(3) 其他注意事项。

电泳底漆前,一定要严格检查工件表面和磷化膜质量,绝对不允许有锈、油污和灰尘存在。磷化膜应该均匀致密,不得有露底现象,要确保漆膜厚度为 20~30μm。底漆的颜色不限。一般为铁红色、灰色,应使用防锈颜料。

3. 中涂和面漆工艺

(1) 车身接缝处涂装密封胶。

在车身完成电泳底漆并干燥后,为了有利于防振、防锈、防水与隔音降噪和提高舒适性。在车身中涂和面漆前,在各覆盖件接缝处实施一道涂装密封胶工序,又称之为 PVC 胶密封工艺。图 6-56 中所分布于车身内、外白色细长条状线条即为打胶机打出并经干燥的 PVC 密封胶。这种密封胶是以聚氯乙烯树脂(PVC)为主,加入一定配方得增塑剂、填充料、颜料、附着力促进剂和稳定剂等添加物而混合成一种黏稠膏状物质,它实质上也是一种无溶剂型涂料,其固体组分达 95% 以上(挥发物小于 5%)。

(2) 中涂与面漆涂装方法与装备。

中涂与面漆涂装是车身涂装的最终工艺。图 6-57 所示中涂与面漆工艺流程,图 6-58 列出了中涂与面漆涂装情景,包括手工喷涂、鸵鸟毛擦净、机器人喷涂、漆面精修现场。下面分别介绍几种涂漆方法与装备。

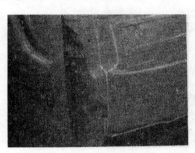

图 6-56 涂密封胶工艺

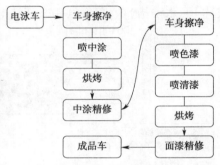

图 6-57 中涂与面漆工艺流程

a) 手工喷涂

b) 鸵鸟毛擦净

c) 机器人喷涂

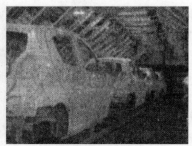

d) 漆面精修现场

图 6-58 中涂与面漆涂装情景

① 手工刷涂。

手工刷涂是一种手工采用毛刷蘸漆刷涂的古老而传统的涂装方法。除一些快干和分散性不好的涂料外,手工刷涂几乎可以用于所有涂料,尤其是能够适用于那些容易渗透金属表面的细孔、附着力好的油性涂料。手工刷涂的优点是设备简单,施工方便灵活,不受工件形状和大小的限制。缺点是劳动强度大,效率低。涂装质量常取决于操作者的经验和技巧,漆膜质量难以保证。该方法虽然应用普遍,但在汽车生产者只适于车身的局部维修或小批量生产。

② 浸涂。

浸涂是指将工件浸入涂料槽中,保持一定时间后取出,经滴漆、流平及干燥工序后完成涂装的方法。漆膜厚度取决于漆液的黏度而不是浸涂时间。操作中,要求工件入槽和出槽保持垂直位置;入槽、出槽须缓慢匀速动作。工件在滴漆、流平及干燥过程中也应保持与浸涂同样的最佳位置,以利于漆液更快流尽,漆膜均匀无流痕。为避免涂料发生沉淀,在大容量槽内需要设置搅拌器搅拌。

浸涂具有设备简单、易于实现机械化或自动化和生产效率较高等特点,适用于外观装饰要求不太高的防蚀性涂层。浸涂易出现漆膜上薄下厚、流挂等不利现象,不适合用于挥发性和含有重质颜料的涂料及双组分涂料等。

③ 喷涂。

喷涂实质为利用压缩空气喷涂。它是以压缩空气气流为动力,在喷枪喷嘴处形成负压而将漆流带出并分散呈雾滴状,能够涂布于工件表面上的方法。喷涂是目前涂装施工中使用最普遍的方法,在汽车维修中应用很广。

喷涂的优点是设备简单,易操作,既可手工喷涂也可机械化操作,适合喷涂各种不同形状尺寸的工件,生产效率高(比刷涂高 5~10 倍)。涂装质量上,漆膜厚薄均匀、光滑平整;能喷入工件缝隙、小孔、弯曲和凹凸部位。喷涂可进行大面积施工,适用于多种涂料,尤其适用于快干漆涂装。

喷涂缺点是涂料渗透性和附着性较差,漆膜较薄;涂料有效利用率较低且污染环境、伤害人体,易造成火灾或爆炸。基于这些原因,喷涂环境需要有良好的防护和通风设备。

这里介绍一下人工喷涂装备及技术要求。

人工喷涂装备主要是喷枪。喷枪按涂料供给方式分为:吸上式喷枪、重力式喷枪和压送式喷枪三种,如图 6-59 所示。

a) 吸上式

b) 重力式

c) 压送式

图 6-59 喷枪分类

在人工喷涂中,有以下操作要求。

a. 走枪姿势正确。喷枪垂直物面,不能挑枪。

b. 喷涂距离要求保持在 20～30cm。如图 6-60 所示,喷涂距离过近,容易造成涂料堆积,喷幅变窄,导致工作效率和质量低下,出现图 6-60a)中的情况。喷涂距离过远,就会造成涂料扩散,漆面厚度与涂膜质量达不到规定要求,出现图 6-60b)中的情况。

 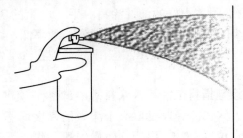

a)喷距过近时,涂料堆积　　　　　　　　b)喷距过远时,喷雾落到喷涂表面时已经无力

图 6-60　喷涂距离控制

c. 要求喷幅保持 30～45cm。喷幅是指喷枪走枪时扫动一次,涂料遮盖的范围。喷涂重叠率需要稳定在 1/3～2/3,重叠率是指喷枪走枪时,一次扫动喷幅和上一次喷幅重复的范围大小,如图 6-61 所示。

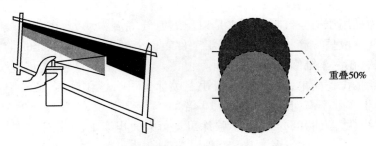

图 6-61　喷幅和喷涂重叠率控制

d. 喷涂速度保持在 50～80cm/s,要求匀速喷涂。

e. 遵循"从前往后、从上到下、从里到外、先边角后平面"的喷涂顺序原则。

④静电喷涂。

静电喷涂是一种较先进的涂装方法。它使喷枪(负极)喷出的漆雾带负电,工件接正极,通过静电电力而将漆雾均匀沉积在工件表面。漆雾沉积经烘干后便形成牢固的涂膜。

静电喷涂与空气喷涂相比,涂膜均匀,附着力好,外观质量好;生产效率高,可实现喷涂过程连续化和自动化;漆雾飞散损失小,可节约涂料 10%～50%,涂料利用率高达 80%～90%;劳动环境和条件得到改善,并减轻了劳动强度。但是,静电喷涂需要较高的电压,电压越高,涂着率越高,喷涂质量越好。因此,这种高压喷涂要求设备具有良好的绝缘性,设备相对复杂。同时,当工件形状发生改变时,容易造成电场强弱不一,导致涂层均匀度、漆膜流平性及光泽度等因漆雾密度减小而受到影响。

⑤粉末涂装。

粉末涂装是一种以固体树脂粉末作为成膜物质的涂覆工艺。

粉末涂装的特点如下。

a. 涂装使用无溶剂粉末涂料,根除了有机溶剂的逸散,减少了环境污染,改善了劳动条件。

b. 一次涂层厚度较厚,不需先涂底漆,只需涂一层烘一次即可达到溶剂型涂料的多道涂层厚度。

c. 宜采用自动流水线生产,能够显著减轻劳动强度,提高生产效率。

另外,粉末被喷涂时,所散落的粉末仍可回收再利用,涂料利用率高,有利于降低生产成本。但是,粉末涂装需要专用设备,工件要进行高温烘烤,涂料调色没有溶剂型那么方便。

三、汽车车身典型涂装工艺

汽车车身涂装属于多层涂装。由于各种汽车的使用条件及外观要求各不相同,故其涂装工艺也各不一样。涂装可分为三个基本工艺体系。

1. 三涂三烘

三涂三烘指该体系具有底漆、中间和面漆三涂层,且三层先后均需要各自烘干。三涂三烘体系一般用于外观装饰性要求高的轿车、旅行车和大客车等乘用车车身。

三涂三烘体系的工艺流程一般安排为:碱性液脱脂→锌盐磷化→干燥(120℃/10min)→涂装底漆[喷涂溶剂型环氧树脂底漆,膜厚 15～25μm,烘干(150℃/30min)]→干或湿打磨→晾干→中间涂层[静电自动喷涂溶剂型三聚氰胺醇酸树脂漆,膜厚 20～30μm,烘干(150℃/30min)]→湿打磨→晾干→涂面漆[喷涂三聚氰胺醇酸树脂系面漆(金属闪光色用丙烯酸树脂系),膜厚 35～45μm,烘干(130～140℃)/30min]。

2. 三涂二烘

三涂二烘保持三涂层,但底漆层不安排烘干,待涂完中间层后一并烘干一次,到喷涂完面漆后再烘干一次,即只烘干两次。该体系一般用于外观要求不必太高的旅行车和大客车车身及轻型载重汽车的驾驶室等。

三涂二烘体系的工艺流程为:碱性液脱脂→锌盐磷化→干燥(120℃/10min)→底漆涂层[电泳底漆,膜厚 15～25μm,不烘干(仅晾干水分)]→静电自动喷涂中间涂层[喷涂与其相适应的水性涂料,膜厚 20～30μm,预烘干(100℃/10min),与底漆一起烘干(160℃/30min)]→喷涂面漆[三聚氰胺醇酸树脂系面漆(金属闪光色用丙烯酸树脂系),膜厚 35～45μm,烘干(130～140℃)/30min]。

3. 二涂二烘

二涂二烘体系只保留底漆涂层和面漆涂层两层,不安排中间涂层,两层分别先后要求烘干。该体系一般用于中型、重型载货汽车的驾驶室。涂层总膜厚为 55～75μm。

二涂二烘体系的工艺流程为:碱性脱脂→锌盐磷化→干燥(120℃/10min)→底漆涂层[电泳底漆,膜厚 20～30μm,烘干(160℃/30min)]→干或湿打磨→晾干→面漆涂层[喷涂三聚氰胺醇酸树脂系面漆(金属闪光色用丙烯酸树脂系),膜厚 35～45μm,烘干(130～140℃)/30min]。

四、汽车车身涂装面漆常见缺陷介绍

在车身涂装生产过程中,涂装三要素(涂装材料、涂装工艺、涂装管理)任何一个要素出现问题,均有可能造成涂装产品的缺陷。图 6-62 所示常见六种车身涂装面漆缺陷。

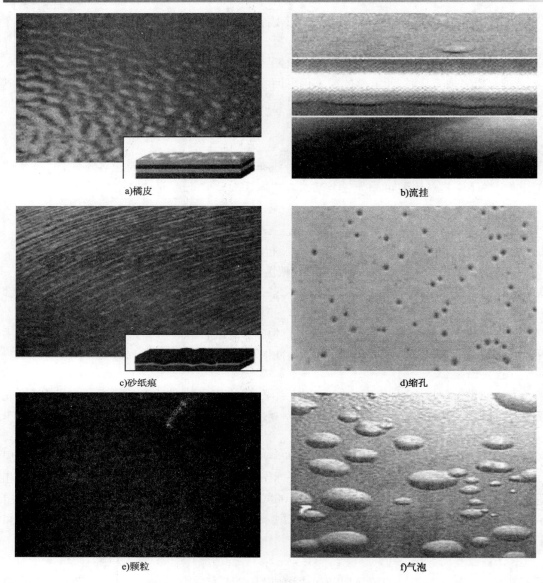

图 6-62 车身涂装面漆常见缺陷

训练与思考题

1. 综述三类汽车车身(轿车、客车和货车)分类方法与结构特点。
2. 说明汽车车身基本构件与组成。
3. 分析汽车车身主体材料的使用与工艺性要求;分别分析高强度钢板与铝、镁、钛合金,工程塑料和复合材料等非金属材料的性能特性与应用概况。
4. 阐述汽车覆盖件冲压成型基本工序及排序要求。
5. 何谓板料拉深?说明车身覆盖件的拉深工艺要点。

6. 分析汽车覆盖件冲压模具的特点。汽车覆盖件冲压模具主要有哪几类?

7. 以点焊为例说明电阻焊的工作原理、过程及其在汽车车身制造中的应用。

8. 以 CO_2 气体保护焊为例,说明其工作原理、过程及其在汽车车身制造中的应用。

9. 说明汽车车身装焊夹具的要求与结构特点。

10. 说明汽车车身装焊生产线的使用要求与应用。

11. 指出涂装三要素的含义。

12. 汽车涂料应满足哪些功能与性能要求?汽车车身用涂料由哪几部分组成?

13. 汽车涂装工艺过程包括哪几部分?说明白车身前处理工艺内容及其必要性。

14. 说明叫磷化?说明磷化的作用和磷化膜的成分。

15. 何谓电泳涂装?说明电泳涂装中"电解、电泳、电沉积、电渗"四个物理过程的实质。如何正确选用电泳涂装的工艺参数?

16. 请分别介绍中涂与面漆的几种涂装方法与相关装备。重点说明静电喷涂过程和应用效果。

17. 分析汽车车身涂装三个基本工艺体系的工艺流程与应用。

第七章　汽车总装技术

第一节　总装工艺概论

汽车总装是汽车生产中不可缺少的一个组成部分,是汽车制造厂四大工艺的最后一个环节,其主要任务是完成成品车的组装和交付。

按规定的装配技术要求,将汽车零件和总成进行配合和连接,使之成为半成品或成品,最终装配成为成品车的工艺过程,称汽车总装工艺。汽车总装配就是使生产对象在数量、外观上发生变化的工艺过程,分为总成或部件的装配和汽车产品的总装配。数量的变化表现在装配过程中,零部件、总成的数据不断增加并相互有序地结合起来。外观的变化表现为零部件、总成之间有序地结合后具有一定的互相位置关系,外形在不断地变化,最后成为一辆整车。所以,汽车的总装配也就是使汽车各零部件总成具有一定的相互位置关系并形成总车的工艺过程。

在汽车制造过程中,装配作业的任务在于将检验合格的各种零部件按照工艺要求和质量要求组合成总车。装配生产方式,因所装汽车的种类、生产量、厂址条件等因素而出现变化时,将直接影响总装生产的有序进行。因此,总装水平能反映一个整车制造厂的综合水平,总装过程中可以发现全场的薄弱环节。

总装是生产过程中的最终阶段,它最影响产品质量。汽车产品要求造型美观、乘坐舒适并满足环保要求。这些要求最终是通过总装工艺来保证的。若装配不当,以昂贵的代价制造出合格零件也不一定能装出合格的汽车。据统计,整车的质量问题中,40%是装配的问题,因此装配是保证产品质量的重要环节。总装水平是影响整车性能最直接的工序,所以总装水平可以当作一个成熟汽车厂的综合水平标准。

一、汽车总装的特点

由于汽车结构复杂,零部件种类繁多,装配零部件除发动机、传动系、车身、悬架、车轮、转向系、制动系、空调系统等之外,还有大量内外饰件、电器、线束、硬管、玻璃等。因此汽车总装具有以下特点。

1. 连接方式多样

汽车装配过程中的连接在一般情况下,除了焊接方式外,其他连接方式主要包括螺纹连接、卡口卡接、黏接、铆接等。但最多的连接是可拆式固定连接,即螺纹连接和卡扣卡接。

2. 劳动密集型、手工操作为主

零部件品种、数量繁多,装配关系复杂,装配位置多样决定了汽车总装为劳动密集型。除玻璃涂胶机、部分机械主力等自动化设备,主要操作仍以手工为主。

3. 大批量生产方式

一般来说,一个汽车制造厂的汽车年产量应在几万辆以上。而通常认为建设一个轿车厂的经济规模为年产 30 万辆以上,所以汽车制造厂是技术密集型、资金密集型的大批量生产企业。汽车总装具有现代化企业大批量生产的特点,是人与机、技术与管理的有机结合。

二、总装主要装配方法

汽车总装工作量约占全部制造工作量的 20%~25%,其操作内容包括螺纹连接、黏接、铆接、配管、配线、各类油液加注等,其主要占用比如图 7-1 所示。

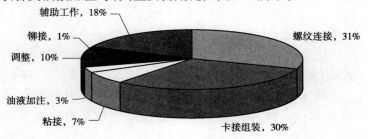

图 7-1 汽车各类装配内容比例

1. 螺纹连接

螺纹连接是机械装配的基本方法,由于其具备操作简单、适于批量生产、可快速拆卸、成本低廉及具备高强度的载荷能力等优点,大量应用于汽车总装。它约占汽车装配作业工作的 31%。目前汽车的重要零件部位(直接影响整车安全性能的零部件),几乎全部采用螺纹连接形式。

螺纹连接是总装部件装配的基本方式,除了个别部位的螺纹连接采用手动扳手,目前大多数整车厂普遍采用风动扳手,部分总装厂采用电动扳手及电动螺丝刀装配。风动工具采用气压驱动,主机厂需要建空压站,风动工具通过专用气管接头与管道连接,总装风动工具正常的工作气压为 0.50~0.65MPa,风动工具拧紧受工作气压影响较大;电动工具一般为手持式,输出力矩比较稳定,不受气管连接控制,操作比较方便,采用充电电池驱动。此外,为了使紧固力矩保持稳定,很多整车厂都对拧紧力要求严格的特殊工位使用螺母拧紧器。如果在许多部位上同时安装螺母,可以使用装有多点螺母拧紧器的工具,对于那些因安全和性能需要必须保证一定紧固力的部位,通常需要扭力扳手将螺母拧紧。

由于螺纹连接是总装最主要装配方法,且螺纹扭矩控制对总装质量影响较大,下节会单独介绍螺纹拧紧的知识。

2. 卡接组装

卡接装配也是汽车装配的主要方式之一,约占汽车装饰作业工作量的 30%,目前,大量应用于内饰件连接组装和线束连接等部位,采用卡连接通常由两个因素决定:第一,该部位不能应用螺纹连接;第二,该部件在汽车运动中通常不直接承受大载荷,对连接力要求不高。

卡接组装法是采用过盈配合使零部件达到固定的安装方式,如图 7-2 所示。汽车上采用卡接固定的零部件如内装饰板、仪表板与相关装饰附件、线束固定等,其他门框密封条、玻璃密封条等采用卡嵌的方法进行装配。卡接对车身制造工艺、零部件之间相关配合尺寸要求较高,如果车身孔位的尺寸偏差对内装饰件的装配影响较大。不论是卡脚、卡扣和卡子的卡接连接方式都是采用设计过盈量卡接,使得部件与部件之间达到固定的效果。

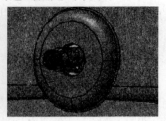

图7-2 常见卡接结构

3. 黏接

黏接主要是以胶黏剂为介质,将部分零件黏接起来或直接连接到车上的装配方法。它约占汽车装配作业工作量的7%。在黏接过程中,通常小件需要预先在车上涂胶黏剂,大件则需要在零件上直接涂胶黏剂。由于许多胶黏剂受温度的影响较大,往往在黏接前会将胶黏剂加热到理想温度。部分先进整车厂已经采用整车加热和挤胶泵加热功能的工艺。

黏接法应用最为广泛的部位就是前后风窗玻璃的装配。此法主要将由两、三种高分子材料按固定比例混合成的胶黏剂连续均匀涂在玻璃上,然后把玻璃压紧在车身上,经过一定时间后即可把玻璃黏牢。黏接处可保持橡皮那样的弹性。这种黏接方法所用的设备有压送材料的空气泵、计量材料比率的测量计、混合材料用的混合机和涂敷材料用的喷枪。

4. 液体加注

液体加注是指装配时注入发动机油、变速器油、燃油、防冻液、制动液等各种液体的方法。液体加注按照加注原理一般分定量加注和定压加注两种。为了能够定量注入发动机油与变速器油,使用油脂类定量供给装置。而由于汽油注入时容易起火,应使用气控启闭注入阀的加油枪。散热器中加注防冻液则采用定比混合供给装置,按固定比率加注水和防冻液。加注制动液时使用真空泵,以加速排气过程。

5. 铆接

铆接是运用拉力膨胀原理而来的,能够紧密铆接物体。铆接可分为活动铆接、固定铆接、密封铆接。汽车上普遍采用抽芯铆钉进行铆接。铆接具备永久连接、安装方便的优点,但不易拆卸。

第二节 汽车总装流程

汽车总装是一项相当复杂的工作,由于汽车结构复杂,零部件及合件种类繁多,因此汽车总装采用大批量、流水线生产。装配过程由工位及工序组成,工位是指汽车在生产线上完成的组装过程的位置,各个工位距离基本相同。工序是工艺流程的基本单元,它是指一个或一组工人在生产线工位上对一个或几个零件所连续完成的一部分组装操作,通常安装一个零部件或一个独立动作被认为是一个工序。汽车总装各工位及工序的合理分布,形成流畅合理的工艺流程,对汽车的装配质量及生产能力具有重要意义。

汽车总装配作业内容,可以分为最小单元化工序内容。通常一个工序内容主要包括拿取零件(或部件、总成)和装配工具、安放零件(或部件、总成)使之就位、连接紧固和检查调整四个方面的操作。汽车总装配流程就是以涂装完工的车身总成为装配基础,在多工位的流水生产线上,按装配顺序从一个工位向另一个工位移动,在每一个工位上按工艺规范完成一定的工序装配内容,最终完成整车的总装配。

因轿车、货车、越野车等汽车种类的不同,汽车总装流程所采用的生产线布置及工艺流程也不尽相同、各具特点。流水线生产总装流程可按照车身的承载方式的不同,分为承载式车身和非承载式车身两种常见的汽车总装流程。另外,部分无法适用于流水生产的汽车,如大客车、大货车、SKD(Semi Knocked Down,半散装件)或用户个性化定做车,采用一些半流水线或特殊生产方式,在这里就不一一叙述。

一、承载式车型总装流程

1. 承载式车身

承载式车身的汽车没有刚性车架,只是加强了车头、侧围、车尾、底板等部位,发动机、前后悬架、传动系统的一部分等总成部件装配在车身上设计要求的位置,如图7-3所示。承载式车身的汽车具有质量小、高度低、装配容易等优点,公路行驶非常平稳,整个车身为一体,固有频率振动低,噪声小。一般用在家用轿车、乘用车上。

图7-3 承载式车身

2. 承载式车型的总装流程图

如图7-4所示承载式车身的汽车总装装配流程示意图,通常先进行车身内部的线束及内装饰件的安装,再进行动力总成及悬架系统与车身的连接,最后进行座椅、玻璃及油液加注等工作,装配流程安排的注意原则是:前道工序的作业内容不能影响后道工序的操作,后道工序的作业不能影响前道工序的装配质量。

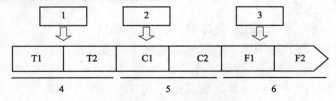

图7-4 承载式车型的总装流程图

1-仪表板分装;2-发动机变速器分装、前桥分装;3-后轴分装;4-车门分装;5-内饰线;6-底盘线;T1-内饰一线;T2-内饰二线;C1-底盘一线;C2-底盘二线;F1-最终一线;F2-最终二线

3. 承载式车型的总装流程

（1）内饰线装配工序。

①涂装车身上线。

②拆车门（采用拆车门的分装方式，有利于提高主装配线节拍，部分车型不拆门也可进行装配）。

③装配全车线束（车身底板线束、发动机舱线束、门线束等）。

④安装刮水器连杆机构、刮水器电机、制动主缸、真空助力器、ABS 执行机构等。

⑤安装顶内衬、地毯。

⑥安装三踏板总成（离合、制动、加速踏板）、空调总成。

⑦安装仪表板（仪表板附件较多，一般在主线旁边建立环形分装线，将相关件组装成仪表板总成后采用机械助力臂将仪表板安装到车身上）。

⑧安装安全带卷收机构。

⑨安装换挡操纵机构、中央控制箱及各内装饰件（前、中、后立柱内饰板及侧围内饰板等）。

⑩安装组合前照灯、组合尾灯。

（2）底盘线装配工序。

①安装制动油管、燃油管等。

②安装油箱、加油口带附件等。

③前悬架、后悬架分装（稳定杆、动力转向器、摆臂、制动器等安装连接）。

④发动机与变速器总成分装（一般采用发动机分装线，需要进行发动机线束安装、散热系统安装、发动机机油加注、变速器油加注）。

⑤车身与分装好的发动机总成及悬架总成连接（目前采用 AGV 随行小车将发动机动力总成及前后悬架部分举升与车身连接紧固）。

⑥安装排气管。

⑦燃油气密性检测（汽油发动机还必须进行燃油气密性检测合格才能进行后续的燃油加注工序）。

⑧安装轮胎（一般采用螺母拧紧机进行紧固，提高生产线节拍）。

（3）最终装配线装配工序。

①安装前后风窗玻璃、侧窗玻璃（目前大部分均采用涂胶机器人对玻璃打胶，以保证玻璃胶的均匀及一致性，提离整车质量水平）。

②发动机舱水管管路连接。

③发动机舱线束连接。

④加注制动液、制冷剂、洗涤液、防冻液、助力转向液等。

⑤安装全车座椅（部分采用流水线配送加机械手的方式）。

⑥安装门框密封条、空滤器、蓄电池等。

⑦安装车门（车门由分装线分装完成后运送到车门与车身连接工位，车门分装包括门线束、门锁机构、玻璃升降机构及玻璃、密封条、粘贴门防水膜及安装门内饰板等工序内容）。

⑧安装前风窗装饰件、刮水器刮刷臂等。

⑨安装 ECU，连接线束。

⑩加注汽油、进行防盗系统匹配、车辆下线。

二、非承载式车型总装流程

1. 非承载式车身

非承载式车身的汽车有一个刚性车架，又称大梁架，如图 7-5 所示。在非承载式车身中发动机、传动系统的一部分、车身等总成部件都是用悬架装置固定在车架上，车架通过前后悬架装置与车轮连接。一般用在货车、客车和越野车上，也有部分高级轿车使用。

因为车身承载类型的差异，此类整车的内饰和底盘装配是分开单独进行的。而底盘装配和最终装配串接在一起，装配的顺序是先完成车架的预装，装配前后桥及传动轴等。由翻转机完成车架翻转，然后安装发动机变速器总成，装驾驶室内饰总成，装车轮、油水加注等。

图 7-5 非承载式车身

2. 非承载式轿车总装流程

如图 7-6 所示常用的非承载式车身的总装装配流程示意图，非承载式车身具有独立车架，车身内饰件及内装件以车身为装配基础，发动机动力总成、传动系统及后悬架系统等以车架为装配基础进行安装。

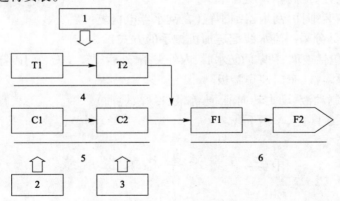

图 7-6 非承载式车型总装流程图

1-仪表板总装；2-前后轴分装；3-发动机、变速器分装；4-内饰线；5-底盘线；6-最终线；T1-内饰一线；T2-内饰二线；C1-底盘一线；C2-底盘二线；F1-最终一线；F2-最终二线

3. 非承载式车型的总装流程

（1）内饰线装配工序。

非承载式车身内饰线装配工序与承载式车身内饰线装配工序基本相同。

（2）底盘线装配工序。

①吊放车架于装配线；吊放车架前要检查车架的完整性、表面光洁性；确认无化漆、无雨雪、无锈蚀、无碰伤后，方可把车架吊上线，将车架反放在装配桥链的枕木上，这样有利于前桥、后桥、前后悬架等零部件的装配。

②后桥、前桥分装(制动器、导杆、钢板弹簧等需先分装在后桥总成上)。

③后桥、前桥与车架安装连接(吊耳连接处需涂抹锂基润滑脂),按工艺定额对前后桥加注齿轮润滑油(针对越野车存在两驱、四驱之分,可按不同车型配置进行装配流程制订)。

④安装螺旋弹簧、后减振器、摆臂、扭杆(安装扭杆时需将车辆等高预调整到位)、方向机、摇臂、油箱等。

⑤翻转底盘。

⑥安装制动油管、燃油管、底盘线束、前减振器、底盘号刻印等。

⑦发动机与变速器分装(一般采用发动机分装线,需要进行变速器安装、发动机线束安装、皮带安装、发动机机油加注、变速器油加注)。

⑧发动机及变速器总成与车架连接。

⑨安装传动轴、排气管(针对汽油发动机车型还需进行燃油气密性检测)。

⑩车身与车架连接(车架与车身一般左右有数个支点、车架与车身结合面中间通过橡胶软垫连接、车身连接点一般为活动螺母板)。

(3)最终装配线装配工序。

①管路连接(水管管路连接、真空管路连接、发动机线束连接、空调管路连接)。

②安装轮胎(一般采用螺母拧紧机进行紧固,提高生产线节拍)。

③安装空滤、蓄电池。

④安装前后风窗玻璃、侧窗玻璃(目前大部分是采用涂胶机器人对玻璃打胶,以保证玻璃胶的均匀与一致性,提高整车质量水平)。

⑤安装前风窗装饰件、刮水器刮刷臂(在刮水器电机复位后安装)。

⑥安装座椅(部分采用流水线配送加机械手的方式)。

⑦安装车门(包括玻璃、粘贴门防水膜、内外夹条、外后视镜及安装门内饰板等工序内容)。

⑧安装前后保险杠、车门迎宾踏板。

⑨油液加注(制动液、动力转向液、防冻液、冷媒、燃油)。

⑩进行防盗系统匹配、车辆下线。

第三节 汽车总装生产线

一、总装生产线的结构

汽车总装生产线是为了满足汽车批量生产、提高劳动效率而建的一种流水生产线。自从福特公司首次进行了流水线生产后,各大整车厂纷纷效仿,现在汽车总装生产线已成为各整车厂必备的生产线之一。总装生产线主要有车体储运输线、空滑橇返回线、内饰装配线、底盘装配线、最终装配线、外观调整线、仪表板分装及输送线、车门分装及输送线、发动机/变速器分装及总成线、后桥分装及总成线、轮胎装配机输送线、整车性能检测线、淋浴线等组成,其中还包括所有线体间转接机构及吊装系统,以及所需的工艺设备,如图7-7所示。

1. 车体储运输线

如图7-8所示,车体储运输线又称PBS车身输送线,负责将涂装好的车身输送到储存库,并根据生产需要进行排序和储存,排序后的车体再运送到总装内饰线。因总装车体上线顺序是根据生产计划、物料供应、节拍控制等诸多因素制订的,所以在车体进入总装装配线之前十分有必要对车体上线的顺序进行排序。而暂时不需要进入总装生产线的车体则由车体储运输线完成储运。

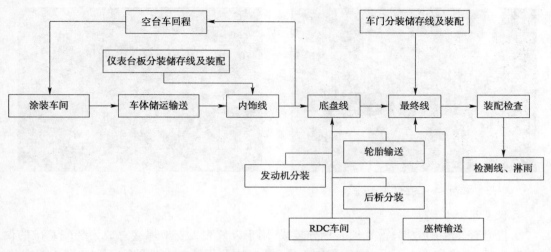

图 7-7　汽车总装车间线体组成示意图

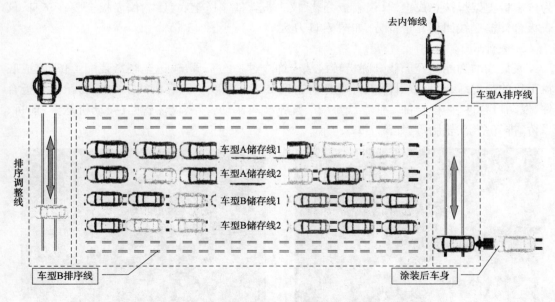

图 7-8　典型 PBS 车身输送线示意图

2. 车门分装线

因车门上诸多配件的装配不能和内饰件同时装配,为提高装配效率,保证作业节拍,所以设立车门分装线。车门分装线分为内饰线拆车门、车门分装线转配车门、最终线合装车门以及车门输送及回程系统构成。车门分装线主要完成对车门内外饰、车门电气系统、车窗玻璃、后视镜等的装配工作,如图 7-9 所示。

3. 内饰线

内饰线主要负责承载油漆车身进行内饰、外饰的装配任务。主要装配的有驾驶室电线束、发动机舱电线束、制动踏板、离合踏板、加速踏板、仪表板合件、前后风窗玻璃、内饰、外饰等,如图 7-10 所示。

图 7-9　车门分装线

图 7-10　内饰线

4. 仪表板分装线

为提升整车装配效率,设置仪表板分装线,用于以仪表板支架焊接总成为装配基础的仪表板装饰板、暖通空调总成、多媒体控制系统、转向柱总成等零部件装配。仪表板分装线分为仪表板支架焊接总成上线、仪表板分装、仪表板合件输送至底盘线、仪表板合装在车身、仪表板合件输送线回程几个部分,如图 7-11 所示。

5. 底盘线

底盘线的功能是经上线升降机转接从内饰线过来的车身,输送至底盘装配工位,完成底盘工位的装配后,经下线升降机将车身输送到最终装配线。在底盘线上需要装配仪表板合件、发动机合件、后桥合件。底盘线主要装配系统有制动管路、供油管路、发动机悬置、前桥、后桥、排气系统、轮胎等,如图 7-12 所示

图 7-11　仪表板分装线

图 7-12　底盘线

6. 发动机分装线

发动机分装线负责对直接连接在发动机上的部件进行预装配,提高整车装配效率。主要装配部件有变速器总成、副车架总成(附带前轴、助力转向系统)、发动机电线束、空调压缩机总成、助力转向泵即管路、发动机进出水管、暖通进出水管等,如图 7-13 所示。

7. 后桥分装线

后桥分装线负责后桥总成的合件装配,主要装配有后轴总成、驻车制动器拉索、后制动器及制动软管等。后桥分装线分为后轴总成上线、后桥合件总成分装、后桥输送系统(AGV小车等)三部分,如图7-14所示。

图7-13 发动机分装线

图7-14 后桥分装线

8. 最终装配线

最终装配线主要负责车身的最终装配任务。包括发动机与暖通空调的连接、散热器、助力转向管路、发动机电线束的连接,驾驶室内的驻车拉索连接、中控箱总成、座椅总成、车门合装等。

9. 装配检查线

装配检查线是为了提高整车装备质量,调整车身与外饰之间的间隙、断差,提高产品外观特性而设立的,主要用于装配完成后的车身外观检测以及下线前整车质量、基本功能的初步检查,如图7-15所示。

图7-15 装配检查线

二、汽车总装生产线的纲领

总装生产线的纲领是用来描述整车厂生产能力的一个指标,比如说30万辆/年纲领的总装生产线,每年能够产出30万辆汽车。总装生产线的纲领是在设计之初确定的重要参数之一,它决定了该生产线需要的场地大小、投资多少,是一个至关重要的参数。

三、汽车总装生产线的工作制度

总装生产线的工作制度主要有三种,单班生产制、两班生产制以及三班生产制,根据各时期产能需求情况可以作适当调整,比如在销售淡季可以采用单班生产或两班生产,在销售旺季采用三班生产,具有比较灵活的特点,但正因为这个灵活性的存在导致总装生产线工人不固定,过程质量控制难度较大。

四、汽车总装生产线的节拍

总装生产线的节拍(Cycle Time)是衡量生产线的作业效率的一个重要参数,此参数根据纲领计算得来,通过合理的生产线平面布置、合理的选择设备、合理的安排工艺流程来实现。

五、汽车总装生产线的结构

总装生产线的结构比较多样,如"一"形、"U"形、"S"形等,根据需要和场地空间的条件进行相应的选择和设计。

"一"形生产线在场地长度要求上较高,需从头到尾一条线完成,一般一条线产能较小,其特点是物流较容易,扩能时只需复制生产线即可,灵活性较大,一次投资不大,因此该类生产线主要应用于单一车型的生产,如图7-16所示。

图7-16 "一"形生产线示意图

"U"形生产线以及"S"形生产线主要应用于产能较大的多车型生产,其优点在于其空间利用充分,且布置多样化,适用于多种复杂生产。而"S"形生产线是将多个"U"形生产线组合起来形成的生产线,如图7-17所示。

图7-17 "U"形生产线示意图

较多的生产线设置是根据实际的需要,可能是"一"形生产线,可能是"U"形生产线,也可能是这几种生产线的组合。

第四节 汽车总装设备

汽车总装工艺涉及各种各样的设备,其中包括输送设备、助力机械手、电器功能检测设备、玻璃挤胶机、螺母拧紧机、气密检测设备、加注设备、激光打印机、电子防盗配钥匙设备、加油机、脱附设备等,以下就各种设备的用途、结构及工作流程等进行介绍。

一、助力机械手

1. 助力机械手的用途

在总装工艺中,应用助力机械手主要是为了减轻工人劳动强度、提高劳动效率、保证装配质量。助力机械手主要应用于装配比较重的零部件转配工位,如车门拆装、仪表板装配、轮胎装配、座椅装配等工位,如图7-18所示。

助力机械手在满足混线生产使用及生产节拍要求下,不同车型之间切换方便快捷,夹具的夹持必须安全可靠,整个操作过程中不允许机械手的任何金属硬质材料部分与车身表面接触,机械手的夹具与工件接触部分以及臂杠表面用较软的材料,以保护工件外观。

助力机械手通常需有零负载平衡(机械臂和夹具在自重状态下的平衡)和负载平衡(机械臂、夹具和搬运工件在自重状态下的平衡)功能,空载与负载之间必须能实现自动切换,在实现不同车型的共同或在同种车型不同总成件共用时,各种状态的切换简单、快捷。在空载或负载状态下,机械手在其行程范围内的任何位置均处于浮动状态,在对工件进行左右调节和前后翻转时有辅助平衡气缸助力调节功能。

设计助力机械手时需考虑柔性功能,以满足多车型工件装配使用。

图7-18 车轮助力机械手

2. 助力机械手的结构

(1)仪表板助力机械手结构。

各制造厂为提高装配效率,普遍采用模块化装配,以减少主线装配时间、提高产量。仪表板的装配主要是先进行仪表板、仪表板附件、风管、转向支撑、各种电器元件及开工等零部件的分装,然后以仪表板总成的形式整体上主线进行合装。合装时,仪表板总成比较重,一般在20kg左右,需要用助力机械手进行辅助装配,仪表板助力机械手的结构形式因各个车型仪表板结构不同而不尽相同,但要尽量考虑到同一生产线生产的车型仪表板结构差异不要太大,便于仪表板助力机械手的共用。

(2)车门助力机械手结构。

车门助力机械手比较简单,且易实现通用化。车门助力机械手要求能平稳地托住车门。在机械手运动过程中,车门始终处于被保护以及稳定状态,其结构主要有两种,一种是空中轨道引导结构,一种是底面引导结构。

空中轨道引导结构的优点主要是空间运动多维度,比较灵活,各个方向、各个角度都能实现,其缺点是装配位置主要靠工人来掌握,一致性较差。

底面引导结构的优点主要是比较稳定,有多个辅助定位机构以保证定位装配,其缺点是灵活性不足,对地面的要求较高。

二、电器功能检测设备

电器功能检测设备主要用于大型的带电器及功能元件的总成分装时,对总成进行必要的电器功能行检查,保证出现问题能及时处理,使问题不带到整车上,避免一些比较复杂费事的功能返修工作,从而提高生产效率,提高装配质量。电器功能检测设备根据其功能的不同主要分为通电式检测设备和诊断式检测设备,通电式检测设备只简单判断电路是否通电,其故障模式只能靠工人自己判断,而诊断式检测设备除了通电判断外能诊断出其故障模式,并提示工人进行故障排除操作。

电器功能检测设备在目前来说主要应用于车门总成、仪表板总成的分装工艺中。车门的检测功能比较简单,一般就是通电检查,看各条线路是否形成了正确的回路,线路本身是否存在破损的缺陷。仪表板总成的功能检测也可根据整车厂的实际情况选择电器功能检测设备:若供应商能力比较强,零部件的质量有保障,则仅使用通电检测设备就可以了,而对于供应商过程质量控制能力差的整车厂可以选择诊断式检测设备来保证整车的装配质量和提高劳动效率。

三、玻璃挤胶机

在现代整车工厂中,风窗玻璃主要靠玻璃胶黏剂贴到窗框上来实现装配,而挤玻璃胶的工作非常费时,且人工涂胶对于胶量的控制以及涂胶质量的控制都比较困难,因此大部分厂家选择用涂胶机器人代替工人进行玻璃胶涂挤工作。

1. 玻璃挤胶机的功能介绍

玻璃挤胶系统通常采用人工上下料、自动移动到位、自动定位夹紧、机器人自动涂胶、自动翻转玻璃的形式,依次对前风窗玻璃、后风窗玻璃、侧窗玻璃涂胶。玻璃的定位夹紧装置上附有玻璃到位开关及识别开关,以识别对中夹具上是否有玻璃,利用编码器判别玻璃的类型。涂胶系统的运转由 PLC 控制和管理。系统的启动、停止以及暂停、急停等运转方式均可通过操作盘进行,能在手动、自动两种状态下进行快速切换。此外,系统运行状态及系统报警可在主操作盘上显示。系统的急停可通过机器人控制柜、主操作盘、辅操作盘等任意之上的急停按钮进行。

通过使用玻璃挤胶系统可快速地进行玻璃涂胶操作,满足现代汽车生产需求。

2. 玻璃挤胶系统的组成

玻璃挤胶系统主要由以下部分组成:供胶系统、涂胶枪、供胶管路、旋转升降装置、输送装置、对中装置、翻转装置、手动吸盘、操作界面等。

3. 玻璃挤胶系统的工作流程

将前、后风窗玻璃放在输送装置上,旋转升降装置得到玻璃到位信号后自动将玻璃升起,升降装置自动下降将玻璃放到输送装置上;前、后风窗玻璃的涂胶,升降架将玻璃托起,对中装置完成玻璃的对中后,机器人根据编码器对玻璃类型的判别进行玻璃涂胶;工人取走玻璃送至装饰线;侧窗玻璃由人工放置到带夹具的滑台进行底涂,滑台送至带对中装置的涂胶台后,由机器人涂胶,人工取出玻璃进行安装(有的采用自动装配装置)。

四、螺母拧紧机

1. 螺母拧紧机的功能介绍

轮胎的拧紧是汽车装配过程中的一道关键工序,为了保证过程的可靠与稳定,有必要使用可靠的方法和手段来保证。螺母拧紧机是总装在质量控制手段中的一种,它靠准确的力矩控制而受到各大生产厂家的青睐。根据不同的生产车型,可以相应地选择螺母拧紧机的轴数,通常是4轴或5轴,也可以根据需要选择任意多轴。通常,在总装线上螺母拧紧机不只适用一种车型,螺母拧紧机可根据各车型的不同设置不同的力矩参数以达到多车型共用。

拧紧机能实现数据联网,并具备远程监控功能,拧紧机具有最终拧紧结果输出、拧紧曲线实时监控、拧紧结果的列表等功能。拧紧机具备自我检查、故障诊断、传感器在线监测、系统故障报警、稳定报警、电动机传感器电流报警等功能。拧紧机能自动进行力矩、角度监控,拧紧方法采用预拧紧→旋松→再拧紧的两次拧紧方式,在0速时保持力矩并进行补偿多轴同步紧固。螺母拧紧机能显示每根轴每一次拧紧的实际力矩值、转角值、样本的标准偏差、扭矩、转角曲线等,并能自动输入储存。每根轴具有多种力矩编程,能够控制多组力矩设定值。拧紧机配备专用套筒,保证拧紧过程中套筒的导入和自动跟进退出,避免紧固完成后出现锁死现象。拧紧机还具有拧紧结果提示功能,设备出现故障和拧紧失败,有报警与指示灯,并能在显示屏上显示故障及拧紧失败的原因。

2. 螺母拧紧机的构成

螺母拧紧机主要由以下部分组成:平衡汽缸双柱悬架系统或平衡吊、拧紧系统、电气控制系统、动力数据通信电缆等。

螺母拧紧机主体构成:直流无刷电动机、力矩传感器、角度传感器、拧紧轴信号接收显示系统、指示灯和蜂鸣装置、机型选择按钮、扫描枪、轴流风机、机壳等。

3. 螺母拧紧机的工作流程

车辆前轮进入作业工位后,操作者通过扫描枪扫描车型代码或手动选择按钮两种方式设置车型,拧紧机自动切换拧紧程序;操作工沿导轨前后左右移动拧紧机,快速、轻便、准确对准轮胎螺栓或螺母;启动按钮,到达预力矩值,拧紧轴停顿等待所有拧紧轴都达到预定力矩后,所有拧紧轴自动反松至一定角度;系统再次自动拧紧,到达预力矩值,拧紧轴停顿等待所有拧紧轴都达到预定力矩后,所有拧紧轴再自动从预力矩拧紧到最终力矩。操作面板显示合格,移开拧紧机;移动到后轮位置,对后轮拧紧,后轮拧紧过程同前轮。当拧紧力不合格时,设备按预先设置自动反松二次拧紧,如果仍不合适,红色指示灯亮,并发出报警信号,系统进入异常处理程序。

螺母拧紧机工作流程如图7-19所示。

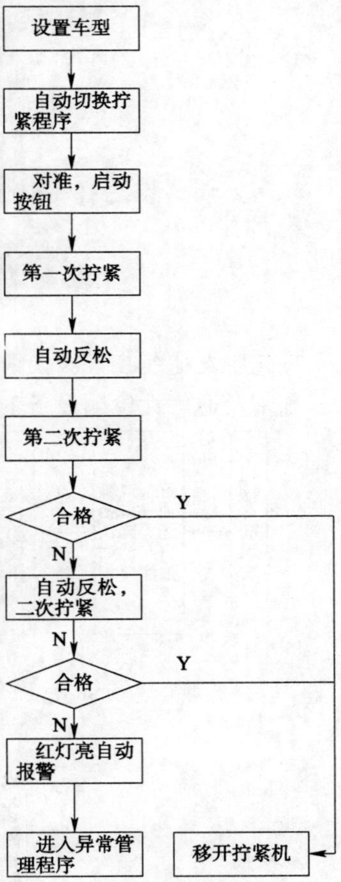

图7-19 螺母拧紧机工作流程示意图

五、气密及通气性检测设备

1. 气密及通气性检测设备的功能介绍

气密及通气性检测设备是总装线为了检测生产车辆燃油系统密封性和通气性能的设

备,是汽车生产必备的设备之一。

气密及通气检测设备的检测系统具有选择参数开关,即国际检测参数和在线检测参数,可根据需要通过开关切换到预期检测通道工作。气密及通气检测设备通过条码扫描实现线上车型的自动切换;车辆的标识码可以条码输入、人工输入方式获取。其测试数据及结果能自动存储,自动比较判断合格与否,并按月自动生成趋势曲线;历史记录便于查询,并可进行分时段、分车型等方式查询、调阅和打印检测结果。测试数据通过通用工业条码打印机打在不干胶带上。

气密及通气检测设备配有红、黄、绿三色柱型指示灯,分别在不合格或设备异常、调试中、合格等3种工作状态时闪烁;设备配蜂鸣器,分别在不合格或设备异常、合格等2种工作状态时鸣响,声音必须有明显区别。如图7-20所示气密性检测线。

图7-20 气密性检测线

2. 气密及通气性检测设备的工作流程

气密及通气性检测设备工作流程如图7-21所示。

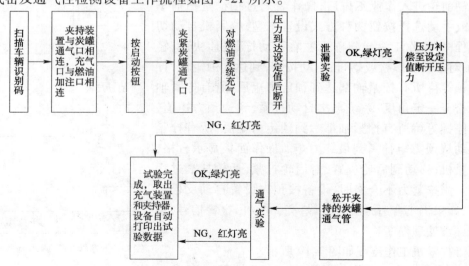

图7-21 气密及通气检测设备工作流程示意图

六、加注设备

防冻液、制动液、助力转向液、制冷剂等在汽车装配中,普遍采用具有抽真空、自动检漏、自动定量加注等功能的加注机,其他如燃油、洗涤液、机油、齿轮油等采用普通定量加注机,以制动液加注工艺流程为例,介绍加注过程与设备。

(1)装卡。操作工取下加注枪(图7-22),将其装卡到油壶口,并连接好 ABS 口,开接(因 ABS 执行机构存在干湿之分,一般主机厂 ABS 执行机构为干式,在制动液加注时需要对其连接通信,以保证 ABS 内部充注制动液),按下加注枪上的启动按钮。

(2)测漏。设备自动对制动系统抽真空,真空度达到一定值时停止抽真空,保持真空度数秒进行气密性检测,此过程中判断系统是否存在泄漏(大漏或小漏)。

(3)加注。若气密性合格,则开始进行加注,直至系统全部被加满。

(4)液面调整。将液面调整到预期液位。

(5)结束。液面调整完成后设备给出灯光及声音信号,提示加注已完成,操作工取下加注枪并放回枪架上,结束此循环。

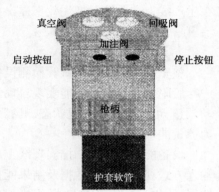

图7-22 制动液加注枪示意图

七、激光打印机

1.激光打印机的功能介绍

激光打印机在总装线上主要用于打印 VIN 条码及铭牌,具有网络自动打印、扫描打印、人工输入打印功能,其中扫描打印有三种模式:可单独打印 VIN 条码、可单独打印铭牌、同时打印 VIN 条码和铭牌;具有将上一张铭牌或 VIN 条码重新打印一次的功能,日期打印有当前日期(设为默认状态)和人工输入日期两种方式,人工输入需打印的铭牌或 VIN 条码内容(数量随意)应有权限设置,所补打标签应作历史保存备查;设备科自动保存以打印的数据;具有重码识别报警功能;支持同时打印多种类型格式铭牌;可以在规定范围内设置不同版式的打印内容;打刻出的 VIN 条码和铭牌通过条码扫描枪(读码器)进行验证。

2.激光打印机的结构

激光打印机系统(整体式)的结构包括:上料机构、传动机构、激光标刻机构、切断机构、吸尘装置、冷却系统、电气控制系统、专用激光打印软件等组成。

八、电子防盗配钥匙设备

电子防盗配钥匙设备是整车发动机进行防盗钥匙匹配的设备。

电子防盗配钥匙设备主要用于防盗系统在线匹配钥匙。开机自动进入操作软件界面,由条形码输入器输入车辆的 VIN 码,按电脑显示器的颜色或文字提示,点火和熄火,完成防盗系统的学钥匙过程。设备与汽车电子防盗 ECU 的硬件通信接口兼容 K 线和 CAN – BUS 功能,并且设备具有防盗检测、匹配钥匙、BCM 下线检测与匹配遥控器的功能。设备采用后台数据库方式,增加车型维护和操作员维护信息,同时支持测试记录的保存备份,可存储车辆的匹配错误记录。不同电子防盗匹配钥匙系统的匹配流程不同,设备可在不同的电子防盗匹配钥匙系统中自动切换。

九、燃油加注机

为保证下线车辆进行正常的起动和运转,各整车厂需对燃料为汽油或柴油的汽车进行油液加注,加油机则成为各整车厂必备的设备之一。加油机跟普通加油站的加油机一样。在生产线上主要针对加注效率提出了更高的要求。

十、脱附设备功能

整车燃油系统脱附试验检测设备能在线进行脱附检测。

脱附试验检测设备能实现自动清零、线下采样、在线检测等功能;设备的真空压力可自动调整,可完全模拟工况状态,具有采样功能,并能记录发动机在不同转速条件下对应的压力流量曲线。

设备能通过条码扫描实现线上车型的自动转换;车辆的标识码可通过条码输入和人工输入方式获取。测试数据及结果能自动存储,自动比较判定合格与否,并按月自动生成趋势曲线;历史记录便于查询,并可进行分时段分车型等方式查询、调阅和打印检测结果。

测试数据通过通用工业条码打印机(TCS 工业打印机)打印在专用打印纸上,设备能与工厂的局域网(TCP/IP)联网,将测试合格的数据以工厂所需格式共享,供工厂服务器调用。

设备可配红、黄、绿三色柱型指示灯,提示不合格或设备异常、测试中、合格三种工作状态时闪烁;设备可配备蜂鸣器,在不合格或设备异常、合格两种工作状态时鸣响,声音有明显区别,可以让工人明确辨别其状态。

十一、AGV 系统

1. AGV 系统的功能介绍

AGV 系统主要用于发动机合装、桥合装和汽车总装,AGV 是 Automated Guided Vehicle 的英文缩写,是指装备有电磁或光学等自动导引装置,能够沿规定的导引路径行驶,具有各种移载功能的运输车,工业应用中不需要驾驶员的搬运车,可以充电的蓄电池为其动力来源。一般可透过电脑来控制其行进路线以及行为,或利用电磁轨道(Electromagnetic Path-following System)来设立其行进路线,电磁轨道粘贴在地板上,无人搬运车则依循电磁轨道所带来的信息进行移动与动作,如图7-23 所示 AGV 小车。

发动机总成经分装线装配完成后,从线体的出口处将完成装配发动机总成模块连同分装托盘一起推入 AGV 小车(AGV 的台面高度需与分装线出口高度匹配);载有发动机总成模块及分装托盘的 AGV 小车,经环线按预定时间、速度进入发动机合装工位悬链下方,在预定区域捕获预先固定在汽车车身上的合作目标,保持稳定跟踪状态后,自动举升发动机到预定位置,人工控制举升到安装位置,由装配工人安装固定螺栓,完成装配后发出结束信号。根据发动机安装结束信号,AGV 自动落下升降机构,加速离开装配工位,空托盘随 AGV 小车经环线返回至分装线的入口处,在此处空托盘将推至托盘储运线,之后 AGV 小车运行至分装线的出口处,等待加载完成分装的发动机总成模块,完成一次工作循环。AGV 小车运行路线形成封闭环线结构。

AGV 的电池可快速充电,AGV 在运行工程中电量检查装置实时监测电池的放电量,当放电量达到指定的数值时,发出充电申请。AGV 通过无线局域网向控制台提出充电申请,由控制台控制充电机,当 AGV 到达充电站时充电。充电器是全自动,控制台通过 I/O 点对充电器进行管理。

图 7-23　三种 AGV 小车

数据采集系统检测总装生产线上待装配汽车的位置,为控制台提供发车的时间及顺序控制 AGV 输送系统提供运行控制数据。

控制台是 AGV 系统的核心,它主要功能包括通信管理、AGV 运行状态、数据采集和运行状态显示。控制台在实时调度在线 AGV 的同时,将在屏幕上显示系统工作状态,包括在线 AGV 的数量、位置(包括 AGV 处于的地标位置)、状态。

控制台与生产线管理系统留有接口(TCP/IP 协议),可以接收调度命令和报告 AGV 的运行情况。控制台通过该接口读取底盘装配线的运行状态,同时报告 AGV 的运行状态。

控制台负责 AGV 运行中的交通管理。保证运行中的各个 AGV 之间的正常安全运行。控制台将对进入系统和退出系统的 AGV 进行管理,以保证系统运行。

2. AGV 系统的组成

AGV 系统由 AGV、AGV 地面导引系统、在线自动充电系统、数据采集系统、AGV 控制台、AGV 调度管理系统、通信系统等构成。

AGV 完成发动机总成、后桥总成从分装线出口到总装生产线的输送及辅助装配工作。地面导引系统是 AGV 运行的路线和轨迹,AGV 导引系统采用基于地图的磁带导航方法。为了保证 AGV24 小时内连续运行,采用大电流快速充电的方法;AGV 的充电过程是在控制台的监控下自动进行的。数据采集系统实时检测总装生产线待装车辆的运行状况,为 AGV 装配运送系统提供基础数据。控制台和 AGV 调度管理系统是 AGV 系统的调度管理中心,负责数据采集系统的数据处理,与上位机交换信息,生成 AGV 的运行任务,解决多台 AGV 之间的避碰问题。通信系统由无线局域网通信系统组成。AGV 与控制台之间采用无线局域网进行信息交换。

第五节 总装质量控制技术

一、总装质量状况概述

总装作为汽车制造四大工艺中最后一道工序,装配质量的好与坏直接影响到整车品质。然而毋庸置疑,汽车在总装部分涉及的零部件有成百上千个,是四大工艺中装配过程最为复杂的。因此,总装过程的质量控制显得尤为重要。分析各种汽车产品质量缺陷产生的原因,大致可以分为几类:在机械或者软件等设计上存在问题,对使用环境没有充分认识,造成使用环节中出现问题;对工艺、设备等的选择不当,致使产品一致性有问题;工人在生产制造过程中没有严格遵守相关程序要求造成失误。看来要把牢质量关,企业需要关注从设计研发到生产制造的每一处细节,各个环节都严格遵守工艺操作规范,任何疏漏都可能埋下隐患。

二、汽车总装力矩控制系统

力矩的控制是汽车总装过程控制的核心内容,特别车辆底盘部分各个零部件的紧固,事关用户的生命人身安全。通常情况下,总装装配的各个零部件通过螺旋进行紧固,针对关键零部件,在螺旋紧固完毕后,还必须使用工艺中规定的扭力矩扳手对该螺栓再次拧紧,以确保该螺栓的紧固状态。然而如果使用普通的扭力扳手,不仅每天要对扭力扳手进行效验,检查扭力扳手的扭力值是否达到规定的要求,并且单纯靠操作者认为保证,经常会出现这样或那样的低级操作失误。

力矩控制系统是一套完善的力矩监控联网信息系统,详细说明了在普通定扭力矩扳手中的应用。汽车总装过程大量采用螺纹连接,控制螺纹施扭力矩是保证重要螺纹连接质量的主要手段。研究发现,实现力矩控制的自动化工具和设备存在两个主要问题:体积大,灵活性差;成本高,维修不方便。然而普通定力矩扳手在生产线大量使用的过程中,质量的控制主要靠操作者认为的主动配合,受人为因素影响太大。面对高效的流水线生产作业,特别是汽车总装装配中,如果没有量化的数据记录和有效的评价措施,装配过程质量难以保证。为此,在使用无线遥控技术对普通定扭力矩扳手进行改进的基础上结合后分布式微机控制系统和质量控制理论,有效实现了对关键螺纹紧固质量的在线控制。

三、系统功能划分和结构分析

1. 功能分析

根据生产实际需求,系统有如下功能:对普通定力矩扳手的改进,在不影响其精度,不增加操作复杂性的基础上,及时准确地反馈操作信息;施扭信息的实时采集、传递、储存和结构化管理,并定期进行备份,分类存档,以备查看;实时统计质量控制,将遗漏信息及时提供给返修工位;质量信息的统计图和分析报表以网页的形式在企业内部网上发布。

2. 系统结构

从可靠性角度考虑,整个系统划分成设备层、监控层和管理层三个层次。设备层以可编程控制器(PLC)为核心,负责现场采集信号和质控、质检工位信息的显示;监控层作为系统的人机接口单元,以主控服务器为核心,完成现场生产过程的监控并向管理层反馈质量信息;管理层为质量控制部门能够及时控制生产过程、下达调度指令提供可靠的分析数据。体系结构如图 7-24 所示。

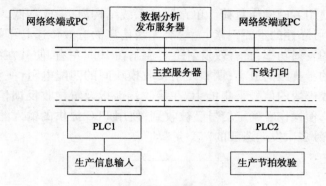

图 7-24 控制系统结构图

整个系统从稳定性、可靠性出发,硬件系统采用工业控制机和 PCL(Printer Com-mand Language,打印指令)串行通信接口卡,带有 2 个 RS 串口端口配备的芯片特别适合于 Windows 下的高速串行 I/O;设备层使用高容量 CPU,它具有结构小巧、运行速度高和多功能等特点。软件系统由四个分布的数据库支撑:基础数据库,包括车型信息、装配工位力矩信息、扳手信息;生产过程实时状态库,记录在线车的生产编号、车型代码、工艺数据等信息,以及实时产生的操作质量和返修质量信息;成品车装配结果库,包括成品车信息、成品车装配质量信息;离线分析库,离线分析查询数据用于车间管理层对装配质量分析、查询时的图形显示和数据列表。软件可用 Microsoft VB601 和 SQL Server 710 开发,采用带有专门管理串行通信的 MSComm 封装控件,提高串行通信编程的效率和运行的可靠性。力矩系统工作流程如图 7-25 所示。

四、定力矩扳手的改进方案分析

实时统计总控线工位上的螺栓紧固施力信息,需要对这些工位上的定力矩扳手进行技术改造,即将螺栓紧固合格的机械信号转化为电脉冲信号送入 PLC,并上报主控服务器。定力矩扳手处于整个系统的底层,在系统中起着至关重要的作用。扳手性能的好坏直接影响整个系统。对普通定力矩扳手进行改造,增加信号采集装置的核心在于:当扳手的施力力矩达到标定值时,翻转体翻转,其运动通过柱塞和挺杆的轴向运动传递给微动开关,挺杆与柱塞之间有 0.13~0.15mm 的间隙,挺杆和预紧弹簧滑块的运动,只在翻转体失稳之后进行,因而不会影响原扳手的工作精度。

为减小扳手信号采集发射装置的体积和质量,同时保证信号发射的可靠性,系统采用发射频率为百兆级的单路遥控系统,通过控制电路中芯片 LSD2262 和 LSD2272 的 1~6 脚的状态设置,对信号进行编解码,编码数量可达到 26 个,足以保证实现一对一的信号传输。

当操作者使用扳手对螺栓的紧固力矩达到额定值时,定力矩扳手的机械工作部分触动微动开关,接通装配合格检测电路,发射模块对信号进项编码并以无线方式送出,置于信息处理器中的接收装置对接收到的合格信号进行解码,如果信号匹配,则接通内部的电路开关

S,通过接口电路向 PLC 发送一个数字脉冲信号,它接收到合格信号在进行计数的同时使接收端面板的反馈灯 LED 发光,通知操作者此次紧固操作合格。使用无线信号传递没有电缆线的限制,可灵活移动,特别适合于汽车总装配生产车间的作业环境;省去了通信电缆线及辅助装置,减轻了使用者的操作负荷。单路遥控系统结构简单,成本低,但收发模块间的相互干扰是影响工作可靠性的重要因素,为解决无线信息的有效传递与干扰问题采取以下方案:调整发射模块的发射功率,将有效发射距离控制在 10m 左右,使其在满足扳手工作范围的情况下,相互间的干扰距离最小;调整发射接收模块间的匹配电阻,使发射接收响应时间最短,从而提高接收模块的信号采集能力;在接收端面板设置接收反馈信号灯,并通过 PLC 控制灯的发光延时,使操作者确定信号已被收到;使用 PLC 提供的输入滤波器,来抑制扳手工作过程中有效信号多次发送造成的"信号抖动"。

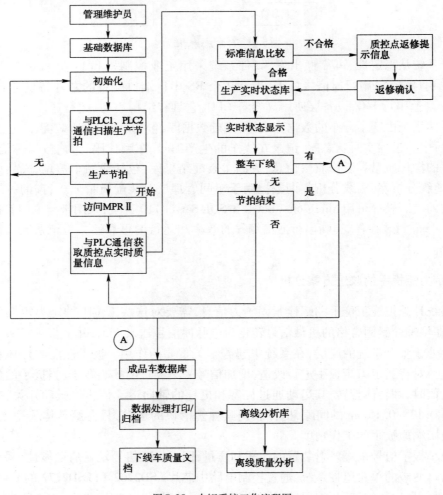

图 7-25 力矩系统工作流程图

汽车总装装配力矩质量控制系统,能够准确、高效地收集总装配过程中重要螺纹的施扭信息,并将遗漏情况实时报告给质检点,提高了质量控制的效率,降低了检验人员的工作量;通过对螺纹紧固情况的 P 控制图分析,使质量控制部门针对生产中出现的不利因素积极采取改进措施,从而提高整个部门的生产技术水平和产品质量意识,如图 7-26 所示。

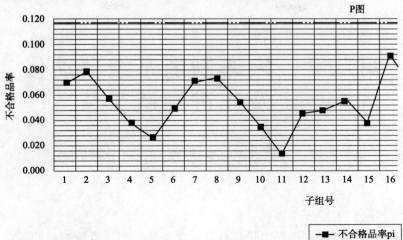

图 7-26　螺纹紧固情况的 P 控制图分析界面

训练与思考题

1. 汽车总装有哪些特点?
2. 汽车总装有哪些装配方法?
3. 什么是工序?什么是汽车总装配流程?
4. 简述承载式车身与非承载式车身的区别。
5. 总装生产线由哪些部分组成?
6. 汽车总装工艺涉及哪些主要设备?
7. 简述 AGV 系统的组成。

第八章 汽车制造系统自动化及先进制造工艺

第一节 汽车制造系统自动化的概念

一、系统

系统是具有特定功能的、相互之间具有有机联系的许多要素所构成的一个不可分割的主体。任何一个系统都具有下述性质。

(1)集成性。系统是由两个或者两个以上要素组成。每一个要素都对外呈现出自身的特性,并有其自身内在的规律。

(2)相关性。组成系统的要素是互相联系和互相作用的。每个要素通过整体规划,有机地集成一个主体。

(3)目的性。系统具有明确的整体目的性。为了实现系统的目的,系统必须具有处理控制、调节管理的能力。

(4)环境适应性。系统应能适应外部环境的变化,能随着外部环境的变化来调节自己内部的变化,使系统始终运行在最佳状态。

二、制作系统

从结构上讲系统制作过程中所涉及由硬件及其软件所组成的一个统一的整体。制作过程中所涉及的硬件包括人员、生产设备、能源和物流等;软件包括制造理论、制造工艺和方法、制造信息等。

三、汽车制造系统自动化的目的

汽车制造系统的自动化技术可以被认为是汽车制造业走向现代化的关键所在。实现汽车制造系统自动化的目的在于如下方面。

(1)保证产品的质量。
(2)改善劳动条件。
(3)提高生产效率。
(4)减少人员和生产面积,节约能源,降低生产成本。
(5)提高对市场变化的适应能力和竞争能力。

自动化技术是科学技术不断进步和生产高度发展的产物,随着时代的进步。围绕上述的五个目标,自动化技术正在不断地发展,并越来越发挥出突出的作用。

四、专用机床组合机床

1. 专用机床

专用机床是一种刚性的加工设备,是为一种或一组相似零件的一个加工工序而专门设计制造的自动化机床。它可以同时用许多刀具进行切削,容易实现自动化,生产效率高,机床结构简单。专用自动化机床是大批量生产提高生产效率、降低成本的重要途径,因而在大批量生产中被广泛使用。但大多数专用机床本身只是单件生产,制作周期长,价格昂贵。当被加工零件有变动时,它就不能够适应,必须另换别的机床。因此,专用机床只能用于产品及工艺不变的大批量生产场合,不能适应产品更新的需要。

2. 组合机床

组合机床是由已经系统化、标准化的通用部件和少量的专用部件所组成的"特殊的专用机床"。通常一台组合机床有70%~90%的零件是标准件和通用件。组合机床可以同时从几个方面采用多把刀具对一个或几个零件进行切削。它是实现工序集成中、提高生产率的有效设备。当被加工工件或工序内容改变时,组合机床可以部分和全部地进行改装,它的通用零件可以重新应用,只需配以部分专用部件,又可以成为加工新工件的专用机床。组合机床的通用部件可以组织工厂集中生产,可以降低成本,设备维修也方便。

五、刚性半自动化单机及刚性自动化单机

刚性半自动化单机是指能自动完成除上下料以外的一切切削运动和辅助运动的机床。刚性半自动化单机实现的是加工自动化的最低层次,但投资少、见效快,适用于产品品种变化范围的生产批量都较大的制造系统。缺点是机床调整工作量大,加工质量差,工人的劳动强度较大。

刚性自动化单机是在刚性半自动化单机的基础上,增加自动上下料装置,从而能自动完成一切切削运动和辅助运动及自动上下料的机床。这种机床常用于商品变化很小,但是生产批量特别大的场合。其特点是通用性差、投资小、见效快。

六、刚性自动化生产线

刚性自动化生产线适用于工件输送系统将自动化加工设备和辅助设备按一定的顺序连接起来,在控制系统的作用下完成单个零件加工的大系统。刚性自动化生产线具有很高的自动化程度。如果用若干个组合机床配置完成自动流水线,则成为组合车床自动线。组合车床自动线的跳帧时间会大大减少,生产成本也会大大降低。刚性自动化生产线或组合机床自动线是少品种、大产量生产的首选设备。刚性自动化的特点主要包括如下方面。

(1)工作的专业化程度大大提高,在自动化生产线上固定生产一种或几种工作,而在每个工作地上固定完成一道或几道工序。

(2)生产工具有明显的节奏性,以及按照节拍进行生产。在刚性自动化生产线上完成相邻的两个工件的时间间隔,称之为节拍。

(3)工艺过程是封闭的,并且工作设备按工艺顺序排列成链形的形式,工件在工序间做单向移动。

（4）工件如流水般从一个工序转移到下一个工序，消除或最大限度地减少了因为等待工件所耽误的时间和机床设备加工的间断时间，生产过程中具有高度的连续性。

（5）工件从加工工位到所有工作完成，均在主控制器的控制之下自动完成。这种自动过程不仅包括工件的自动化流程，还包括机床的加工全过程的自动化控制。

（6）刚性自动生产线还具有缩短生产周期、减少半成品中间库存，缩短物料流程，减少生产面积，改善劳动条件，便于生产管理等优点。

（7）与自动化单机相比，它完成的加工工序多，生产率高。设备的结构复杂、投资大、系统调整时间周期长、对更换加工对象的适应性差。

七、数控机床

1. 数控机床的概念

数控是一种自动控制技术，使用数字化信号对机床各运动部件在加工过程中的活动进行控制的方法，装备了这种数控系统的机床即为数控机床。早期的数控机床的控制编程是通过硬件电路即硬件数控实现。这种数控机床虽然可以通过改变编程实现对不同零件的加工，但有很多缺点（如编程工作量大、不能实现自适应控制、加工过程中容易出现输入故障、控制系统缺乏灵活性等）。目前数控机床由计算机进行控制。

数控机床常用于零件复杂程度不高、品种多变、中等批量的生产场合。

2. 数控机床的组成

数控机床一般由以下几部分组成。

（1）主机。数控机床的主体，包括床身、立柱、主轴进给机构等机械部分。

（2）计算机数控装置。数控机床的核心，包括硬件及相关软件。

（3）驱动装置。数控机床执行机构的驱动软件，包括主轴驱动单元、进给驱动单元、主轴电机驱动等。

（4）编程机和其他一些附属设备。

2. 数控机床的发展趋势

为了满足制造业向更高层次的发展，为了柔性的制造单元，柔性制造系统以及计算机集成制造系统等提供的基础装备，现代数控机床有如下发展方向。

（1）实现长时间的连续自动工作。

（2）向高速、高精度发展。

（3）提高数控机床的使用率及生产效率。

（4）提高数控机床的可靠性。

（5）有很好的操控性。

（6）采用自动编程技术，具有人机对讲功能。

（7）具有强功能的内装式机床可编程机器。

（8）具有更优质的通信功能。

第二节　冲压工艺的新发展

近十多年来，随着对发展先进制造技术的重要性获得前所未有的共识，冲压成型技术无论在深度和广度上都取得了突飞猛进的发展,其特征是与高科技相结合,在方法和体系上开始发生很大的变化,由于金属板料的成型加工在汽车工业中有越来越重的比例,因此,如何提高相应的成型技术和制造技术水平,也就是说,如何充分利用和发挥材料的成型性能、发掘新的成型工艺与方法、借助当今飞速发展的计算机技术优化零件结构及工艺,预测成型缺陷、坚持和控制成型过程等是当今板料成型发展的必然趋势,计算机技术、信息技术、现代测控技术等向冲压领域的渗透与交叉融合,推动了先进冲压成型的行程和发展。

冲压新技术、新工艺的发展主要有以下几个方面。

(1)进入 20 世纪 90 年代以来,高新技术全面促进了传统成型技术的改造及新进成型技术的形成和发展。21 世纪的冲压技术将以更快的速度持续发展,发展的方向将更加突出"精、省、净"的需求。

(2)冲压成型技术将更加科学化、数字化、可控化。主要体现在对成型过程、产量质量、成本、效益的预测和控制程度,成型过程的数值模拟技术将在实用化方面取得很大发展,并与数字化制造系统很好地集成,人工智能技术、智能化控制将从简单形状零件成型发展到覆盖件等辅助零件成型,从而真正进入实用阶段。

(3)注重产品制造全过程,最大限度地实现多目标全局综合优化,优化将从传统的单一成型环节向产品制造全过程系统整体发展。

(4)对产品可制造性和成型工艺的快速分析与评估能力将有大的发展,以便从产品初步设计甚至构思时起,就能针对零件的可成型性及所需性能的保证度做出快速分析评估。

(5)冲压技术将具有更大的灵活性或柔性,以适应未来小批量多品种混流生产模式及市场多样化、个性化需求的发展趋势,加强企业对市场变化的快速响应能力。

(6)重视符合化成型技术的发展,以复合工艺为基础的先进成型技术不仅正在从制造毛坯向直接制造零件方向发展,也正在从制造单个零件向直接制造结构整体的方向发展。

以下重点介绍几种典型的冲压新工艺:变压边力技术、液压成型技术、黏性介质压力成型技术、板料渐进成型技术、无模多点成型技术和冲压智能化技术。

一、变压边力技术

压边力是影响板料冲压成型质量的重要工艺参数之一,在复杂的薄板成型过程中,传统恒定压边力控制往往难以同时避免起皱、厚度减薄量过大和开裂等缺陷,为此,一些学者提出了变压边力控制法式:在不同变形特点的成型阶段设置不同的压边力,变压边力可以充分利用材料的成型性能,从而提高零件的成型质量。

20 世纪 90 年代以来,先后有学者在压边力理论模式、变压边力实验技术等方面做了大量研究,其中美、日以及北京航空航天大学和燕山大学的学者推导出了各自的压边力计算公式;上海交通大学的学者在变压力优化研究方面取得了一定进展;德国的 K. Siegert 等建立了计算机数值控制多点压边力控制系统,并提出分段压边的概念,虽然国内外学者在变压边力技术方面取得一些进展,但多集中于对筒形件、锥形件等简单零件的研究,压边力加载模式的优劣尚无定论,研究中很少考虑拉延筋的影响,今年来,越来越多的学者将人工智能技术、有限元数值模拟技术引入变压力技术研究领域。

二、液压成型技术

液压成型是指采用液态的水、油或黏性物质作为传力介质,代替刚性的凹模,使板料在传力介质的压力作用下黏合凸模面成型,它是一种柔性成型技术,根据成型对象的不同,液压成型技术可以分为壳液压成型、板液压成型和管液压成型三类。近年来,由于汽车和航空工业的快速发展,大量冷成型性能差的新材料和结构复杂的零件得到了越来越多的应用,这为板液压型技术的发展提供了机遇,板液压成型作为一种新的加工工艺,具有模具成本低、模具制造周期短、成型极限高等特点,与传统工艺相比,液压成型适应了单价产品的小批量、多品种的柔性发展方向,受到世界各国学者的一致关注。

与传统板料成型工艺不同的是,板液压成型中用液体来代替或用液体辅助成型,此种方法是利用在凹模中充以液体,凸模下行时,凹模液压室中的液体被压缩产生相对压力将毛坯紧紧地贴于凸模,形成有效的摩擦保持效果,使工件完全按凸模形状成型,另外,在凹模与板料下表面之间产生流体润滑,减少有害的摩擦阻力,这样不仅使板料的成型极限大大提高,而且可以减少传统拉深时可能产生的局部缺陷,从而成型出精度高、表面质量最好的零件。

在液压成型中常使用液压成对成型方式,液压成对成型是德国在20世纪90年代后期提出的一种板料成型新工艺,又称为板材内高压成型,简称HBU。板件成对液压成型时,首先将叠放的两块平板毛坯放置在上下凸模中间。压边后充液预成型,边缘切割,对边缘采用激光焊接,然后在两板间充入高压液体,使其贴模成型。这种成型属于内高压成型,适用于成型腔体零件。这种成型是靠板料变薄来成型的,对于上下型腔不一致的成型,上下板料的变薄情况也不一样,因此可以考虑采用非焊接的形式,但若这两块板料直接接触,由于摩擦的作用,两块板料成型时会相互影响,鉴于这种情况,德国学者提出改进,在板料间加了一块隔板以减小相互作用。这种成型技术是一种凸模成型技术,与一般的成型工艺相比减少模具数量。因采用液压加载,模具不易损坏,寿命提高,板件与模具贴合程度好,零件冻结性好,残余应力通过高压塑性变形接近完全消除,弹复小,板材成型极限可明显超过拉深工艺和纯液压胀型的工艺。这种工艺技术尤其适用于形状复杂、尺寸多变的大型板料零件的生产。

与传统工艺相比液压成型的优越性主要包括如下方面。

(1)成型极限提高。减少了工件的成型次数和退火次数,以及配套模具数量和成本。

(2)成型零件的回弹性小,工件的表面质量和尺寸精度得到提高。

(3)模具结构简单,加工精度要求较低。非常适合于现代小批量、多品种的柔性加工的要求。

(4)可以成型室温下一些难成型的材料,如镁合金、铝合金、钛合金以及复杂结构拼焊板等。

(5)可以加工形状复杂的零件。

尽管板液压成型有着一些明显的优势,但也有其缺点,主要包括如下方面。

(1)凹模型腔内的液压压力会对凸模下行产生阻抗作用,因此所需成型设备的吨位要比传统成型的吨位高。

(2)由于液体的应用,密封问题必须考虑,板件的压边密封面要单独改进。

(3)因工件成型后还需要液体补充等工序,因此生产效率不如传统工艺高。

三、黏性介质压力成型技术

黏性介质压力成型(Viscous Pressure Forming, VPF)是一种新的板料软模成型技术,尤其适合于汽车、航空、航天等领域多品种、小批量、难成型材料如铝合金、镁合金、钛合金以及高温合金和复合材料等的成型。在成型过程中,黏性介质被注入板料两侧形成压力场,同时调节压力边的大小和分布使板料按要求顺序成型,以避免板料局部过分减薄,最终得到符合要求的零件。

黏性介质压力成型与其他软模成型的主要不同点在于所采用的传力介质是一种半固态、可流动且具有应变速率敏感性的物质,成型过程中,黏性介质的变形抗力可以适应于板料的变形,模腔内的压力场是非均匀变化的。这类常有利于板料成型性能的提高,另一个特点是在成型过程中,黏性介质可以同时注入板料的两侧,这样反向压力的存在可以减少微裂纹的产生并改善板料的应力状态,同样也有利于提高成型性。

与常规刚性模具成型相比,黏性介质压力成型工艺消除了成型对零件表面的划伤。尤其是在成型复杂型面零件时,常规成型容易造成板料局部撕裂或不能贴模,而黏性介质压力成型工艺则可以避免破坏且成型件尺寸精度高。与以水或油为传力介质的液压相比,黏性介质压力成型对密封的要求较低,因此压边力可以得到很好的控制,进而得到壁厚更为均匀的零件,与聚氨酯或橡胶成型相比,黏性介质在压力下有很好的流动性,可以充填小角度和复杂曲面,因此得到的零件贴模性好。

黏性介质压力成型工艺具有以下优点。
(1)可使用简单通用的模具结构。
(2)低的厚度减薄率和更均匀的壁厚分布。
(3)高度尺精度,低回弹和残余应力。
(4)更低的表面粗糙度。
(5)无腐蚀,无污染,对人体无害。
(6)黏性介质可重复使用。

四、板料渐进成型技术

20世纪90年代初,日本学者松原夫提出了一种新型的金属板料成型工艺——金属板料渐进成型技术,为板料的柔性成型开辟了一条新路。

板料渐进成型工艺的思路是将复杂的三维形状分解成一系列等高线层,并以工具头沿等高线运动的方式,在二维层面上进行塑性加工,实现了金属板料的数字化制造。

成型时,首先将被加工板料置于一个通用芯模上,在托板四周用压板夹紧板料,该托板可沿导柱上下滑动。然后将该装置固定在三轴联动的数控成型机上,加工时,成型工具走到指定位置,分层渐进下压板料,使板料成型。

渐进成型技术特点如下。
(1)不要模具,用工具压头就可成型板料。
(2)只要变更程序就可改变成型形状。
(3)少量生产可以降低模具费用。

(4)三轴 CNC 控制操作性好。

(5)低噪声,高安全性。

数字化渐进成型技术的特点是无须制备对应的模具,零件的结构和形状也相应不受约束,因而极大地降低了新产品开发的周期和成本。所以对于汽车新型样车的试制具有潜在的经济价值,而且该方法所能成型的零件复杂程度比传统成型工艺高。

其存在的主要问题如下。

(1)成型零件的尺寸精度不高,其曲率半径受到工具球头半径的限制,不能很小。

(2)由于工具压头在板材上作摩擦滑动,有一定的滑动阻力。

(3)由于受到模芯的机构影响,成型零件的尺寸受到限制,不能太小。

五、无模多点成型技术

20 世纪 70 年代,日本造船界开始研究多点成型压力机,并成功应用于船外板的曲面成型,这以后许多学者对多点成型技术进行了大量的探讨与研究,制作了不同的样机,但大多只能进行变形量较小的整体变形。在国内,吉林工业大学李明哲等人对无模多点成型技术进行了较为系统的研究,已自主设计并制造了具有国际领先水平的无模多点成型设备,目前正向推广应用方面发展。

根据基本体群之间在成型过程中有无相对运动,又可分为多点模具成型法和多点压机成型法,多点压机成型是利用高度可调节的数控液压加载单元(基本体群)行程离散曲面,来替代传统模具进行三维曲面成型的方法,是一种多点压延加工技术。该方法特别适于多品种、小批量生产。与传统模具成型方法相比,其主要区别就是它具有"柔性",可以在成型前、也可在成型过程中改变基本体的相对位移状态,从而改变被成型件的变形路径及受力状态,以达到不同的成型效果。

无模多点成型装置存在一些不足。

(1)在该装置中杆头形状为球面,与相邻杆高度相差较大时,板料在冲压成型时易产生局部凹陷或凸起,或板型曲面过渡不平滑。

(2)压边装置难以构造,成型薄板比较困难,在板料起皱方面未有改进。

六、冲压智能化技术

板材冲压成型智能化是一项涉及控制科学、计算机科学和板材塑形成型理论等领域的综合性新技术。其突出特点是,根据被加工对象的特征,利用易于检测的物理量,在线识别材料的性能参数,预测最优的工艺参数,并自动以最优的工艺参数完成板材成型过程。因此,板材成型的智能化是冲压成型过程自动化及柔性加工系统等新技术的更高级阶段,不但可以改变冲压生产工艺的面貌,而且还将促进冲压设备的改革,同时也会引起板材成型理论的进步与分析精度的提高,在降低板材级别,消除模具与设备调整的技术难度,缩短调模试模时间,以最佳的成型参数完成加工过程,提高成品率和生产率等方面都具有十分明显的意义。

典型的板材成型智能化控制系统由以下四个基本要素构成。

(1)实时监测。采用有效的测试手段,在线实时监测能够反映被加工对象的宏观力学参数和几何参数。

(2) 在线识别。控制系统的识别软件对在线监测所获得的被加工对象的特征信息进行分析处理,结合知识库和数据库的已有信息,在线识别被加工对象的材料性能参数和工况参数(如摩擦系数等)。

(3) 在线预测。根据在线识别所获得的材料性能参数和工况参数,以板材成型理论和经验为依据,通过计算或者通过与知识库和数据库中已知的信息比较来预测当前的被加工对象能否顺利成型,并给出最佳的可变工艺参数。

(4) 实时控制。根据在线识别和在线预测所得的结果,按系统给出的最佳工艺参数自动完成板材成型过程。

由此可见,冲压成型智能化是塑性成型技术,控制技术及计算机技术的多学科交叉的产物。近年来,科学技术突飞猛进,特别是计算机技术更是日新月异,无论是硬件的计算速度还是软件的功能都有了长足的进步。这些相关学科的迅速发展已为传统的加工业实现更为先进的智能化控制创造了先决条件。将板材成型理论与控制技术和计算机技术有机地相结合,就能够实现冲压成型的智能化控制。

七、板材冲压成型智能化技术的研究现状和发展趋势

板材冲压成型智能化技术的研究是20世纪80年代初起源于美国。20世纪80年代末90年代初,日本塑性加工界也开始了冲压成型智能化技术的研究。开展该项技术研究之初的十多年间,全部集中于弯曲成型的回弹控制。直到20世纪90年代初,该项技术的研究才扩展到筒形件的拉深成型。冲压成型智能化技术总的发展趋势是:以简单的弯曲成型的研究将智能化的概念和方法引入板材成型领域,探索研究途径,再以轴对称壳体零件的冲压成型智能化研究为过渡,最终实现对大型复杂曲面形状零件成型过程的智能化控制。

(1) 弯曲成型智能化的研究现状。冲压成型智能化技术的研究首先以弯曲加工为对象。用压力机进行板材的弯曲加工时,为了获得高精度的弯曲角,必须精确地确定冲头的最终行程。因此,必须对冲头行程进行预测。迄今为止,有关智能化研究主要是集中在自由弯曲成型过程的冲头行程控制方面。

日本学者杨明岛进等以塑性力学模型为控制原理,以载荷位移曲线反推(识别)材料性能参数,再根据回弹理论预测最终行程,实现了V形弯曲的智能化控制。用这种方法对低碳钢板进行90度弯曲,弯曲角度的误差与校正V形弯曲相当,可控制在±0.5%以内。最新的动态显示,应用技术的发展方向是利用神经网络理论来提高加工精度。

(2) 拉延成型智能化的研究现状。拉延成型过程中的变形是不均匀的,忽略摩擦的影响非常困难,所以,有关智能化的研究比弯曲成型要复杂得多,进展比较缓慢。

目前拉延成型智能化控制的研究仍处于探索阶段,还很不成熟,许多困难需要进行深入的研究才能解决,例如,寻求合适的识别方法以保证材料参数和摩擦系数的识别精度和速度;寻求对成型临界条件的精确而简洁的描述方法,以保证最佳工艺参数的预测精度和速度等。冲压智能化控制技术的研究为板材成型领域提出了许多新的研究课题。

(3) 板材成型智能化技术对冲压设备的要求。所谓智能化冲压机械,除应具有自动化机械的基本功能之外,还应具有自动监测、识别、判断和调控的功能,集人类的记忆、推论、判断、学习等诸功能于一体,且应具有准确无误的快速响应能力,以及柔性和独立性等特点。

智能化冲压机械的监测系统和实时控制系统是不可缺的。冲压成型过程中,板材的性能参数及工况条件等都有波动。智能化冲压机械应能够完全适应这种加工条件和材料性能的波动。要具备这种能力,首先必须能对成型过程进行实时的监测和控制。不同的成型工艺所要求监测和控制的具体物理量可能不同,但作为智能化冲压机械,对自身的力学参数和位移参数必须能够监测和控制。

智能化冲压机械除了应能准确了解、掌握和判断材料的性能、变形状态等以外,还必须具有正确、快速的响应机能。从冲压成型过程控制的特殊性角度考虑,要求系统的实时性强。系统正确相应得越快,其职能化水平就越高,对于加工过程中可能出现的突发性破裂等异常现象,系统应能迅速地做出判断和预测,并采取必要的放置措施,这些对智能化冲压机械的要求,就如同人来自身的感觉、认识、判断等机能一样,是必不可少的,具有这些机能的智能化技术术语高智能化技术的范畴,如果只具备其中一种技能,如适应控制、学习控制等,则仅属于较低水平的智能化技术。

第三节 焊接工艺新技术

一、新兴焊接技术

1. 激光焊接技术

激光焊接光焊接是 21 世纪汽车工业上应用的新技术。它采用偏光镜反射激光产生的光束,使其集中在聚焦装置中产生巨大能量光束,例如激光束在聚焦上的直径为 0.3~0.5 mm,可得到超过 106~108W/cm 的光强,如果焦点接近工件,工件表面会产生极高温度,在几毫秒内熔化,达到熔化结合的物理变化,起到了点焊的作用,并且焊接的牢固性超过普通的点焊。

激光焊接的特点是被焊接工件变形极小,几乎没有连接间隙,焊接深宽比高,例如焊缝宽1mm,深为5mm,因此焊接极为牢固,表面焊缝宽度很小,连接间隙实际为零,焊接质量比传统方法高,所以在一些用激光焊接的汽车顶盖是不用装饰条遮蔽焊接线的,例如上海大众的帕萨特和波罗。在汽车制造中,激光焊接主要用于车身框架结构的焊接,例如顶盖与侧面车身的焊接,传统焊接方法的电阻点焊已经逐渐被激光焊接所取替。用激光焊接技术,既提高了工件表面的美观,又降低了板材使用量。由于零件焊接部位几乎没有变形,不需要焊后热处理,还提高了车身的刚度。

激光焊接设备的关键是大功率激光器,主要有两大类:一类是固体激光器,又称 Nd:YAG 激光器,Nd(钕)是一种稀土族元素,YAG 代表钇铝石榴石,晶体结构与红宝石相似,Nd:YAG 激光器波长为 $1.06\mu m$,优点是产生的光束可以通过光纤传送,因此可以省去复杂的光束传送系统,适用于柔性制造系统,通常用于焊接精度要求比较高的工件,汽车工业常用输出功率为 3~4kW 的 Nd:YAG 激光器;另一类是气体激光器,又称 CO_2 激光器,分子气体为工作介质,产生平均为 $10.6\mu m$ 的红外激光,可以连续工作并输出很高的功率,激光功率在 2~5kW 之间。

在开发激光焊接新技术方面,激光技术在车身制造过程中的发展经历了不等厚钢板激光拼接技术、车身激光焊接技术和激光复合焊接技术的发展历程。

2. 激光复合焊技术

激光作为一个高能密度的热源,具有焊接速度高、焊接变形小、热影响区窄等特点。但是,激光也有其缺点:能量利用率低、设备昂贵;对焊前的准备工作要求高,对坡口的加工精度要求高,从而使激光的应用受到限制。近年来激光电弧复合热源焊接得到越来越多的研究和应用,从而使激光在焊接中的应用得到了迅速发展。主要的方法有电弧加强激光焊方法、低能激光辅助电弧焊接方法和电弧激光顺序焊接方法等。

电弧激光顺序焊接方法主要用于铝合金的焊接。在前面两种电弧和激光的复合中,激光和电弧是作用在同一点的。而在电弧激光顺序焊接中,两者的作用点并非一点,而是相隔有一定的距离,这样做的作用是提高铝合金对激光能量的吸收率。

3. 搅拌摩擦焊技术

搅拌摩擦焊(Friction Stir Welding)是英国焊接研究所 TWI(The Welding Institute)提出的专利焊接技术,与常规摩擦焊一样,搅拌摩擦焊也是利用摩擦热作为焊接热源。不同之处在于,搅拌摩擦焊焊接过程是由一个圆柱体形状的焊头(Welding Pin)伸入工件的接缝处,通过焊头的高速旋转,使其与焊接工件材料摩擦,从而使连接部位的材料温度升高软化,同时对材料进行搅拌摩擦来完成焊接的。在搅拌摩擦焊的焊接过程中,工件要刚性固定在背垫上,焊头边高速旋转,边沿工件的接缝与工件相对移动。焊头的凸出段伸进材料内部进行摩擦和搅拌,焊头的肩部与工件表面摩擦生热,并用于防止塑性状态材料的溢出,同时可以起到清除表面氧化膜的作用。

搅拌摩擦焊是一种固相连接工艺。同熔焊相比,搅拌摩擦焊焊接铝合金有以下几个突出的优点:焊接中厚板时,焊前不需要开 V 形或 U 形上坡口,也不需进行复杂的焊前准备;焊后试件的变形和内应力特别小;焊接过程中没有辐射、飞溅及有害气体的产生;焊接接头性能优良,焊缝中无裂纹、气孔及收缩等缺陷。搅拌摩擦焊的最大优点是可焊接那些不推荐用熔焊焊接的高强铝合金。通过人们的不断努力,搅拌摩擦焊的局限性在不断减小,但还存在一些不足的地方,如焊速比熔焊要慢;焊接时焊件必须夹紧,还需要垫板;焊后焊缝上留有锁眼。目前,由于受搅拌头材料所限,搅拌摩擦焊仅用于铝合金产品的连接。

4. 塑料焊接技术

超声波塑焊是将高频率机械振动通过工件传到接口部分,使分子加速运动。分子摩擦转换成热量使接口处塑料熔化,从而使两个焊件以分子连接方式真正结合为一体。因为这种分子运动是在瞬间完成的,所以绝大部分的超声波塑焊可以在 $0.25 \sim 0.5s$ 内完成。超声波塑焊适用于焊接面积较小、结构规则和热塑性好的塑料件。

振动摩擦塑料焊接技术是使工件在加压的状况下相互摩擦,能量沿熔接部位传导,并且在特别设计的部位使塑胶因摩擦生热而熔化,熔化时段过后在继续加压的状态下冷却固化,固化后的接口强度与本体塑胶强度相当。

Branson 塑料焊接技术已被成功地运用于汽车保险杠、仪表板、制动显示灯、转向指示器、汽车门板以及其他与发动机有关的零部件制造工业中。近年来,原先许多传统使用金属的零部件也开始用塑料代替,如进气管、仪表指针、散热器加固、油箱、过滤器等。振动摩擦焊接适用于焊接面积较大、结构复杂的工件,而且对塑料类型没有特殊要求。

5. 高效弧焊技术

脉冲 GMAW(P-GMAW)焊、双丝 MIG/MAG 焊(Twin-Wire、Tandem-Wire)等代表了当前在汽车制造中应用的高效、高速焊接新工艺。这两种焊接方法与机器人相配合,能充分体现高效化焊接的特点,实现了机器人系统在空间可达性和焊接速度的协同和完美组合。

脉冲 GMAW 焊是国外近几年发展起来的一种新型高效、高速焊接新工艺,容易与机器人配合,能充分体现高效化焊接的特点,P-GMAW 电弧过程具有好的稳定性,能有效保证焊缝质量的一致性,改善了由于短路过渡焊接过程较低的热输入而造成的熔深不足。P-GMAW 的射流过渡方式适用于薄板材料的高速焊接、钢或铝合金的车身框架的全位置焊接。在 Audi A8 全铝合金车身框架结构的管状型材和接合点的焊接中,均大量地采用了 P-GMAW 的工艺。

双丝 MIG/MAG 焊有两种基本形式:一种是双丝焊接工艺(Twin-Wire),两个焊丝都是采用同样的焊接参数;另一种是 Tandem-Wire,采用两个独立的导电嘴和两个独立的电源,每个电弧有自己独立的焊接参数。机器人的铝合金脉冲 MIG 焊及 Tandem 焊的焊速:前者的爆速为 60~80cm/min;后者的爆速为 180~210cm/min,主要用于宝马 S 系列及奔驰(S 级和 F 级)车型的铝合金后轴。

二、先进焊接设备的应用

1. **焊接机器人技术的应用**

汽车制造的批量化、高效率和对产品质量一致性的要求,使采用机器人的生产方式在汽车焊接中获得了广泛的应用。焊接机器人是机体独立、动作自由度多、程序更灵活、自动化程度高、柔性程度极高的焊接设备,具有多功能、重复精度高、焊接质量高、产品一致性高、抓取质量大、运动速度快、动作稳定可靠等特点。焊接机器人是焊接设备柔性化的最佳选择。焊接设备作为焊接生产线的重要组成部分,是否采用机器人是焊接生产线柔性程度的重要标志之一。典型的焊接机器人系统有如下几种形式:焊接机器人工作站、柔性焊接机器人生产线、焊接专机。焊接机器人系统一般适合中、小批量生产,被焊工件的焊缝可以短而多,形状较复杂。柔性焊接线特别适合在产品品种多,每批数量又很少的情况下采用;焊接专机适合批量大、改型慢的产品,对焊缝数量较少、较长,形状规矩的工件也较为适用,如图 8-1 所示。至于选用哪种自动化焊接生产形式,需根据企业的实际情况而定。机器人按照在焊接车间的用途可以分为点焊机器人、弧焊机器人、涂胶机器人、螺柱焊机器人、装配及持件机器人和激光焊接机器人。

图 8-1 机器人焊接生产线

点焊机器人是由机器人操纵各种点焊焊钳,实施点焊焊接。机器人可以操纵大型焊钳,对地板等零件进行点焊。焊点质量高,焊接速度快,而且质量稳定。

弧焊机器人是由机器人操纵弧焊焊炬,可以很方便地进行仰焊、立焊等各种位置的焊接。通过传感器可以跟踪焊缝,控制弧长。但是机器人弧焊对零件匹配要求较高,当零件间隙不均匀或者不平整时,就会产生焊接缺陷。

涂胶机器人是由机器人操纵涂胶枪,在车顶天窗、地板、侧围、四门两盖和主拼调整工位涂敷点焊胶、折边胶、密封胶及减振胶,通过精确控制的流量,对各种复杂的形状和空间位置进行涂敷,达到密封、消声或减振的目的。涂胶机器人的涂敷速度快且质量好。

螺柱焊机器人是由机器人操纵螺柱焊枪,可以进行全方位的螺柱焊接,节省定位螺柱焊的导套夹具,重复精度高,工艺质量好。

装配及持件机器人是由机器人抓取工件精确地装配到车身上,或者抓持工件送到固定式自动点焊钳位置进行焊接。

激光焊接机器人是由机器人操纵激光加工镜组,进行激光焊接,激光源可以采用CO_2激光器或者YAG激光器,激光焊接设备非常复杂,要求机器人重复精度高。

机器人是成功建立一整条自动化焊生产线最关键的因素,也是使焊接生产线柔性化的主要手段之一。目前,我国的劳动力成本远低于机器人的应用成本,因此机器人更多地应用在工人劳动强度大、人工操作不易到位和焊接质量难以保证的工位。

2. 一体化点焊机代替分体悬挂点焊机

一体化点焊机将焊接变压器与焊钳制造为一体,没有成本高、阻抗大、笨重的焊接电缆,也叫作一体式点焊机或一体式焊钳。与分体式悬挂点焊机比较,该类型焊机减轻70%的质量;借助于平衡器,焊机可在工作空间上做任意移动位置,焊机本身也可作垂直或水平做任意方向转动,焊接系统简便轻巧操作轻便灵活,能实现全位置焊接。

产生焊接电流的焊臂及电极采用插接结构安装于主机上,易拆卸、易更换,因此,不同形状、不同长度的焊臂及电极可在同一焊机上互换使用,实现一机多用。由于焊接回路减少。焊机输出功率能力提高,与悬挂式点焊机比较,可节约电能75%以上,同时可减少水、气耗量,并可简化悬挂焊机的桁架结构,节省配套设备,例如供电站的功率以及动力电缆、空气开关的额定参数均可减小,节约安装材料和安装工时。

由于该产品节能显著、性价比高,焊接电流输出功率大,其应用越来越广泛,尤其是在电网增容困难的汽车厂扩大产能工程中,一体化点焊机成为首选产品。其功率参数主要为25kW和40kW,少部分为63kW。从功率参数对比也可看出一体化点焊机的节能效果。

如图8-2所示点焊机生产线。

图8-2 点焊机生产线

3. 中频逆变电阻焊机的新科技领域

逆变电源被称为"明天的电源",其在焊接设备中的应用为焊接设备的发展带来了革命性的变化。首先,逆变式焊接电源比工频焊接电源节能约20%~30%,效率可达80%~90%;其次,逆变式焊接电源体积小、质量轻。整机质量仅为传统工频整流焊机电源的1/10~1/5,减少材料消耗80%~90%。特别是逆变焊接电源有着动态反应速度快的优势,其动态反应速度比传统工频流焊接提高了2~3个数量级,有利于实现焊接过程的自动化和智能控制。这些都预示着逆变焊接电源有着广泛的应用前景和市场潜力。

与传统的电阻焊机相比,频逆变电阻焊机具有以下特点。

(1)三相平衡负载。三相平衡负载减少对供电系统功率的要求,不对任何单独一相造成尖峰过载,满足减少电力费率的要求。

(2)功率因数接近于1。无电感分量,无须调整功率因数,比传统的50Hz电阻焊机效率高了30%以上,因此产品焊接的电力成本显著减小。

(3)消除对供电电源的污染,是洁净的焊接。不必单独提供电源,可以和机器人焊接工装控制系统在一起使用。

(4)减少电源消耗,节能降耗,符合中国环保能源的需求。对车间动力需求低,仅为传统输出次级整流电阻焊机的2/3,减少电缆的需要和花费。由于大幅度增加焊接电流的有效值,使实际焊接的时间可以减少20%以上,还可以大大减少焊接压力的需求。与传统电阻焊控制系统相比,该控制系统具有以下优势。

①焊接控制电流更精确。逆变系统几乎不受电系统影响,即使在电源电压波动±15%情况下,仍可实现。焊接电流波动在±2%;不受工件的形状和工件材料的影响(无双电感损失);调整精度和监视精度比AC系统高20倍。

②增加焊接工艺稳定。直流焊接的工艺性好,比交流焊接有更广泛的应用前景;次级电流可以真正保持恒流。

③数字化控制更加提高电流控制和测量精度。

④焊接时间精度为毫秒,可以对焊接地时间任意控制。

传统的50Hz SCR电阻焊接控制器,除了在价格上有一定的优势外,在对于高质量要求的领域无法实现理想的焊接稳定性,焊接的产品质量无法与中频焊接系统相比。逆变技术在焊接电源中的应用为焊接电源的发展带来了革命性的变化。随着科技的迅猛发展,为适应新材料、新工艺不断提出的应用要求,焊接电源也在不断地发展与完善之中,经历了从单相到三相,从不整流到整流的演变。采用逆变技术的次级整流点焊电源是目前发展的重要方向。

三、先进技术在焊接生产线中的应用

1. 焊装线的虚拟设计技术

汽车焊装线是将各车身冲压零件装配焊接成白车身的焊接生产线,通常包括车门、前围、左/右侧围、后围、地板和顶盖等焊接分总成及白车身总成。如图8-3所示后门焊装生产线。根据生产节拍、自动化程度及生产方式,总成线和分总成线又分成若干工位,各个工位一般由焊装夹具、焊接设备、输送系统、控制系统及辅助设备等组成,形成复杂的物料流动焊接装配系统。为了减少实际制造过程中的失误率及劳动强度,降低制造成本,虚拟设计技术孕育而生。

图8-3 后门焊装生产线

虚拟设计的内容包括工艺整体规划(土建、公用、机械化、工艺分析)、工厂整体及局部的物流分析、运动轨迹分析、生产单元布局设计仿真、焊接过程仿真、装配工艺过程仿真、机器人生产线仿真、干涉模拟和人机工程分析等。设计输出的内容不仅包括 CAD 平面布置图和说明文档,还包括三维视频及图片仿真说明。以往设计中不易发现的问题经过计算机仿真,较早地被发现和解决,提高了设计方案和样图的准确性,避免了浪费。工厂整体及局部的物流分析能够促使车间物流更加趋于合理,节约资源。

2. 混流柔性焊装线技术

纵观整个汽车工业的焊接现状,不难分析出汽车工业的焊接发展趋势为发展自动化柔性生产系统。焊接生产线要高度自动化,广泛采用 6 自由度的机器人,且机器人具有焊钳储存库,可根据焊装部位的不同要求或焊装产品的变更,自动从储存库抓换所需焊钳。传输装置则已发展为采用无人驾驶的更具柔性化的感应导向小车。

汽车焊装线中刚性最强的设备是夹具,是制约混流的关键。夹具设计制造的标准化和模块化,带动了混流柔性技术的发展。对于地板、前围、后围、侧围和小件焊接总成的生产线混流,关键在于多品种车型的焊接总成共用程度,不同之处是能否通过移动一些夹具部件来实现夹具的共用。

主焊线与侧围线、前围线等相比,适应多种车型能力较强,因而在其设计和制造时应充分考虑多品种生产的可能性。主焊线能否混线主要取决于合装夹具,合装工位两侧有四个可旋转的侧围夹具装载架,每个装载架能安放两种侧围夹具,一侧两个装载架,可放置四种侧围夹具,故该工位能够适应四种不同侧围形状的车型。

丰田特有的内置式混流合装夹具的特点是没有传统的侧围夹具框架,整个夹具从无顶盖车身总成顶部落下,夹具夹头从车身内部夹紧。采用内置式夹具,使点焊焊钳较之框架式焊装夹具更易于接近焊接部位,焊接的工艺性好。

随着我国各大汽车集团产品系列的逐渐丰富,混流柔性焊装线技术将越来越受到重视。

四、焊接新材料的应用

近年来,汽车产品在轻量化、安全性以及防腐耐蚀方面的需求,促进了高强钢板、镀层钢板等新材料的研制,亦对焊材品种及其相关工艺不断提出了新的课题。

1. 焊丝的改进

为满足机器人焊接高效率的需求,从提高送丝性能、引弧成功率、减少飞溅、改善电弧稳定性等方面考虑,开展了不镀铜型 MAG 焊实芯焊丝的研制。新开发的脉冲 MAG 焊接用的实芯焊丝,通过改变成分,降低熔滴的黏度和表面张力。焊丝经过表面处理,促进了电弧喷射过渡,与普通的焊丝相比较,焊接速度达到 1.5 倍左右。针对焊接管板、轻型钢架等镀锌钢材的专用实芯焊丝,能明显减少镀锌钢材焊接时的飞溅量和气孔数量,获得优良的焊接性能。另外,低尘低飞溅型实芯焊丝、极薄板的 MAG 焊焊丝等都在迅速发展中。

2. 轻量化车身材料的发展

随着车身向着轻量化方向发展,车身材料的轻量化及车身金属材料的非金属化是必然趋势,一些复合材料将得到广泛应用。

(1)镀锌钢板。

为了提高车体使用寿命和增强车体材料的抗腐性能,镀锌钢板得到广泛使用。由于在目前汽车车身制造中,主要采用电阻点焊方法,与无镀层钢板相比,镀锌钢板的点焊过程中还存在一些问题:先于钢板熔化的锌层形成锌环而分流,致使焊接电流密度减小;锌层表面烧损、污染电极而使电极寿命降低;锌层电阻率低,接触电阻小;容易产生焊接飞溅、裂纹及气孔等缺陷。

(2)高强度钢板。

为了实现汽车轻量化,提高汽车安全性能,高强度钢板的应用正逐年增加。目前高强度钢板的品种主要有含磷冷轧钢板、烘烤硬化冷轧钢板及冷轧双相钢板等。含磷高强度冷轧钢板具有较高强度,良好的强度和塑性平衡,良好的耐腐蚀性及点焊性能,主要用于侧围、车门、顶篷和行李舱盖。烘烤硬化冷轧钢板简称为 BH 钢板,这种钢板既薄又有足够的强度,是车身外板轻量化设计首选材料之一。冷轧双相钢板主要用于要求拉伸性能好的承力零部件,如车门加强板、保险杠等。

(3)铝合金。

与汽车钢板相比,铝合金具有密度小、比强度高、耐锈蚀、热稳定性好、易成型和可回收再生等优点,并且该技术较为成熟。汽车工业中也逐渐在使用铝合金材料的零部件。但铝合金焊接目前还存在线膨胀系数大、产生的热应力较大、易出现气孔从而导致铝合金焊接接头的强度降低的缺点。

(4)镁合金。

镁的密度仅为钢材密度的35%。它的比强度、比刚度高,阻尼性、导热性好,尺寸稳定性好,因此,在汽车工业中得到了广泛的应用。目前,镁合金在汽车工业中主要运用于车门铸造,随着压铸技术的进步,已可以制造出形状复杂的薄壁镁合金车身零件,如前/后挡板、仪表板和转向盘等。

(5)高强度纤维复合材料。

20世纪80年代后期,复合材料车身外覆件得到大量的应用和推广,如发动机舱盖、翼子板、车门和顶盖等,甚至出现了全复合材料的轿车车身。用复合材料作为汽车车身外覆件,无论从设计还是生产制造、应用都已成熟,并已从外覆件的使用向内饰件和结构件方向发展。

新材料与新工艺是相辅相成的,汽车工业正在开发新的制造方法并对传统的工艺进行更新。据预测,在近10年中,轿车自身质量还将减轻20%,除了大量采用复合材料的轻质合金上,根据汽车焊接加工的特点和汽车用钢的焊接材料专业性,正逐步形成使焊接对象、焊接材料、焊接方法三者匹配的总体工艺思路。

焊接技术是汽车制造业中的重要环节,为了提高焊接质量,降低生产成本,实现"精量化焊接制造"的目标,激光焊接、激光复合焊、搅拌摩擦焊、塑料焊接以及高效弧焊等技术日益广泛地运用到汽车的生产制造中。随着中国汽车工业的迅猛发展,对汽车焊装设备的需求量将大幅增加,呈现自动化、柔性化、轻量化以及高档化的发展趋势。焊接新材料、新工艺和新设备,机器人技术,高效经济的智能化焊接自动化系统等将获得更多的市场。

第四节 汽车涂装新技术

一、汽车涂装新技术发展趋势

汽车涂装是汽车制造过程中能耗最高、产生三废最多的制造环节之一。如今,环境保护备受全球关注,并已成为人类迫切研究的课题。减少涂装对环境影响,降低涂装成本,提高涂装质量一直都是涂装新技术发展的主题。

国家环保总局于2006年发布了《清洁生产汽车制造业(涂装)》标准,标准要求从源头削减污染,减少污染物的产生和排放,以减轻或消除对人类健康和环境的危害。国家质量监督总局也于2009年发布了GB24409—2009《汽车涂料中有害物质限量》标准,规定了乘用车、商用车等原厂涂料中对人体和环境有害的物质容许限量的要求。清洁生产包括三方面内容:资源合理利用,经济效益最大化,对人类健康和环境危害最小化。节能减排、清洁生产已成为汽车涂装行业关注的主题。

为达到环保的要求,汽车涂装正在向水性化、高固体分及粉末涂料发展,其中水性化技术是最有效的途径之一。欧美等国家更注重工业对环境的影响,对于VOC的排放、有害金属等的要求更加严格。德国1995年生效的清洁空气法规中就明确规定,喷、涂施工时,每平方米有机挥发物排放量不大于35g。由于水性涂料自身的特殊性,其对涂装环境和条件要求都较溶剂型涂料严格,生产线的投资成本及过程控制生产成本与溶剂型涂料相比较高,欧美各大汽车集团联合涂料厂提出了新型的免中涂集中化工艺的概念,以达到减少工艺成本,改进工艺效率,缩短工艺流程,同时满足低VOC排放、低CO_2排放的目的。硅烷技术替代磷化工艺技术,对磷化工艺进行彻底颠覆,根除镍、锰、铬等重金属,摒弃了对环境富氧化的磷、氮等成分,亚硝酸盐致癌物。响应环保的号召,该处理技术不再需要表调工艺,缩短前处理工序,节约能耗和水耗。如今,这些概念性的新技术已经逐步开始工业化应用,硅烷替代磷化工业技术、免中涂集成工艺技术等已开始在欧美汽车生产线上应用。国内大型汽车制造厂家也已经开始着手这方面的研究,在未来几年内将会在国内汽车工业中得到应用。

受国际金融风暴及国外市场的饱和影响,国际上几大汽车集团在我国的生产规模迅速扩大,国内汽车产业也呈现裂变式的发展,进一步加剧国内市场竞争。因此不断提高质量、减少能源消耗和简化涂装工艺、降低涂装成本、提高产品竞争力、使利润最大化也是目前各大汽车企业使尽浑身解数追求的目标。

二、涂装新材料

1. 涂装新材料的发展概述

汽车涂装新材料的发展,一直是在满足日益提高的汽车涂装质量要求的基础上,不断降低三废排放和降低涂装成本。清洁生产是当今汽车制造业发展的趋势,推行汽车清洁涂装生产的先导是涂装新材料的应用。涂装材料厂家也逐渐开始重视联合汽车厂家和相关行业,着眼于研究新的环保型材料,更大幅度地简化汽车涂装工艺和降低成本,推动创造了一些新技术。

在过去几年中,国内汽车制造行业在新材料的应用上也取得了进步,低温无磷无氮金属脱脂剂、低温低渣常温磷化剂、长寿命的液体表调剂、无铅环保型高泳透力电泳漆、高固体分溶剂型清漆、溶剂型的三喷一烘涂料等也在国内得到了发展和应用。应该说国内汽车制造行业在前处理材料和电泳材料的应用方面与国际水平相差不大,但由于水性涂料的应用必须使用专用设备,涂装生产线的建设成本及运行成本大幅度增加,加上国内涂料制造厂家在生产制造水性涂料国产化方面的能力有限,国内汽车涂装主流仍然采用传统的溶剂型涂料,VOC排放远落后于欧洲。近两年,随着国家清洁生产指导性标准和法规的出台,对清洁生产成为强制性要求也是国内汽车制造企业的顾虑,加上涂装生产线的使用寿命一般都在十年以上,投资成本较高。为避免投资浪费,目前国内建设投产的涂装生产线,均已考虑并预留了未来水性涂料应用的空间,也有部分处于一线城市的汽车制造企业,迫于对人居环境影响的社会责任,已在近两年采用水性涂料。下面就重点介绍一下水性涂料。

2. 水性涂料

(1)水性涂料的技术特点。

涂料的水性化是由底到面逐步发展的,电泳底漆是最早应用水性涂料的实例,中涂、金属底漆已水性化,清漆的水性化才开始,水性化清漆还未得到良好的应用。水性涂料很重要一点是其性能要与溶剂型涂料相当,要达到这样的性能,其所采用的合成树脂必须在水介质中分散稳定,往往会将亲水性很强的积极性基团导入。

水性涂料主要采用水作为溶剂,水的沸点与甲苯比较近,水的蒸发潜热、表面张力等参数与有机溶剂相比具有不同的性质。

水性涂料中水的特性对水性涂料产生如下影响。

①水性涂料水的蒸发问题。水蒸发慢,容易出现针孔,容易流挂;由于适度影响蒸发速度,特别是在高湿度的情况下,更容易出现流挂。主要对策是严格控制涂装的温湿度;增加预烘烤工艺。

②水性涂料高表面张力问题。被涂物、颜料等将导致涂膜的不连续性;涂料的劣化容易导致起泡,很难消除。通过添加界面活性剂,来抑制缩孔的发生;通过添加消泡剂,由于热流动性提高使泡痕变得平滑,消除气泡等缺陷。

③水性涂料水的导电性问题。水性涂料水的高导电率,使得以前的溶剂型旋杯不能使用,需要采用水性涂料喷涂旋杯,目前有外部带电两种。

(2)水性涂料喷涂工艺。

水性涂料的基本工艺流程及工艺参数如下:

水性中涂→流平4~5min→预烘烤(60~80℃×4~5min)→烘烤(130~150℃×20~30min)→冷却金属漆→流平3~4min→预烘烤(60~80℃×4~5min)→冷却→清漆→流平5~7min→烘烤(130~150℃×20~30min)。

采用水性涂料体系,与溶剂型涂料体系相比需要增加预烘烤工艺。水性涂料体系对喷漆室温湿度要求高,其一般控制范围为温度:23℃±2℃,湿度:70%±5%,运行能耗相对比较高。

三、涂装工艺新技术

所谓涂装新工艺主要是围绕新材料的应用和对典型的涂装工序进行的一系列排列组合

及优化。随着汽车主机厂产品的不同质量、性能、价格的要求,各汽车涂料的供应厂家也采用不同的新技术、新工艺、新材料来应对,以下就是结合目前汽车涂装制造业的发展动态,介绍一些汽车涂装工艺新技术。

在整车涂装生产线上,一般有电泳烘炉、密封胶烘炉、中涂烘炉、面漆烘炉四个烘干炉,烘干炉的热能消耗基本占整个涂装线热能消耗的50%以上。因此减少烘干工序、节约能源消耗也是汽车涂装行业研究的课题。取消密封胶烘干炉,采用密封胶与中涂、面湿碰湿工艺,已在涂装生产制造过程中呈快速应用趋势。

(1)密封胶材料的选择。

采用传统的PVC密封胶与中涂面漆进行湿碰湿,密封胶在中涂或面漆喷涂最后一并烘烤,漆面表面会出现密集小气泡,密封胶胶层出现起泡,胶层边缘漆膜出现漆膜流挂,漆面渗色发花等问题。通过对密封胶的润滑湿填料进行改进,同时对配套中涂、面漆表面张力、流变性进行调整,保持密封胶与中涂、面漆的良好配套性解决上述缺陷问题。

(2)工艺流程及参数的选择。

采用密封胶与中涂、面漆湿碰湿工艺、密封胶胶型在中涂固化前未进行塑化,胶型未得到固定,容易在操作过程中碰伤,因此传统的涂装工艺流程必须做部分调整,两者工艺流程对比如下:

传统涂装工艺流程:

电泳固化→钣金校正→粗密封→安装消声隔热垫、地板孔盖→细密封→喷涂PVC→密封胶烘干→电泳打磨、擦净→喷涂中涂→中涂固化。

密封胶与中、面漆湿碰湿工艺流程:

电泳固化→钣金校正→电泳打磨、擦净→粗密封→安装消声隔热垫、地板孔盖→细密封→喷涂PVC→晾干→喷涂中涂→中涂固化。

PVC密封涂料通常在60℃时聚氧乙烯树脂吸收增塑剂后开始预凝胶化,颗粒膨胀,在80℃左右时开始凝胶化,液相消失,在120℃时开始部分熔融,在140℃左右时完全熔融,当温度超过150℃时放出HCI引起自催化作用面降解,若超过180℃则急剧分解。因此采用PVC密封胶与中涂、面漆湿碰湿工艺烘干炉温度必须控制在140~150℃之间。另外,密封胶挤涂后到喷涂中涂或面漆之前的晾干时间最好控制在10~20min,晾干时间过短,漆膜容易出现抽缩、气泡、失光等现象,晾干时间过长,密封胶层会吸收空气中的水分,对喷涂面漆后的外观造成质量影响。考虑到实际生产过程中由于停线、收班,有时挤涂密封胶后的车身会在生产线上停留较长时间才能喷涂中涂或面漆的因素,目前对密封胶的配方进行调整后,可以在40℃±2℃、80%±2%的洁净环境下,涂胶后控制在48h内喷涂。

(3)密封胶颜色的选择。

在密封胶的颜色选择上,为避免漆膜收缩对面漆颜色的影响,密封胶的颜色应尽量选择与中涂或面漆接近的颜色。从试验的结果及市场的情况来看,中涂、面漆主流颜色仍是以浅色为主。因此,密封胶的颜色最好选择浅灰色或白色。

四、免中涂集成工艺

免中涂集成工艺是采用与面漆颜色的功能层替代中涂,功能层与面漆底色湿碰湿喷涂,在面漆线上同时完成。该工艺将 3C1B 工艺进一步简化,彻底取消了中涂工艺,生产过程简化,省去了中涂生产线。BASF 从 1994 年开始开发研究中涂集成工艺 I(溶剂型、水性),并在 1996 年开始商品化。在试用过程不断对该集成工艺进行优化,并达到对环境彻底友好的目标,形成了免中涂集成工艺 II(水性),于 2007 年在 MINI 牛津工厂使用。从试用的情况和 JDpower 报告显示,外观排名第一,一次合格率优于常规工艺,宽幅的施工窗口和优越的工艺稳定性更能够适应生产现场,投入使用。DuPont 公司也导入了免中涂精艺涂装工艺的概念,并将该工艺水性化,在墨西哥大众、西班牙大众、德国 PAS 投入应用。

免中涂集成工艺是目前最好的喷涂工艺,与常规的喷涂工艺相比,其生产线投资成本相对节约 25% 左右,运行成本降低 30%。该工艺对环境的贡献巨大,在能源节约、降低 CO_2 排放、减少废弃物、降低涂料消耗方面均有 5%~10% 的下降。

五、二次电泳工艺

传统的车身电泳工艺主要是用于底漆涂层,电泳底漆本身耐 UV 老化性能比较差,必须在底漆上涂层后才能涂面漆,二次电泳工艺最早应用是在一般工业领域的高防腐和高耐候金属上,电泳工艺稳定可靠,一次合格率高,材料利用率高,设备投资少(不需空调系统),可节省费用 48%,减少维修频次。此工艺用于车身涂装,第二层电泳替代中涂,可减少传统中涂得漆渣和 VOC 排放。但在已有的典型工艺涂装线上无法直接应用,所以没有很快推广。在开发了耐用 UV 厚膜电泳涂料后,使电泳和中涂合二为一成为可能,此工艺在环保和成本方面具有明显的优势,可以完全节省中涂生产线的投资及中涂涂装涉及的一切费用,同时提高了涂装的生产效率,可减少涂装生产过程车身占用数量。目前耐 UV 电泳工艺在印度尼西亚已经应用于经济型轿车的涂装。

PPG 公司还成功开发出了双层电泳系统,第一层为无铅阴极电泳涂料(黑色、导电):膜厚为 10μm,电压为 100V,时间 90s,180℃烘干,30min;第二层是耐石击电泳中涂(灰色或彩色):膜厚 20~30μm,电压 250V,时间 180s,180℃烘干,30min。这样其施工价格可大幅度下降,而涂装效率接近 100%,其 VOC 接近于零,又有抗紫外线的效果。

由于二次电泳工艺特殊,在现有的典型工艺涂装线上无法直接应用,目前国内汽车制造业还未得到实际应用该工艺。

六、节水及废料回收技术

涂装生产线存在很多化学处理工序和水洗工序。前处理、电泳和喷漆室是主要水消耗点,也是生产大量废水、废渣的工艺过程。清洁生产水准的出台,污水排放标准日益提高,污水处理费用也随之日渐上升。如何设计和制订合理的涂装生产工艺,在保证产品质量的前提下,合理用水,节约用水,也是汽车涂装技术关注的重点。

1. 膜分离技术

(1)前处理排放废水的处理。

前处理脱脂、磷化两个节水单元最终的排放水,经过 RO 反渗透装置处理后,产后的 RO 水可分别供表调节前最后的新鲜水喷洗和磷化后最后的新鲜纯水喷洗,实现了前处理无废水排放或少量排放。由于脱脂后水洗与磷化后水洗对水质的要求不同,一般脱脂节水单元采用一级反渗透装置,磷化节水单元必须采用二级反渗透装置。

(2)电泳排放水的处理。

目前的电泳系统都采用了 UF 过滤回收技术,实现了电泳及 UF 液水洗的封闭循环,但最后一级采用新鲜纯水喷洗,再流入到纯水槽中,纯水槽再产生溢流排放,所以电泳系统一般仍有大量废水排放。对电泳线排放水实施再循环再利用达到零排放也是汽车涂装技术的重点。主要有以下两种发展方向。

①在电泳系统增加 EDRO 反渗透装置,以 UF 超滤液作为 EDRO 系统的原水,经 EDRO 反渗透系统后,浓水补加到 UF3 槽,产生的纯水代替最后一级新鲜喷淋用水,纯水槽的溢流水也补加到 UF3 槽,从而实现了电泳全部工程的封闭循环,实现废水零排放。该项技术国内已有汽车制造厂家投入使用并取得了一定的成效。

②将纯水洗的溢流排放水作为 RO 系统的原水,经 RO 反渗透系统后,浓缩液补加到 UF3 槽,再生纯水作为最后一级新鲜喷淋用水。

2. 中水回用技术

汽车涂装纯水制备目前已普遍采用二级 RO 反渗透制备纯水,产水水质电导率可达到 $\leq 5\mu s/cm$,但是二级 RO 反渗透制备纯水产生一级浓水约占了原水量的 40%,该部分浓水通常直接排入废水处理站或采取直接排放到厂区雨水管网中的处理方式,是对水资源的极大浪费。另外汽车制造涂装生产线废水处理站处理后的达到国家一级排放标准的排放水直接放流也是巨大的水源浪费。为对该部分废水进行重新利用,目前已有采用消毒杀菌、多介质过滤器过滤、活性炭过滤器吸附、自清式过滤器、UF 超滤后,通过供水泵至 RO 系统(二级)处理后回用,回用的水质基本能够达到国家工业用水标准。中水回用水用途如下。

(1)纯水站原水的补水。

(2)涂装生产线前处理大流量水洗用水。

也有为节约投资成本,仅通过消毒杀菌、多介质过滤器过滤,活性炭过滤器吸附、自清式过滤器、UF 超滤后回用,但通过这种方式处理后的水质只能达到国家杂用水的标准,其回收后的水主要用于厂区的绿化灌溉或水车冲洗马路、生产车间及办公区域冲厕用水。

3. 硅烷处理技术

硅烷处理技术可实现涂装工艺无磷,不含镍锰铬等重金属,杜绝亚硝酸盐致癌物,同时还能降低能耗,实现涂装表面预处理的无磷无重金属环保目标。随着其进一步成熟与完善,硅烷表面技术将给传统的磷化表面处理技术带来重大变革。目前德国凯米特尔公司已将该技术在欧美福特、雪铁龙等汽车制造中应用。

目前国内涂装表面预处理普遍采用磷化技术,硅烷技术处于预研试验过程阶段。硅烷技术采用超薄有机涂层替代传统的结晶型磷化保护层,在金属表面吸附了一层超薄的类似磷化晶体的三维网状结构的有机涂层,与金属底材和涂料涂层均有良好的附着力。该技术具有环保节能和操作简便等磷化技术无可替代的优点,如无须磷化液那样要控制游离酸、总酸、促进剂及锌、镍、锰的含量和温度等参数;可室温或低温操作,能耗低;同时能与现有涂装和工艺设备,不需要进行设备改造,只需要更换磷化剂即可投入生产。硅烷处理技术与传统三元锌系磷化工艺相比有着三大显著优势。

(1)不含镍、锰、铬等金属,环保,节约废水处理成本,减轻环境压力。

(2) 常温工艺,与三元锌系磷化工艺处理温度相比约低 10℃。

(3) 沉渣量极少,为三元锌系磷化的 10% 左右,降低磷化废渣处理成本。

除此之外,硅烷工艺与三元锌磷化工艺相比还有工艺处理时间短(30~240s)、工艺简化等优势,硅烷工艺的应用能显著地降低日常运行成本,废渣、废水处理成本,减轻环境压力,适应汽车涂装清洁生产发展趋势。随着磷、镍、锌等资源的枯竭,以及对磷化槽液中镍盐使用量的限制,我国汽车制造业清洁生产和涂装标准对磷化液做了各种限制,如不含亚硝酸盐和重金属污染物、低温低渣等,这些都为硅烷技术在汽车工业中推广使用创造了条件。

七、涂装设备新技术

1. RO-dip 车身翻转输送技术

车身翻转技术是一种车身在运行过程中,在前进的同时可以进行纵向翻转的新技术,目前主要用于焊接和涂装之间的强力冲洗工艺、涂装车间前处理及电泳过程的输送。该项技术为德国杜尔公司开发,到目前已发展到第三代。相对于推杆悬链以及摆杆链技术,汽车翻转技术具有如下显著的优点。

(1) 可以获得优良的前处理及电泳质量。

① 在工艺槽内,良好的车身翻转运动会造成良好的湍流效应,可明显提高脱脂和磷化的质量。360°的车身翻转使车身内腔的空气得以有效的排除,车身内表面局部电泳不上的问题得以解决。

② 由于在电泳槽内车身是头朝下进行主要的电泳过程,因此,车身顶盖等外表面避免了 L 效应的影响,主要外表面颗粒极少质量优良,如在 BMW 的车间内有数据表明可大幅度降低打磨的工作量。

③ 车身内表面及夹层内的电泳膜厚度有效提高,外表面的膜厚非常均匀,膜厚的差异显著小于 $2\mu m$,而使用摆杆链技术的电泳膜厚的差异达到 $4\mu m$;对于车身夹层的破坏性试验表明,夹层内的漆膜厚度远大于摆杆链电泳工艺的结果。

(2) 维修方便。

由于链式翻转系统的机械化装置布置在前处理及电泳各工艺区的外侧,非常便于维修人员接近和维护,结构更加简单,同时杜绝了机械化和前处理电泳的工艺区的互相影响,工艺区难以对机械化设备造成腐蚀。同时由于没有悬链上下坡所形成的阻力,链式翻转系统需要的驱动力较小。

(3) 节约成本。

链式翻转系统在前处理和电泳中的应用,取消了前处理电泳工艺浸槽进出口段,减少了浸槽的体积,从而可减少通常情况下工艺设备大约 10% 的投资成本。同时由于泵、管路等的相应减小,使得前处理及电泳的运行成本减少了 20%,目前这一系统已在上海大众一厂及奇瑞公司、长安公司的前处理及电泳线投入运行,效果良好。

车身翻转技术对车身的强度、与车身之间的锁紧、车身锁紧定位孔精确度要求较高,对汽车车身制造精确度提出了较高要求,基于各汽车制造厂车身制造精度、车身强度不一,采用此项技术需结合本企业实际考虑。

2. 壁挂式喷涂机器人

由于喷涂机器人可以灵活地根据车身的形状来寻找最优化的喷涂路径,可以保证喷杯一直以最佳的距离和均匀的喷幅来喷涂车身,从而获得更好的质量。适合形状复杂的车身,也可以对于不同的车型安排不同的路径,因此喷漆线的柔性更好,适合于多种车型的生产。目前,采用机器人喷涂已成为大型涂装生产线建设的首选。随着机器人技术的进步,壁挂式喷涂机器人也得到了应用,并显示出了一些突出的优点。

利用壁挂式喷涂机器人后,喷涂室较往复机和坐式机器人的体积减低。喷涂室的供排风量以及循环水量将减少,整个喷涂室的能耗也随之降低。

第五节　总装精益生产

一、总装精益生产概述

1. 概念

精益生产(Lean Manufcaturing)是利用杜绝浪费和无间断的作业流程,而非分批和排队等候的一种生产方式。精益生产是衍生自丰田生产方式的管理哲学。精益生产最著名的是把重点放在减少八大浪费(丰田模式称之为七种浪费),借此提升整体顾客价值。

精益生产是通过系统结构、人员组织、运行方式和市场供求等方面的变革,使生产系统能很快适应用户需求不断变化,并能使生产过程中一切无用、多余的东西被精简,最终达到包括市场供销在内的生产的各方面最好的结果。与传统的大批量生产方式不同,其特色是"多品种""小批量"。

精益生产又称精良生产,其中"精"表示精良、精确、精美;"益"表示利益、效益等。精益生产就是及时制造,消灭故障,消除一切浪费,向零缺陷、零库存进军。它是美国麻省理工学院在一项名为"国际汽车计划"的研究项目中提出来的。他们在做了大量的调查和对比后,认为日本丰田汽车公司的生产方式是最适用于现代制造企业的一种生产组织管理方式,称之为精益生产,以针对美国大量生产方式过于臃肿的弊病。精益生产综合了大量生产与单件生产方式的特点,力求在大量生产中实现多品种和高质量产品的低成本生产。

2. 核心

精益生产的核心是消除一切无效劳动和浪费,它把目标确定在尽善尽美上,通过不断地降低成本、提高质量、增强生产灵活性、实现无废品和零库存等手段确保企业在市场竞争中的优势,同时,精益生产把责任下放到组织结构的各个层次,采用小组工作法,充分调动全体职工的积极性和聪明才智,把缺陷和浪费及时地消灭在每一个岗位。

3. 精益生产与大批量生产方式管理思想的比较

精益生产作为一种从环境到管理目标都是全新的管理思想,并在实践中取得成功,并非简单地应用了一两种新的管理手段,而是一套与企业环境、文化以及管理方法高度融合的管理体系,因此精益生产自身就是一个自治的系统。

(1)优化范围不同。大批量生产方式源于美国,是基于美国的企业间关系,强调市场导向,优化资源配置,每个企业以财务关系为界限,优化自身的内部管理。而相关企业,无论是供应商还是经销商,则以对手相对待。精益生产方式则以产品生产工序为主线,组织密切相关的供应链,一方面降低企业协作中的交易成本,另一方面保证稳定需求与及时供应,以整个大生产系统为优化目标。

(2) 对待库存的态度不同。大批量生产方式的库存管理强调"库存是必要的产物"。精益生产方式的库存管理强调"库存是万恶之源"。精益生产方式将生产中的一切库存视为"浪费",同时认为库存掩盖了生产系统中的缺陷与问题。它一方面强调供应对生产的保证,另一方面强调对零库存的要求,从而不断暴露生产中基本环节的矛盾并加以改进,不断降低库存以消灭库存产生的"浪费"。基于此,精益生产提出了"消灭一切浪费"的口号,追求零浪费的目标。

(3) 业务控制观不同。传统的大批量生产方式的用人制度基于双方的"雇用"。业务管理中强调达到个人工作高效的分工,并以严格的业务稽核来促进与保证,同时稽核工作还防止个人工作对企业产生的负效应。精益生产源于日本,深受东方文化影响,在专业分工时强调相互协作及业务流程的精简(包括不必要的复核工作)——消灭业务中的"浪费"。

(4) 质量观不同。传统的生产方式将一定量的次品看成生产中的必然结果。精益生产基于组织的分权与人的协作观点,认为让生产者自身保证产品质量的绝对可靠是可行的,且不牺牲生产的连续性。其核心思想是,导致这种概率性的质量问题产生的原因本身并非概率性的,通过消除产生质量问题的生产环节来"消除一切次品所带来的浪费",追求零缺陷。

(5) 对人的态度不同。大批量生产方式强调管理中的严格层次。对员工的要求在于严格完成上级下达的任务,人被看作附属于岗位的"设备"。精益生产则强调个人对生产过程的干预,尽力发挥人的能动性,同时强调协调,对员工个人的评价也是基于长期的表现。这种方法更多地将员工视为企业团体的成员,而非机器,充分发挥基层的主观能动性。

二、精益生产的原则

1. 消除八大浪费

企业中普遍存在的八大浪费涉及过量生产、等待时间、运输、库存、过程(工序)、动作、产品缺陷以及忽视员工创造力。

2. 关注流程,提高总体效益

管理大师戴明说过:"员工只需为15%的问题负责,另外85%归咎于制度流程。"什么样的流程就产生什么样的绩效。改进流程要注意目标是提高总体效益,而不是提高局部的部门效益,为了企业的总体效益即使牺牲局部的部门效益也在所不惜。

3. 建立无间断流程以快速应变

建立无间断流程,将流程中不增值的无效时间尽可能压缩以缩短整个流程的时间而快速应变顾客的需要。

4. 降低库存

需指出的是,降低库存只是精益生产的其中一个手段,目的是为了解决问题和降低成本,而且低库存需要高效的流程,稳定可靠的品质来保证。很多企业在实施精益生产时,认为精益生产就是零库存,一味要求降低库存不顾质量,结果可想而知,成本不但没降低反而急剧上升。

5. 全过程的高质量,一次就做对

质量是制造出来的,而不是检验出来的。检验只是一种事后补救,不但成本高而且无法保证不出差错。因此,应将品质建立于设计。流程和制造当中,建立一个不会出错的品质保证系统,一次做对。精益生产要求做到低库存,无间断流程,试想如果哪个环节出了问题,后面的将全部停止,所以精益生产必须以全过程的高质量为基础,否则,精益生产只能是一句空话。

6. 基于顾客需求的拉动生产

JIP(Just In Time,准时生产)的本意是:在需要的时候,仅按所需要的数量生产,生产与销售是同步的。也就是说,按照销售的速度来进行生产,这样就可以保持物流的平衡,任何过早或过晚的生产都会造成损失。过去丰田使用"看板"系统来拉动,现在辅以 ERP 或 MRP 信息系统则更容易达成企业外部的物资拉动。

7. 标准化与工作创新

标准化的作用是不言而喻的,但标准化并不是一种限制和束缚。而是将企业中最优秀的做法固定下来,使得不同的人来做都可以做得最好,发挥最大成效和效率。而且,标准化也不是僵化,一成不变的,标准需要不断地创新和改进。

8. 尊重员工,给员工授权

尊重员工就是要尊重其智慧和能力,给他们提供充分发挥聪明才智的舞台,为企业也为自己做得更好。精益的企业雇佣的是"一整个人",不精益的企业只雇佣了员工的"一双手"。

9. 团队工作

在精益企业中,灵活的团队工作已经变成了一种最常见的组织形式,有时候同一个人同时分属于不同的团队,负责完成不同的任务。一个计划由一个庞大的团队负责推动,团队成员来自营销、设计、工程、制造、采购等,他们在同一个团队中协同作战,从一开始很多问题就得到了充分的考虑,在问题带来麻烦之前就已经被专业人员所解决。

10. 满足顾客需要

满足顾客需要就是要持续地提高顾客满意度,为了一点眼前的利益而不惜牺牲顾客的满意度是相当短视的行为。在一切准备工作就绪以前,从不盲目扩大规模,保持稳健务实的作风,以赢得顾客的尊敬。

11. 精益供应链

在精益企业中,供应商是企业长期运营的宝贵财富,是外部合伙人,他们信息共享,风险与利益共担。遗憾的是,很多国内企业在实施精益生产时,与这种精益理念背道而驰,为了达到"零库存"的目标,将库存全部推到了供应商那里,弄得供应商怨声载道:你的库存倒是减少了,而我的库存却急剧增加。精益生产的目标是降低整个供应链的库存。不花力气进行流程改造,只是简单地将库存从一个地方转移到另一个地方,是不解决任何问题的。当你不断挤压盘剥你的供应商时,你还能指望他们愿意提供任何优质的支持和服务吗?到头来受损的还是你自己。

12. "自我反省"和"现地现物"

精益文化里面有两个突出的特点:"自我反省"和"现地现物"。

"自我反省"的目的是要找出自己的错误,不断地自我改进。丰田认为"问题即是机会"。当错误发生时,并不责罚个人,而是采取改正行动,并在企业内广泛传播从每个体验中学到的知识。

"现地现物"则倡导无论职位高低,每个人都要深入现场,彻底了解事情发生的真实情况,基于事实进行管理。这种"现地现物"的工作作风可以有效消化"官僚主义"。

三、精益生产的特征

精益生产方式既是一种以最大限度地减少企业生产所占用的资源和降低企业管理和运营成本为主要目标的生产方式,又是一种理念、一种文化。实施精益生产方式 JIT 就是决心追求完美、追求卓越,就是精益求精、尽善尽美,为实现七个零的终极目标而不断努力。它是支撑个人与企业生命的一种精神力量,也是在永无止境的学习过程中获得自我满足的一种境界。

精益生产方式的实质是管理过程,包括人事组织管理的优化,大力精简中间管理层,进行组织扁平化改革,减少非直接生产人员;推行生产均衡化同步化,实现零库存与柔性生产;推行全生产过程(包括整个供应链)的质量保证体系,实现零不良;减少和降低任何环节上的浪费,实现零浪费;最终实现拉动式准时化生产方式。

精益生产方式生产出来的产品品种能尽量满足顾客的要求,而且通过其对各个环节中采用的杜绝一切浪费(人力、物力、时间、空间)的方法与手段满足顾客对价格的要求。精益生产方式要求消除一切浪费,追求精益求精和不断改善,去掉生产环节中一切无用的东西,每个工人及其岗位的安排原则是必须增值,撤除一切不增值的岗位;精简产品开发设计、生产、管理中一切不产生附加值的工作。其目的是以最优品质、最低成本和最高效率对市场需求做出最迅速的响应。

区别精益生产方式与传统生产方式的区别主要表现为:改变了品质控制手段;消灭(减少)了各种缓冲区;增加了职工的参与感和责任感;培训职工并与职工交流;仅在需要的地方采用自动化。

精益生产方式是围绕着最大限度利用公司的职工,协作厂商与资产的固有能力的综合哲学体系。这个体系要求形成一个解决问题的环境并对问题不断改进改善,要求各个环节都是最卓越的,而这些环节打破了传统的职能界限。

四、精益生产的常见管理方法

1. 拉动式准时化生产

以最终用户的需求为生产起点,强调物流平衡,追求零库存,要求上一道工序加工完的零件立即可以进入下一道工序。

组织生产线依靠一种称为看板(Kanban)的形式。即由看板传递下道工序向上道工序需求的信息(看板的形式不限,关键在于能够传递信息),生产中的节拍可由人工干预、控制,但重在保证生产工序平衡(对于每一道工序来说,即为保证对下道工序供应的准时化)。由于采用拉动式生产,生产中的计划与调度实质上是由各个生产单元自己完成,在形式上不采用集中计划,但操作过程中生产单元之间的协调则极为必要。

2. 全面质量管理

强调质量是生产出来而非检验出来的,由生产中的质量管理来保证最终质量。生产过程中对质量的检验与控制在每一道工序都进行。重在培养每位员工的质量意识,在每一道工序进行时注意检测与控制,保证及时发现质量问题。如果在生产过程中发现质量问题,根据情况,可以立即停止生产,直至解决问题,从而保证不出现对不合格品的无效加工。

对于出现的质量问题,一般是组织相关的技术与生产人员作为一个小组,一起协作,尽快解决。

3. 团队工作法

团队工作法(Team Work)的原则为每位员工在工作中不仅是执行上级的命令,更重要的是积极地参与,起到决策与辅助决策的作用。组织团队的原则并不完全按行政组织来划分,而主要根据业务的关系来划分。团队成员强调一专多能,要求能够比较熟悉团队内其他工作人员的工作,保证工作的顺利协调进行。团队人员工作业绩的评定受团队内部的评价的影响(这与日本独特的人事制度关系较大)。团队工作的基本氛围是信任,以一种长期的监督控制为主,而避免对每一步工作的稽核,提高工作效率。团队的组织是变动的,针对不同的事物,建立不同的团队,同一个人可能属于不同的团队。

4. 并行工程

并行工程(Concurrent Engineering)是在产品的设计开发期间,将概念设计、结构设计、工艺设计、最终需求等结合起来,以最快的速度保质保量完成。各项工作由与此相关的项目小组完成。进程中小组成员各自安排自身的工作,但可以定期或随时反馈信息并对出现的问题协调解决。依据适当的信息系统工具,反馈与协调整个项目的进行。

五、总装精益生产的重要环节

1. 标准化

应该说,标准化是整个精益生产系统最基本的要素,这很好理解,作为一项现代化精益生产方式,最重要的是要确立标准和规范,只有在建立标准的基础上才能实现大规模的精益生产,标准化是现代工业开端的标志。同时标准化所设定的基准又是持续改进的基础,同时它能支持最佳的操作方法,更有助于解决问题。看似简单的标准化实际上包含着众多方面,诸如工作场地布置标准化、定额工时管理的标准化、标准化的作业流程以及简单明了视觉标记的运用和管理。

工具、物料摆放在工位或者岗位的什么地方,是否能使操作的员工最直接、最有效、最便捷取用到相应的工具或者物料是工作场地布置标准化涉及的范围,一个经过科学测算并且经过不断改进的安全、清洁和安排有序的工作环境必然能带来准确的操作、效率和产品质量的提高,同时工时和资源浪费减少到最小。标准化作业是在保持最佳操作方法之上,不断改进提升基准线,进一步归纳总结新标准之后的经验和优势,加以推广,持续改进,周而复始,由此得到恒定的产品质量和提高现场的安全以及人机工程的合理性。

2. 质量控制

质量是制造出来的,而不是检验出来的。这条原则似乎有悖于常规的质量检验原则,实际上,在仔细研究了整个产品的生产流程之后,发现这是一条真理。它的本质在于把质量观念置于整个产品生产制造环节,而非仅仅是最后的一道检验的环节,它的意义在于不同环节、不同流程阶段的工位心中都要树立质量的观念(基础是要有质量的标准化),每发现一处缺陷都把它消灭在萌芽状态,这是一个主动、体现预防的概念,而非仅仅在最后一道检验的环节被动地接受,而此时若有失误,已经酿成,再来改进已晚。这只是一个理念,并不意味着真的没有质量检验关。实际上,在总装线上一辆车装配完成,经过规定检验合格报交后,仍旧需要送到封闭的更加严格检验部门进行诸如耐久性、淋雨实验等。在整个质量环节仍旧有一个基本的原则,那就是"不接受缺陷、不制造缺陷、不传递缺陷",这条原则实际上就是把每一个工位,无论是上一道工序还是下一道工序都首先看作彼此的"客户",本岗位、本客户不接受上一道工序传来的缺陷,同时自己也不能产生失误和差错,如果产生失误和差错,下一个工位或者说客户有权拒绝接受,三条原则对每一工序和岗位都适用。

3. 缩短周期

缩短制造周期最能体现物流和一体化管理的概念。制造周期 OTD(Order To Deliver)是指从接收客户订单直至收到货款的全过程。缩短制造周期对企业有着非常重要的意义,首选交货期的缩短,会获得用户的满意,同时客户反馈的过程加快,利于产品的改进,质量的提高。同时根据订单,可以避免过量生产,减少流动资金的占用。就现场管理的物流来说主要是通过物料看板、物料精益包装、地址配送等几个环节的配合为实现。物料看板是放置在物料箱里标明物料品名、型号、数量等物料基本情况的卡片,物料箱里物料则是根据精益减少存货的原则配置的,同时物料箱的设计也具有质量控制的思想,所有在某个工位要使用的物料都会在物料箱里有不同的尺寸和位置,物料箱里有任何多余的零件则意味着生产装配过程存在缺陷。当若干盒被取用后的物料箱只剩到某一数量时,会有物料工将空物料箱看板收集后送至仓库配料,然后按照配送地址送到不同工位。而物料仓库的看板则可以一目了然地了解各工位物料需求以及配送情况。当某些汽车企业还在尝试着将其某些非核心业务外包时,实际上,一体化管理早已成为世界上最流行、最先进的管理模式。上海通用先进的管理理念很大一部分体现在一体化管理的运用上,上海通用也是在国内率先采用一体化管理的企业。企业为了实现总体运行的高效率,必须将有限的资源集中在实现高附加值的核心业务的专业化运行上,同时通过与外部实现资源共享的方式来实现非核心业务管理的专业化。其好处是,这种在管理职能上的分工能够极大地减少企业在非核心业务方面的机构设置和人员投入,同时也能通过供应商的专业管理系统使公司成为高效、敏捷的精益企业。

4. 持续改进

持续改进是以标准化的实施为前提的,每一个点滴的小改进都是进一步提升的基础。持续改进的一个重要步骤就是全员的生产维修,设备维修的方式是自主维护加预防性维修加抢修。在自主维护方面强调操作工要对设备进行自主维护,形成"自己的设备自己维护"的主人翁意识。同时还要对操作工进行设备维护知识的培训。除此之外,还要通过专业仪器进行专业性的振动分析,以得出人为无法分析和判断出精确数据。

5. 员工参与

企业中最重要最核心的要素就是人。提倡员工参与的观念,不断地激励员工,同时下放职权,给员工以充分的参与与创造的空间。提倡员工参与,即激励个人的能动性,更提倡团队方式参与到工作目标的实现上。精益化程度较高的企业里,可以看到每一个小组的休息点都有印制好的合理化建议单和建议箱,每一项被最终采纳的合理化建议都会得到物质和精神上的奖励。在员工参与的原则中,着重强调员工的安全,举个例子,在工厂发生火灾的时候,工厂不提倡员工做无谓的牺牲来保全企业的财产,而应采取正确的措施是迅速通知专业的救火部门,协助救火人员做好补救工作。

六、汽车总装车间 Andon 系统

1. Andon 系统

利用声音和视觉显示当前生产线工作状态的信息系统,主要有报警呼叫、呼叫停线、显示停线原因和工位、生产完成数计数、统计生产完成比率、稳定节拍七大功能。它提醒一线员工和管理人员对发现问题的工位及时做出响应。

2. Andon 系统操作流程

由车间生产管理根据当日生产任务量和工作时间计算出当日生产节拍,并将生产节拍和生产任选量通过中控室录入 Andon 系统,用 LED 显示屏告之车间员工和各级管理人员。且当天实际生产严格按照该生产节拍和任务数完成(注意:输入的生产节拍和任务量是指当天单班数据,切忌将当天双班的任务量一次性输入)。

配合 Andon 系统的运用,在车间范围内开展定位置作业,每道工序按生产线设计长度画出工位操作线(操作线间距为 6m,属于规定作业范围)。员工作业装配时严格在画定的作业区内完成。

员工操作过程中因任何问题(质量、物流、设备、作业缓慢、缺车体等各类生产问题)在本工位区域内不能完成工作量时,及时拉红灯报警,通过 Andon 系统报警第一时间通知班组长、调整工,做出异常处置。在工位工作区域内,问题不能得到解决时红灯报警将一直出现,且在 LED 显示屏上将一直显示问题工位的工位号。

(1)组长、调整工。当红灯亮起后,组长或调整工必须在 1min 内赶到求援工位,在了解清楚情况之后首先将停线原因通知中控室,然后帮助求助作业员解决问题后再拉灯复位解除红色报警信号。

问题处理完毕后,由该工位班组长或报警员工再次拉红灯,红灯复位不再闪烁,解除 LED 显示屏报警工位号。

Andon 系统一旦报警,班组长或者报警员工将第一时间通知中控室停线原因,由中控室人员人工操作将停线原因信息输入 Andon 系统。

Andon 系统除了报警还具备根据报警时间判定是否停线的功能,当作业人员拉灯报警后,在一个节拍的时间内还没有拉灯复位,Andon 系统将判定该问题没有解决需要停线处理,故将会自动控制生产线停线。直到问题处理完毕,员工拉灯复位后生产线解除停线信号,开始运行。

当 Andon 系统开始报警后,车间内各专业口子的管理人员、技术人员都要及时赶赴现场,及时处理相关问题,保证生产的顺畅。

(2)工段长。当红灯亮起之后,工段长通过 Andon 看板了解停线原因及工位,如果因缺车体、作业缓慢原因引起,工段长此时必须在 1.5min 内赶到求援工位,在了解清楚情况之后首先帮助求助作业员处理问题,再解除红色报警信号。

(3)设备管理人员。当红灯亮起之后,维护人员通过 Andon 看板了解停线原因及工位,如确因设备故障引起,维护人员必须在 1.5min 内赶到故障工位,与其他支持人员一起,共同

排除故障,恢复设备的正常运转,然后解除报警信号。

(4)物料管理人员。当红灯亮后,物料人员通过 Andon 看板了解停线原因及工位,如是物料原因引起停线,则必须在 5min 内做出投料的反应,并应在 10min 内投料到相应工位。

(5)质量、技术管理人员。当红灯亮起之后,质量、技术人员通过 Andon 看板了解停线原因及工位,如确因质量问题引起,质量、技术人员必须在 1.5min 内赶到故障工位,与其他支持人员一起,共同排除故障,恢复设备的正常运转,然后解除报警信号。

各区域须指定一人对本区域的停线进行统计,在下班前将当班停线记录以书面或电子文本方式报给工段(Andon 系统可设计为有记录每个工位停线原因的功能)。

工段长在当班下班前收集各区域的停线记录,分类汇总记录于《Andon 系统使用记录表》上。记录员每周一需根据上周 Andon 原始记录,对停线的工位、持续时间及原因进行分析说明,生成一周 Andon 报告,为车间管理层的决策提供依据。

3. Andon 系统使用的注意事项

(1)Andon 系统每天开启,先开启 LED 显示屏再开启系统。

(2)Andon 系统在当天的使用中,只要是上班时间(含休息时间)不能随意对 LED 显示屏断电,否则数据将重新计数。

Andon 系统是严格控制产品质量而采取的重要举措。在总装生产线上,每个工位的上端垂有两根细细的灯绳,一根红色表示急停,一根黄色表示重新启动。当某个班组员工发现了问题并拉动红色这根绳子后,报警灯就会点亮,整条装配线将自动停止运行。这样使各个工序保持协调一致,发生的问题可以及时得到处理,不会让质量问题流入到下工位,这就是 Andon 系统。

Andon 系统能够收集生产线上有关设备和质量管理等与生产有关的信息,加以处理后,控制分布于车间各处的灯光和声音报警系统,从而实现生产信息的透明化。同时,它设置了一种视觉系统以警示团队或领导者某个流程需要协助,从而在生产中设立迅速发现问题并解决问题的机制。

第六节 汽车总装同步化物流

物流即"物的流通"(Physical Distribution),我国国家标准 GB/T 18354—2006《物流术语》中的物流定义是,物流是物品从供应地向接收地实体流动过程。根据实际需要,将运输、储存、装卸、搬运、包装、流通加工、配送、信息处理等基本功能实施有机地结合。而所说的同步化物流(SMF)是服务模式生产系统中一个十分重要的要素,它主要的功能是规范生产物料的连续性流动,开展物流管理技术的运用,从而保证生产的顺畅和高效。SMF 主要焦点集中于消除浪费和降低库存成本,使生产总成本降至最低。

以某汽车制造厂为例讲述同步化物流的应用。

1. 物流信息系统

(1)系统架构。信息系统以 QAD 为中心基础,同时与 Ford 系统、VERS(World Wide Engineering Release System)零配件工程数据发布系统、全球采购信息系统 WIPS(World wide Information Purchasing System)、物料管理系统 CMMS(Cormon Material Management System)、

SOLMIS 系统(Supplier On-Line Management Information System)进行信息交换,范围覆盖了零配件工程发布、供应商评价、零配件计划价、物料订单发布、物料验收与库存管理、仓储运作管理(WMS)等模块的作业流程。

(2)零配件订单信息系统。主机厂每月定期召开产销协调会,按照当月销售状况排定并确认下月的生产计划及预测未来6个月的计划产量。由三个主要输入信息:BOM(Bill of Material)、生产计划(Production Schedule)、库存状况(Supplier Release),经由官方网站发布至各零配件供应商,供应商将按指令送货至指定地点。

(3)零配件交货信息系统。主机厂与供应商之间所采用的交货信息系统,包括 MRP 订单交货、直供交货、序列交货。依零配件的特性选用适当的交货方式,供应商可准时、保质、保量地交货至指定地点,见表8-1。

零配件交货　　　　　　　　　　表8-1

支付方式	信息说明	零部件特性	范例
MRP 订单交货	根据排产计划、BOM、库存状况,进过 QAD 系统 MRP 模块产出日交货计划;交货前半个月确认数量并在主机厂网站上进行发布	一般的中小项零部件	内饰件、标件、车灯、转向盘
直供交货	同步化交货方式,根据排产计划、包装数量大小计算出当日交付需求;采用小批量、多制次的交货方式,使交货与生产达到同步化	体积大的零件、价值高的零件	后桥、前悬、线束
序列交货	同步化交货方式,根据总装线上序列信息,将需求物流按照装配顺序交货	超大型零件、颜色件及主要装配件	座椅、轮胎、玻璃

2. 物料直供至线边

直接由收货区卸料后,直接运送到工作站,减少重复搬运作业,可规划适当的零配件、适当的数量,实时送到适当的工作站,如序列供料的零配件、座椅、轮胎等。

当前投料系统分为四种方式:看板供料(Card Part)、呼叫供料(Call Part)、厂内序列供料(In-Plant Sequential Picking)、厂外直供供料(Directly Delivery)四种,其运作方式说明如下:

(1)看板供料(Card Part)。采用看板系统来补充生产线所需使用的物料,是根据 FPS-SMF 系统所规定的运作方式予以执行,其针对可用手搬移的中小项部件,如标准件、烟灰缸、室内灯、后视镜等。

(2)呼叫供料(Call Part)。采用呼叫供料系统来补充生产线所需物料,根据 FPS-SMF 要素所规范的原理进行规划实施。呼叫系统设立的目的是针对必须叉车搬运的大件物料(Bulky Part)建立拉动式(Pull)供料方式,即生产线需要该物料才按按钮要求供料员送料,如仪表板、地毯、后桥、车身白铁件等。

(3)厂内序列供料(In-Plant Sequential Picking)。采用厂内序列供料系统来补充生产线所需物料,根据 FPS-SMF 系统同步化生产的原理,将大件物料、高价值、颜色件及型号复杂的物料列为厂内序列供料,如主线束、地毯、转向盘、安全气囊、保险杠、收音机/CD 等。主要集中在总装装配物料范围内,含部分预装零件。通过厂内序列供料可达成下列的好处:节省线边库存空间;降低复杂度,减少误装,有防错效果;降低库存,减少库存成本;减少相关作业员工工作负荷,提高装配效率;减少多余移动浪费,提高生产线节拍。

厂内序列供料为同步化物流系统的基本做法,可达到同步化生产的水平,降低 WIP (Work In-Process)库存及一致性的库存区域,以工作小组的基础平衡工作,使达到持续改善的目的。

(4)厂外直供供料(Directly Delivery)。采用厂外直供供料来补充生产线所需物料,主要针对零配件中高价值、高复杂度、体积大占空间的物料或同一供应商供应多种零配件,但必须前置时间要求,同时供应商交付能力获得认证才可以实施厂外直供供料。厂外直供供料由供应商执行,将已被规划为直供供料的物料,保质、保量并定时地直接运送至指定物料暂存区。

① 每周经由 e-mail 传送 7 天滚动的总装生产排程,供应商根据车型代码生产或运输适当的物料库存作为直供供料准备。

② 供应商每天从供应商网站系统下载"1+2"车辆在线顺序(1:当天车辆生产顺序;2:后两天计划生产车辆顺序),安排适当的物料库存作为直供供料准备。

③ 厂外直供供料方式是由供应商按生产顺序拣料后按照双方协议的窗口时间(Time Window)直接运送至物料暂存区。

④ 供应商利用 Internet 方式直接与 QAD 在线系统联机,定时下载并打印车辆在线信息,作为直供供料的信息驱动。

3. 遵守交货窗口时间(Time Window)

交货窗口时间的设定是根据生产排程及供应商交付能力而进行制订,其考虑因素包括交货频率、运输距离、卡车规格、收货码头负荷等。物料应在排定的时段内,在指定的卸货码头卸货,且以在设定的 30min 内完成为目标,从而降低每次上下货的时间,增加收货柔性。

4. 物料搬运的安全规程

存储及分拣区相关物流设施、设备要有安全装置并在收货码头对卸货安全操作规程进行可视化标识。卸货安全操作规程是收货作业极其重要的操作规定,每位员工必须了解其作业程序,以防止在作业中意外事故的发生。

5. 厂内物料运输路线

运用可视化技术对物料运输的路线进行规划并明确标识,从而从运输安全、运输效率、减少搬运等方面提供有效的运作保障。

6. 库存管理系统

有效利用库存管理的原理与管理技巧,控制各种零配件的库存量维持在最佳的存货水平。根据 SFM 库存管理的最佳经验法则(Beat Practice)及可视化管理进行规范,主要从以下四个方面进行说明。

(1)物料管理三定原则。采用物料管理三定原则即定位、定容、定量规划所有零配件,并以 PFP(Plan for Parts)表格进行跨功能区域的零件规划工作,各零件均建立了详细的物料信息目录表,内容包括储存信息、包装容器种类与规格、单位包装量等。

① 定位:所有物料必须拥有地址码,遵循一物一码的原则,利用零件地址码进行物料的定置管理及可视化控制。

② 定容:所有物料必须规划合理容量的包装容器,通过汽车生产零配件的包装及运输方式审核程序,利用生产零配件包装及运输数据表与供应商达成共同协议。

③ 定量:遵守生产零配件包装及运输数据表所确定的额定包装数量。

(2)最高/最低库存设定与储位标识。SMF 最高/最低库存设定,根据供料方式及储存特性分为下列三种方式,其计算方法如下。

①生产线看板物料。

最高库存量=(供料周期×每小时平均使用量)÷包装量+最低库存;

最低库存量=(供料周期×0.5×每小时平均使用量)÷包装量。

②生产线呼叫物料。

最高库存量=按照线边料架的额定容量;

最低库存量=1个料架。

③厂内仓库储存物料。

最高库存量=(送货周期×每天使用量)÷包装量+安全库存量;

最低库存量=安全库存量。

(3)先进先出原则(FIFO)。采用先进先出(FIFO)的原则对物料库存的进出管理,按照物料的采购批次的先后顺序进行供料生产,确保零配件在有效期限内并对设计变更及互相配对使用的零配件进行追溯。采用日期标识的方式进行控制,即以收货入库时间为评判依据,先入先出。供应商交货时,收料人员使用各种颜色的记号笔在外包装上进行标注。在物料出库时必须按标注的日期先后顺序进行出库。

(4)安全库存的设定。安全库存是预测需求下额外的存货,用来缓冲在真实环境中可能的随机变化,防止缺货发生。设立安全量会影响到两种成本:其一是缺货成本减少;其二是库存成本增加。安全库存量的设定必须考虑下列因素。

①前置时间:当缺货发生时,供应商实时对应所需时间的物料需求量。

②计算式为:安全量=单位时间之需求量×对应前置时间。

③库存成本及缺货成本的高低。

④供应商的交付能力。

⑤物料的装配特性。

⑥物料是否可以下线补装。

⑦物料内废比率。

⑧物料需求量的变动幅度。

汽车产业供应链中心组装厂与上游配套商采用合作、合资的方式,并强化单一零件只有一家供应商的运作模式,两者间建立长期合作的伙伴关系,中心厂(核心厂)将技术及所有掌握的物流资源进行共享,并通过一定的自身影响力,促进配套厂商在策略方向及技术运用等方面满足中心厂不断发展的要求。因此,产品开发及质量改善可纳入企业集团体系,发挥卓越的质量与生产力改善,以提升整体供应链管理绩效,创造双赢成果。

训练与思考题

1. 什么叫系统?系统有哪些性质?
2. 汽车制造系统自动化由哪些部分组成?
3. 冲压工艺有哪些新发展?

4. 焊接工艺有哪些新发展？
5. 涂装工艺有哪些新技术？
6. 什么叫精益生产，其原则是什么？有何特征？
7. 精益生产有哪些常用管理方法？
8. 汽车制造界如何定义"物流"概念？

参 考 文 献

[1] 曾东建.汽车制造工艺学[M].北京:机械工业出版社,2005.
[2] 周述积,叶仲新.汽车制造工艺学[M].北京:北京理工大学出版社,2013.
[3] 韩英淳.汽车制造工艺学[M].北京:人民交通出版社,2005.
[4] 王玉玺.汽车拖拉机制造工艺学[M].北京:机械工业出版社,2000.
[5] 丁柏群,王晓娟.汽车制造工艺技术[M].北京:国防工业出版社,2008.
[6] 王珺.汽车制造工艺学[M].北京:国防工业出版社,2011.
[7] 宋新萍.汽车制造工艺学[M].北京:清华大学出版社,2011.
[8] 钟诗清.汽车制造工艺学[M].广州:华南理工大学出版社,2011.
[9] 宋晓琳.汽车制造工艺学[M].北京:北京理工大学出版社,2006.
[10] 黄树涛.汽车制造工艺学[M].北京:北京理工大学出版社,2015.
[11] 宋新萍.汽车制造工艺学[M].北京:机械工业出版社,2013.
[12] 华建.现代汽车制造工艺学[M].上海:上海交通大学出版社,2012.
[13] 钟诗清.汽车车身制造工艺学[M].北京:人民交通出版社,2012.
[14] 邹平.汽车车身制造工艺学[M].北京:北京理工大学出版社,2015.
[15] 石美玉.汽车制造工艺学[M].北京:人民交通出版社,2014.
[16] 吴礼军.现代汽车制造技术[M].北京:国防工业出版社,2014.